本书受司法部信息安全与智能装备重点实验室资助

《中华人民共和国反电信网络诈骗法》释义

张新宝　邓矜婷 ◎编著

人民出版社

前　　言

第十三届全国人民代表大会常务委员会第三十六次会议于 2022 年 9 月 2 日表决通过《中华人民共和国反电信网络诈骗法》(以下简称《反电信网络诈骗法》),同日国家主席习近平签署第一一九号主席令公布这部法律。《反电信网络诈骗法》2022 年 12 月 1 日起施行。《反电信网络诈骗法》共 7 章 50 条,包括总则、电信治理、金融治理、互联网治理、综合措施、法律责任、附则等内容。《反电信网络诈骗法》将为反电信网络诈骗犯罪提供全方位的法律支撑与法治保障,对于保护公民合法权益,维护社会稳定和国家安全具有重大意义。

一、制定《反电信网络诈骗法》的重要意义

《反电信网络诈骗法》第二条规定:"本法所称电信网络诈骗,是指以非法占有为目的,利用电信网络技术手段,通过远程、非接触方式,诈骗公私财物的行为。"电信网络诈骗的本质特征在于全部或者主要的犯罪环节均通过电信、网络手段完成。从信息的寻获、信息的发布到被害人的锁定,从诈骗行为的着手到深入,从被害人转账交款到行为人转移账款,电信网络诈骗犯罪的主要环节均在虚拟空间中完成。行为人实施电信网络诈骗行为不受时间、空间限制,无须与被害人现实接触,其具有操作远程性、人员分散性、身份匿名性等特点。

与主要针对特定人的传统诈骗相比,电信网络诈骗呈现"以点对面"、"以一对多"的局面,具有更严重的社会危害性。《反电信网络诈骗法》旨在预防、遏制和惩治电信网络诈骗活动,加强反电信网络诈骗工作,保护公民和组织的合法权益,维护社会稳定和国家安全,是一部"小切口"的专门立法。本法在进一步总结反诈工作经验基础上,着力加强预防性法律制度构建,强化压实各方面的主体责任和社会责任,加大对违法犯罪人员的处罚,在"难点"、"痛点"问题上精准出招。

作为依赖电信与网络交流而实施的犯罪方式,在现代通信技术与银行支付业高速发展的背景下,电信网络诈骗的手段不断翻新,屡禁不止,已成为一个突出社会问题。近年来,电信网络诈骗犯罪活动形势严峻,在刑事犯罪案件中占据很大比重。犯罪分子利用新型电信网络技术手段,钻管理上的漏洞,利用非法获取个人信息、网络黑灰产业交易等实施精准诈骗,组织化、链条化运作,跨境跨地域实施,严重危害人民群众获得感、幸福感、安全感。

为依法严厉惩治电信网络诈骗犯罪,最高人民法院、最高人民检察院、公安部发布了《关于办理电信网络诈骗等刑事案件适用法律若干问题的意见》(法发〔2016〕32号)和《关于办理电信网络诈骗等刑事案件适用法律若干问题的意见(二)》(法发〔2021〕22号)等司法解释,明确电信网络诈骗犯罪案件的法律适用标准,不断加大对电信网络诈骗的打击力度。在此等背景下,全国电信网络诈骗立案数连续12个月同比下降,破案率同比上升,反电信网络诈骗工作取得了明显成效。

但是,由于电信网络诈骗犯罪的隐蔽性较强,且很多诈骗窝点隐藏于国外,单靠严厉打击难以从根本上遏制电信网络诈骗犯罪的高发多发态势。如果犯罪所得在破案前就已被挥霍,被害人的财产损失也难以得到赔偿。因此,如何做好事先预防工作,从而把防线设立在电信网络诈骗行为实施之前或者实施过程中,已经成为电信网络诈骗犯罪治理的重中之重。制定一部反电信网络诈骗领域的专门法律,既可以将电信、网信、金融等相关部门在打击电信网络诈骗过程中所形成的好经验、好做法以法律形式固定下来,进而推进反电信网络诈骗工作的常态化、机制化,还可以有效整合相关治理资源,形成协同打击治理合力,加强反电信网络诈骗的综合治理。

二、《反电信网络诈骗法》的主要规定

《反电信网络诈骗法》第一章总则,规定坚持系统观念、法治思维,注重源头治理、综合治理;应当依法开展反电信网络诈骗工作,维护公民和组织的合法权益;有关部门、单位应当各司其职、密切协作、快速联动;应当加强反电信网络诈骗宣传工作。

《反电信网络诈骗法》第二章电信治理,规定电信业务经营者负有如下义务:依法落实电话用户真实身份信息登记制度;限制用户办理电话卡的数量;对监测识别的涉诈异常电话卡用户重新进行实名核验;建立物联网卡用户风

险评估制度;规范真实主叫号码传送和电信线路出租等。

《反电信网络诈骗法》第三章金融治理,规定银行业金融机构、非银行支付机构负有如下义务:建立客户尽职调查制度;限制用户开立银行账户、支付账户的数量;建立开立企业账户异常情形的风险防控机制;建立完善涉电信网络诈骗特征的异常账户监测模型等。

《反电信网络诈骗法》第四章互联网治理,规定应当落实用户实名制,同时规定互联网服务提供者应当对监测识别的涉诈异常账号采取重新核验、限制功能、暂停服务等处置措施,并在公安机关办理电信网络诈骗案件依法调取证据时及时提供技术支持和协助等。

《反电信网络诈骗法》第五章综合措施,规定个人信息处理者应当建立个人信息被用于电信网络诈骗的防范机制;国家应当推进网络身份认证公共服务建设;公安机关应当会同网信、电信和金融管理部门,以及电信业务经营者、互联网服务提供者、银行业金融机构、非银行支付机构等组织建立预警劝阻系统等。

《反电信网络诈骗法》第六章法律责任,对电信业务经营者、银行业金融机构、非银行支付机构、互联网服务提供者及反电信网络诈骗工作有关部门、单位的工作人员的法律责任作出了规定,同时规定任何单位和个人违反本法相关规定或者组织、策划、实施、帮助实施电信网络诈骗活动的,应当承担相应的刑事责任或者行政责任。

《反电信网络诈骗法》第七章附则,是关于法律实施时间的规定。

三、《反电信网络诈骗法》的主要特点

新华社发布的通稿指出,《反电信网络诈骗法》主要有三个方面的特点:一是立足综合治理、源头治理和依法治理,侧重前端防范。本法针对电信网络诈骗发生的信息链、资金链、技术链、人员链等各个环节,加强防范性制度措施建设,变"亡羊补牢"为"未雨绸缪",变重"打击"为"打防管控"并重。二是这部法律是一部"小切口"的专门法律,坚持问题导向,坚持急用先行,目的就是要适应当前实践迫切需要,为打击治理电信网络诈骗提供有力的法律支撑。三是压实各方责任。草案对地方政府的属地责任、行业主管部门的监管责任、政法部门的惩治责任、企业的防范责任、公民提高防范意识等作出了全面规定,组合出拳,形成合力。

四、正确理解和实施《反电信网络诈骗法》

《反电信网络诈骗法》这样一部急目前社会治理之所需的法律,旨在预防、遏制和惩治电信网络诈骗活动,加强反电信网络诈骗工作,保护公民和组织的合法权益,维护社会稳定和国家安全,承担着极为重大的使命。

法律的生命在于实施。对于这样一部重要的法律,人民群众给予了厚望。如何实施好这部法律、发挥其最大效果,是未来法治建设的重要任务之一。切实实施法律的前提是正确理解法律规定。为了帮助广大读者学习《反电信网络诈骗法》,理解其原则和具体规定,我们编写了这部《〈中华人民共和国反电信网络诈骗法〉释义》。本书在对这部法律各章进行整体介绍的基础上,对各条进行了细致的讲解,包括核心概念、条文释义、参考规定以及相关案例介绍等内容。作为一本法律释义书,本书适合党政干部、执法和司法人员、法律服务人员、法律研习者和爱好者阅读。

张 新 宝

中国人民大学法学院教授

教育部"长江学者"特聘教授

国家"万人计划"领军人才

中国法学会网络信息法学研究会副会长

2022 年 9 月 5 日

目　　录

第一部分

法 律 全 文

中华人民共和国反电信网络诈骗法

（2022 年 9 月 2 日第十三届全国人民代表大会
常务委员会第三十六次会议通过）

目　　录

第一章　总　　则

第一条　为了预防、遏制和惩治电信网络诈骗活动，加强反电信网络诈骗工作，保护公民和组织的合法权益，维护社会稳定和国家安全，根据宪法，制定本法。

第二条　本法所称电信网络诈骗，是指以非法占有为目的，利用电信网络技术手段，通过远程、非接触等方式，诈骗公私财物的行为。

第三条　打击治理在中华人民共和国境内实施的电信网络诈骗活动或者中华人民共和国公民在境外实施的电信网络诈骗活动，适用本法。

境外的组织、个人针对中华人民共和国境内实施电信网络诈骗活动的，或者为他人针对境内实施电信网络诈骗活动提供产品、服务等帮助的,依照本法有关规定处理和追究责任。

第四条 反电信网络诈骗工作坚持以人民为中心,统筹发展和安全;坚持系统观念、法治思维,注重源头治理、综合治理;坚持齐抓共管、群防群治,全面落实打防管控各项措施,加强社会宣传教育防范;坚持精准防治,保障正常生产经营活动和群众生活便利。

第五条 反电信网络诈骗工作应当依法进行,维护公民和组织的合法权益。

有关部门和单位、个人应当对在反电信网络诈骗工作过程中知悉的国家秘密、商业秘密和个人隐私、个人信息予以保密。

第六条 国务院建立反电信网络诈骗工作机制,统筹协调打击治理工作。

地方各级人民政府组织领导本行政区域内反电信网络诈骗工作,确定反电信网络诈骗目标任务和工作机制,开展综合治理。

公安机关牵头负责反电信网络诈骗工作,金融、电信、网信、市场监管等有关部门依照职责履行监管主体责任,负责本行业领域反电信网络诈骗工作。

人民法院、人民检察院发挥审判、检察职能作用,依法防范、惩治电信网络诈骗活动。

电信业务经营者、银行业金融机构、非银行支付机构、互联网服务提供者承担风险防控责任,建立反电信网络诈骗内部控制机制和安全责任制度,加强新业务涉诈风险安全评估。

第七条 有关部门、单位在反电信网络诈骗工作中应当密切协作,实现跨行业、跨地域协同配合、快速联动,加强专业队伍建设,有效打击治理电信网络诈骗活动。

第八条 各级人民政府和有关部门应当加强反电信网络诈骗宣传,普及相关法律和知识,提高公众对各类电信网络诈骗方式的防骗意识和识骗能力。

教育行政、市场监管、民政等有关部门和村民委员会、居民委员会,应当结合电信网络诈骗受害群体的分布等特征,加强对老年人、青少年等群体的宣传教育,增强反电信网络诈骗宣传教育的针对性、精准性,开展反电信网络诈骗宣传教育进学校、进企业、进社区、进农村、进家庭等活动。

各单位应当加强内部防范电信网络诈骗工作,对工作人员开展防范电信网络诈骗教育;个人应当加强电信网络诈骗防范意识。单位、个人应当协助、配合有关部门依照本法规定开展反电信网络诈骗工作。

第二章　电信治理

第九条　电信业务经营者应当依法全面落实电话用户真实身份信息登记制度。

基础电信企业和移动通信转售企业应当承担对代理商落实电话用户实名制管理责任,在协议中明确代理商实名制登记的责任和有关违约处置措施。

第十条　办理电话卡不得超出国家有关规定限制的数量。

对经识别存在异常办卡情形的,电信业务经营者有权加强核查或者拒绝办卡。具体识别办法由国务院电信主管部门制定。

国务院电信主管部门组织建立电话用户开卡数量核验机制和风险信息共享机制,并为用户查询名下电话卡信息提供便捷渠道。

第十一条　电信业务经营者对监测识别的涉诈异常电话卡用户应当重新进行实名核验,根据风险等级采取有区别的、相应的核验措施。对未按规定核验或者核验未通过的,电信业务经营者可以限制、暂停有关电话卡功能。

第十二条　电信业务经营者建立物联网卡用户风险评估制度,评估未通过的,不得向其销售物联网卡;严格登记物联网卡用户身份信息;采取有效技术措施限定物联网卡开通功能、使用场景和适用设备。

单位用户从电信业务经营者购买物联网卡再将载有物联网卡的设备销售给其他用户的,应当核验和登记用户身份信息,并将销量、存量及用户实名信息传送给号码归属的电信业务经营者。

电信业务经营者对物联网卡的使用建立监测预警机制。对存在异常使用情形的,应当采取暂停服务、重新核验身份和使用场景或者其他合同约定的处置措施。

第十三条　电信业务经营者应当规范真实主叫号码传送和电信线路出租,对改号电话进行封堵拦截和溯源核查。

电信业务经营者应当严格规范国际通信业务出入口局主叫号码传送,真实、准确向用户提示来电号码所属国家或者地区,对网内和网间虚假主叫、不规范主叫进行识别、拦截。

第十四条　任何单位和个人不得非法制造、买卖、提供或者使用下列设

备、软件:

(一)电话卡批量插入设备;

(二)具有改变主叫号码、虚拟拨号、互联网电话违规接入公用电信网络等功能的设备、软件;

(三)批量账号、网络地址自动切换系统,批量接收提供短信验证、语音验证的平台;

(四)其他用于实施电信网络诈骗等违法犯罪的设备、软件。

电信业务经营者、互联网服务提供者应当采取技术措施,及时识别、阻断前款规定的非法设备、软件接入网络,并向公安机关和相关行业主管部门报告。

第三章　金融治理

第十五条　银行业金融机构、非银行支付机构为客户开立银行账户、支付账户及提供支付结算服务,和与客户业务关系存续期间,应当建立客户尽职调查制度,依法识别受益所有人,采取相应风险管理措施,防范银行账户、支付账户等被用于电信网络诈骗活动。

第十六条　开立银行账户、支付账户不得超出国家有关规定限制的数量。

对经识别存在异常开户情形的,银行业金融机构、非银行支付机构有权加强核查或者拒绝开户。

中国人民银行、国务院银行业监督管理机构组织有关清算机构建立跨机构开户数量核验机制和风险信息共享机制,并为客户提供查询名下银行账户、支付账户的便捷渠道。银行业金融机构、非银行支付机构应当按照国家有关规定提供开户情况和有关风险信息。相关信息不得用于反电信网络诈骗以外的其他用途。

第十七条　银行业金融机构、非银行支付机构应当建立开立企业账户异常情形的风险防控机制。金融、电信、市场监管、税务等有关部门建立开立企业账户相关信息共享查询系统,提供联网核查服务。

市场主体登记机关应当依法对企业实名登记履行身份信息核验职责;依照规定对登记事项进行监督检查,对可能存在虚假登记、涉诈异常的企业重点监督检查,依法撤销登记的,依照前款的规定及时共享信息;为银行业金融机构、非银行支付机构进行客户尽职调查和依法识别受益所有人提供便利。

第十八条 银行业金融机构、非银行支付机构应当对银行账户、支付账户及支付结算服务加强监测,建立完善符合电信网络诈骗活动特征的异常账户和可疑交易监测机制。

中国人民银行统筹建立跨银行业金融机构、非银行支付机构的反洗钱统一监测系统,会同国务院公安部门完善与电信网络诈骗犯罪资金流转特点相适应的反洗钱可疑交易报告制度。

对监测识别的异常账户和可疑交易,银行业金融机构、非银行支付机构应当根据风险情况,采取核实交易情况、重新核验身份、延迟支付结算、限制或者中止有关业务等必要的防范措施。

银行业金融机构、非银行支付机构依照第一款规定开展异常账户和可疑交易监测时,可以收集异常客户互联网协议地址、网卡地址、支付受理终端信息等必要的交易信息、设备位置信息。上述信息未经客户授权,不得用于反电信网络诈骗以外的其他用途。

第十九条 银行业金融机构、非银行支付机构应当按照国家有关规定,完整、准确传输直接提供商品或者服务的商户名称、收付款客户名称及账号等交易信息,保证交易信息的真实、完整和支付全流程中的一致性。

第二十条 国务院公安部门会同有关部门建立完善电信网络诈骗涉案资金即时查询、紧急止付、快速冻结、及时解冻和资金返还制度,明确有关条件、程序和救济措施。

公安机关依法决定采取上述措施的,银行业金融机构、非银行支付机构应当予以配合。

第四章 互联网治理

第二十一条 电信业务经营者、互联网服务提供者为用户提供下列服务,在与用户签订协议或者确认提供服务时,应当依法要求用户提供真实身份信息,用户不提供真实身份信息的,不得提供服务:

(一)提供互联网接入服务;

(二)提供网络代理等网络地址转换服务;

(三)提供互联网域名注册、服务器托管、空间租用、云服务、内容分发服务;

（四）提供信息、软件发布服务，或者提供即时通讯、网络交易、网络游戏、网络直播发布、广告推广服务。

第二十二条 互联网服务提供者对监测识别的涉诈异常账号应当重新核验，根据国家有关规定采取限制功能、暂停服务等处置措施。

互联网服务提供者应当根据公安机关、电信主管部门要求，对涉案电话卡、涉诈异常电话卡所关联注册的有关互联网账号进行核验，根据风险情况，采取限期改正、限制功能、暂停使用、关闭账号、禁止重新注册等处置措施。

第二十三条 设立移动互联网应用程序应当按照国家有关规定向电信主管部门办理许可或者备案手续。

为应用程序提供封装、分发服务的，应当登记并核验应用程序开发运营者的真实身份信息，核验应用程序的功能、用途。

公安、电信、网信等部门和电信业务经营者、互联网服务提供者应当加强对分发平台以外途径下载传播的涉诈应用程序重点监测、及时处置。

第二十四条 提供域名解析、域名跳转、网址链接转换服务的，应当按照国家有关规定，核验域名注册、解析信息和互联网协议地址的真实性、准确性，规范域名跳转，记录并留存所提供相应服务的日志信息，支持实现对解析、跳转、转换记录的溯源。

第二十五条 任何单位和个人不得为他人实施电信网络诈骗活动提供下列支持或者帮助：

（一）出售、提供个人信息；

（二）帮助他人通过虚拟货币交易等方式洗钱；

（三）其他为电信网络诈骗活动提供支持或者帮助的行为。

电信业务经营者、互联网服务提供者应当依照国家有关规定，履行合理注意义务，对利用下列业务从事涉诈支持、帮助活动进行监测识别和处置：

（一）提供互联网接入、服务器托管、网络存储、通讯传输、线路出租、域名解析等网络资源服务；

（二）提供信息发布或者搜索、广告推广、引流推广等网络推广服务；

（三）提供应用程序、网站等网络技术、产品的制作、维护服务；

（四）提供支付结算服务。

第二十六条 公安机关办理电信网络诈骗案件依法调取证据的，互联网服务提供者应当及时提供技术支持和协助。

互联网服务提供者依照本法规定对有关涉诈信息、活动进行监测时,发现涉诈违法犯罪线索、风险信息的,应当依照国家有关规定,根据涉诈风险类型、程度情况移送公安、金融、电信、网信等部门。有关部门应当建立完善反馈机制,将相关情况及时告知移送单位。

第五章　综合措施

第二十七条　公安机关应当建立完善打击治理电信网络诈骗工作机制,加强专门队伍和专业技术建设,各警种、各地公安机关应当密切配合,依法有效惩处电信网络诈骗活动。

公安机关接到电信网络诈骗活动的报案或者发现电信网络诈骗活动,应当依照《中华人民共和国刑事诉讼法》的规定立案侦查。

第二十八条　金融、电信、网信部门依照职责对银行业金融机构、非银行支付机构、电信业务经营者、互联网服务提供者落实本法规定情况进行监督检查。有关监督检查活动应当依法规范开展。

第二十九条　个人信息处理者应当依照《中华人民共和国个人信息保护法》等法律规定,规范个人信息处理,加强个人信息保护,建立个人信息被用于电信网络诈骗的防范机制。

履行个人信息保护职责的部门、单位对可能被电信网络诈骗利用的物流信息、交易信息、贷款信息、医疗信息、婚介信息等实施重点保护。公安机关办理电信网络诈骗案件,应当同时查证犯罪所利用的个人信息来源,依法追究相关人员和单位责任。

第三十条　电信业务经营者、银行业金融机构、非银行支付机构、互联网服务提供者应当对从业人员和用户开展反电信网络诈骗宣传,在有关业务活动中对防范电信网络诈骗作出提示,对本领域新出现的电信网络诈骗手段及时向用户作出提醒,对非法买卖、出租、出借本人有关卡、账户、账号等被用于电信网络诈骗的法律责任作出警示。

新闻、广播、电视、文化、互联网信息服务等单位,应当面向社会有针对性地开展反电信网络诈骗宣传教育。

任何单位和个人有权举报电信网络诈骗活动,有关部门应当依法及时处理,对提供有效信息的举报人依照规定给予奖励和保护。

第三十一条　任何单位和个人不得非法买卖、出租、出借电话卡、物联网卡、电信线路、短信端口、银行账户、支付账户、互联网账号等,不得提供实名核验帮助;不得假冒他人身份或者虚构代理关系开立上述卡、账户、账号等。

对经设区的市级以上公安机关认定的实施前款行为的单位、个人和相关组织者,以及因从事电信网络诈骗活动或者关联犯罪受过刑事处罚的人员,可以按照国家有关规定记入信用记录,采取限制其有关卡、账户、账号等功能和停止非柜面业务、暂停新业务、限制入网等措施。对上述认定和措施有异议的,可以提出申诉,有关部门应当建立健全申诉渠道、信用修复和救济制度。具体办法由国务院公安部门会同有关主管部门规定。

第三十二条　国家支持电信业务经营者、银行业金融机构、非银行支付机构、互联网服务提供者研究开发有关电信网络诈骗反制技术,用于监测识别、动态封堵和处置涉诈异常信息、活动。

国务院公安部门、金融管理部门、电信主管部门和国家网信部门等应当统筹负责本行业领域反制技术措施建设,推进涉电信网络诈骗样本信息数据共享,加强涉诈用户信息交叉核验,建立有关涉诈异常信息、活动的监测识别、动态封堵和处置机制。

依据本法第十一条、第十二条、第十八条、第二十二条和前款规定,对涉诈异常情形采取限制、暂停服务等处置措施的,应当告知处置原因、救济渠道及需要提交的资料等事项,被处置对象可以向作出决定或者采取措施的部门、单位提出申诉。作出决定的部门、单位应当建立完善申诉渠道,及时受理申诉并核查,核查通过的,应当即时解除有关措施。

第三十三条　国家推进网络身份认证公共服务建设,支持个人、企业自愿使用,电信业务经营者、银行业金融机构、非银行支付机构、互联网服务提供者对存在涉诈异常的电话卡、银行账户、支付账户、互联网账号,可以通过国家网络身份认证公共服务对用户身份重新进行核验。

第三十四条　公安机关应当会同金融、电信、网信部门组织银行业金融机构、非银行支付机构、电信业务经营者、互联网服务提供者等建立预警劝阻系统,对预警发现的潜在被害人,根据情况及时采取相应劝阻措施。对电信网络诈骗案件应当加强追赃挽损,完善涉案资金处置制度,及时返还被害人的合法财产。对遭受重大生活困难的被害人,符合国家有关救助条件的,有关方面依照规定给予救助。

第三十五条 经国务院反电信网络诈骗工作机制决定或者批准,公安、金融、电信等部门对电信网络诈骗活动严重的特定地区,可以依照国家有关规定采取必要的临时风险防范措施。

第三十六条 对前往电信网络诈骗活动严重地区的人员,出境活动存在重大涉电信网络诈骗活动嫌疑的,移民管理机构可以决定不准其出境。

因从事电信网络诈骗活动受过刑事处罚的人员,设区的市级以上公安机关可以根据犯罪情况和预防再犯罪的需要,决定自处罚完毕之日起六个月至三年以内不准其出境,并通知移民管理机构执行。

第三十七条 国务院公安部门等会同外交部门加强国际执法司法合作,与有关国家、地区、国际组织建立有效合作机制,通过开展国际警务合作等方式,提升在信息交流、调查取证、侦查抓捕、追赃挽损等方面的合作水平,有效打击遏制跨境电信网络诈骗活动。

第六章　法律责任

第三十八条 组织、策划、实施、参与电信网络诈骗活动或者为电信网络诈骗活动提供帮助,构成犯罪的,依法追究刑事责任。

前款行为尚不构成犯罪的,由公安机关处十日以上十五日以下拘留;没收违法所得,处违法所得一倍以上十倍以下罚款,没有违法所得或者违法所得不足一万元的,处十万元以下罚款。

第三十九条 电信业务经营者违反本法规定,有下列情形之一的,由有关主管部门责令改正,情节较轻的,给予警告、通报批评,或者处五万元以上五十万元以下罚款;情节严重的,处五十万元以上五百万元以下罚款,并可以由有关主管部门责令暂停相关业务、停业整顿、吊销相关业务许可证或者吊销营业执照,对其直接负责的主管人员和其他直接责任人员,处一万元以上二十万元以下罚款:

(一)未落实国家有关规定确定的反电信网络诈骗内部控制机制的;

(二)未履行电话卡、物联网卡实名制登记职责的;

(三)未履行对电话卡、物联网卡的监测识别、监测预警和相关处置职责的;

(四)未对物联网卡用户进行风险评估,或者未限定物联网卡的开通功

能、使用场景和适用设备的;

(五)未采取措施对改号电话、虚假主叫或者具有相应功能的非法设备进行监测处置的。

第四十条 银行业金融机构、非银行支付机构违反本法规定,有下列情形之一的,由有关主管部门责令改正,情节较轻的,给予警告、通报批评,或者处五万元以上五十万元以下罚款;情节严重的,处五十万元以上五百万元以下罚款,并可以由有关主管部门责令停止新增业务、缩减业务类型或者业务范围、暂停相关业务、停业整顿、吊销相关业务许可证或者吊销营业执照,对其直接负责的主管人员和其他直接责任人员,处一万元以上二十万元以下罚款:

(一)未落实国家有关规定确定的反电信网络诈骗内部控制机制的;

(二)未履行尽职调查义务和有关风险管理措施的;

(三)未履行对异常账户、可疑交易的风险监测和相关处置义务的;

(四)未按照规定完整、准确传输有关交易信息的。

第四十一条 电信业务经营者、互联网服务提供者违反本法规定,有下列情形之一的,由有关主管部门责令改正,情节较轻的,给予警告、通报批评,或者处五万元以上五十万元以下罚款;情节严重的,处五十万元以上五百万元以下罚款,并可以由有关主管部门责令暂停相关业务、停业整顿、关闭网站或者应用程序、吊销相关业务许可证或者吊销营业执照,对其直接负责的主管人员和其他直接责任人员,处一万元以上二十万元以下罚款:

(一)未落实国家有关规定确定的反电信网络诈骗内部控制机制的;

(二)未履行网络服务实名制职责,或者未对涉案、涉诈电话卡关联注册互联网账号进行核验的;

(三)未按照国家有关规定,核验域名注册、解析信息和互联网协议地址的真实性、准确性,规范域名跳转,或者记录并留存所提供相应服务的日志信息的;

(四)未登记核验移动互联网应用程序开发运营者的真实身份信息或者未核验应用程序的功能、用途,为其提供应用程序封装、分发服务的;

(五)未履行对涉诈互联网账号和应用程序,以及其他电信网络诈骗信息、活动的监测识别和处置义务的;

(六)拒不依法为查处电信网络诈骗犯罪提供技术支持和协助,或者未按规定移送有关违法犯罪线索、风险信息的。

第四十二条 违反本法第十四条、第二十五条第一款规定的,没收违法所得,由公安机关或者有关主管部门处违法所得一倍以上十倍以下罚款,没有违法所得或者违法所得不足五万元的,处五十万元以下罚款;情节严重的,由公安机关并处十五日以下拘留。

第四十三条 违反本法第二十五条第二款规定,由有关主管部门责令改正,情节较轻的,给予警告、通报批评,或者处五万元以上五十万元以下罚款;情节严重的,处五十万元以上五百万元以下罚款,并可以由有关主管部门责令暂停相关业务、停业整顿、关闭网站或者应用程序,对其直接负责的主管人员和其他直接责任人员,处一万元以上二十万元以下罚款。

第四十四条 违反本法第三十一条第一款规定的,没收违法所得,由公安机关处违法所得一倍以上十倍以下罚款,没有违法所得或者违法所得不足二万元的,处二十万元以下罚款;情节严重的,并处十五日以下拘留。

第四十五条 反电信网络诈骗工作有关部门、单位的工作人员滥用职权、玩忽职守、徇私舞弊,或者有其他违反本法规定行为,构成犯罪的,依法追究刑事责任。

第四十六条 组织、策划、实施、参与电信网络诈骗活动或者为电信网络诈骗活动提供相关帮助的违法犯罪人员,除依法承担刑事责任、行政责任以外,造成他人损害的,依照《中华人民共和国民法典》等法律的规定承担民事责任。

电信业务经营者、银行业金融机构、非银行支付机构、互联网服务提供者等违反本法规定,造成他人损害的,依照《中华人民共和国民法典》等法律的规定承担民事责任。

第四十七条 人民检察院在履行反电信网络诈骗职责中,对于侵害国家利益和社会公共利益的行为,可以依法向人民法院提起公益诉讼。

第四十八条 有关单位和个人对依照本法作出的行政处罚和行政强制措施决定不服的,可以依法申请行政复议或者提起行政诉讼。

第七章　附　　则

第四十九条 反电信网络诈骗工作涉及的有关管理和责任制度,本法没有规定的,适用《中华人民共和国网络安全法》、《中华人民共和国个人信息保护法》、《中华人民共和国反洗钱法》等相关法律规定。

第五十条　本法自 2022 年 12 月 1 日起施行。

第二部分

释　　义

第一章 总 则

本法第一章总则从第一条至第八条共计 8 个条文，是关于《反电信网络诈骗法》基本内容的总括性规定。第一章涵盖了本法的立法目的与立法依据（第一条）、电信网络诈骗概念（第二条）、本法的适用范围（第三条）、反电信网络诈骗的工作原则（第四条）、法治和保密原则（第五条）、反电信网络诈骗工作机制（第六条）、协同联动反诈配合（第七条），以及反电信网络诈骗宣传（第八条）。

本章明确了反电信网络诈骗的立法依据为宪法规定的公民的合法的私有财产不受侵犯，表明了立法对于反电信网络诈骗工作的高度重视。本章规定了反电信网络诈骗综合治理、源头治理、精准防治的工作原则，适应了目前电信网络诈骗活动呈现的技术性特征。该工作原则贯彻于本法的多项治理措施之中，例如利用技术手段以及数据模型进行反电信网络诈骗的监控与防范，提高打击的准确度。对于本章法治和保密原则的规定，凸显了保护公民、组织合法权益的理念，为本法第六章规定的"反电信网络诈骗工作有关部门、单位的工作人员渎职、泄密的法律责任"提供了制度基础。本章确立了反电信网络诈骗工作的协同联动反诈配合机制，并规定了国家机关相应的职责与责任以及风险防控责任主体的责任，为本法第二章电信治理、第三章金融治理、第四章互联网治理以及第五章综合措施的规定奠定了基础。对于反电信网络诈骗宣传的规定，体现了反电信网络诈骗治理需要深入基层，营造全民参与、全社会反诈的浓厚氛围，提高公民的反诈意识，从源头上减少犯罪的发生。本章以总览的方式阐述了反电信网络诈骗工作的纵向维度以及横向维度，上至中央下至基层组织，横跨电信、金融、互联网等多个领域，强调了本法对于电信网络诈骗犯罪全链条严厉打击的态势。

第一条（立法目的与立法依据）

第一条 为了预防、遏制和惩治电信网络诈骗活动，加强反电信网络诈骗工作，保护公民和组织的合法权益，维护社会稳定和国家安全，根据宪法，制定本法。

【本条主旨】

本条是关于《中华人民共和国反电信网络诈骗法》立法目的和立法依据的规定。

【核心概念】

电信网络诈骗

1. 电信网络诈骗，也称电信诈骗、电诈，是指以非法占有为目的，利用电信网络技术手段，通过远程、非接触等方式，诈骗公私财物的行为（第二条）。

2. 电信网络诈骗并非严格意义上的法律概念，而是一种约定俗成的说法，产生于社会实践，并逐渐被理论研究和司法实践所接受。早期规范性文件没有明确定义电信网络诈骗，而是直接将电信网络诈骗作为约定俗成、没有歧义的法律概念使用。如在 2010 年 2 月 10 日，工业和信息化部在发布的部门工作文件《工业和信息化部关于电信服务质量的通告》中直接使用电信诈骗这一概念，"……积极配合有关部门打击电信诈骗等违法犯罪行为……"而没有作出定义；又如在 2010 年 3 月 9 日，公安部在发布的部门工作文件《公安部政府信息公开工作年度报告（2009 年度）》中直接使用电信诈骗这一概念，"……打击电信诈骗犯罪专项行动……"，而没有作出定义。其后，多个规范性法律文件对电信网络诈骗作出定义，这些定义只有表述上的差异，没有实质分歧。如在《公安机关侦办电信诈骗案件工作机制（试行）》中，电信诈骗是指通过电话、短信、网络等方式诈骗公私财物的行为；在《检察机关办理电信网络诈骗案件指引》中，电信网络诈骗是指以非法占有为目的，利用电话、短信、互联网等电信网络技术手段，虚构事实，设置骗局，实施远程、非接触式诈骗，骗取公私财物的行为；在《关于办理电信网络诈骗犯罪案件若干问题的解答》中，电信网络诈骗是指以非法占有为目的，利用电信通讯、互联网等技术手段，向社会公众发布虚假信息或设置骗局，主要通过远程控制，非接触性地诱使被害人交付财物的行为。

3. 电信网络诈骗是诈骗的一种。诈骗是指以非法占有为目的，用虚构事实或者隐瞒真相的方法，骗取他人财物的行为。电信网络诈骗是利用电话、短信、互联网等电信网络技术手段实施诈骗的行为，其特点是技术性、远程性、非接触性。其中技术性是指该类犯罪主要利用电话、短信、互联网等信息交互工具的技术手段。利用广播电台、报纸杂志等方式实施诈骗，一般不认为具有技术性。远程性是指该类犯罪中行为人主要利用电信网络技术手段进行远程联系。非接触性是指该类犯罪中行为人与被害人无须面对面接触。实施"线上拉拢，线下骗取"行为的案件属于接触性犯罪，一般不认定为电信网络诈骗。

反电信网络诈骗工作

反电信网络诈骗工作是指运用电信、金融、互联网等各行业领域的制度、措施，预防、遏制和惩治电信网络诈骗活动的工作。

【条文详解】

一、立法目的

1. 立法目的，是指立法者通过制定和实施某一法律所要实现的法律秩序。通过立法目的的规范表达，本条集中体现了立法者的价值取向，对本法基本原则的确立和具体制度架构的确定具有重要的指导作用，有利于司法者准确地理解与适用本法，同时也可以为社会成员如何遵守本法的规定提供价值指引，促使其正确地行使权利、履行义务。

2. 本法用"预防、遏制和惩治电信网络诈骗活动，加强反电信网络诈骗工作，保护公民和组织的合法权益，维护社会稳定和国家安全"表达立法目的，可以理解为三重目的：预防、遏制和惩治电信网络诈骗活动，加强反电信网络诈骗工作，保护公民和组织的合法权益、维护社会稳定和国家安全。也可以理解为：保护公民和组织的合法权益、维护社会稳定和国家安全是本法的根本目的，而预防、遏制和惩治电信网络诈骗活动是实现根本目的的前提，是本法的直接目的。实现根本目的和直接目的的手段和方法，是加强反电信网络诈骗工作，通过电信治理、金融治理、互联网治理和综合措施，实现预防、遏制和惩治电信网络诈骗活动的直接目的，来实现保护公民和组织的合法权益、维护社会稳定和国家安全的根本目的。

二、立法依据

在我国,全国人民代表大会及其常务委员会依据宪法规定的立法权限和立法法等法律规定的立法程序制定法律。在本法起草过程中,一审稿没有对立法依据进行专门规定。而我国宪法规定,国家尊重和保障人权;公民合法的私有财产不受侵犯;公民的通信自由受法律保护。制定实施本法对于保障公民的私有财产和其他权益具有重要意义。基于此,有专家建议在草案二次审议稿第一条中增加规定"根据宪法"制定本法。2022 年 6 月 21 日,反电信网络诈骗法草案二审稿提请十三届全国人大常委会第三十五次会议审议。草案二审稿第一条对于此前提出的立法依据意见予以采纳,增加"根据宪法,制定本法"的表述。

三、反电信网络诈骗法的体系

《反电信网络诈骗法》共 7 章 50 条,其主要内容包括:

1. 明确本法的立法目的、立法依据、适用范围、工作原则、工作机制以及反电信网络诈骗宣传机制,对电信网络诈骗概念作出界定。

2. 建立健全治理制度,要求电信业务经营者落实电话用户真实身份信息登记制度,建立物联网卡用户风险评估、身份信息登记制度和物联网卡功能限定、监测预警制度;规定了电信业务经营者对异常办理电话卡情形的识别和处置义务,对涉诈异常电话卡识别、再核验和处置的义务,规范真实主叫号码的义务以及对涉诈设备、软件的识别、阻断义务;规定了单位和个人的禁止非法制造、买卖、提供或者使用涉诈设备、软件的义务。

3. 建立健全金融治理制度,要求金融机构建立客户尽职调查制度,开立企业账户的风险防控制度以及银行账户、支付账户、支付结算服务的异常监测、可疑交易报告、异常信息的收集和保密制度;规定了金融机构对异常开立银行账户、支付账户情形识别与限制的义务;要求金融机构提供真实完整交易信息的义务。要求有关部门建立开立企业账户的信息共享制度以及涉案资金查询、止付、冻结、解冻和返还制度。

4. 建立健全互联网治理制度,要求电信业务经营者、互联网服务提供者落实电信业务、互联网服务用户真实身份信息登记制度;规定了互联网服务提供者对涉诈异常互联网账号的识别与处置义务,对移动互联网应用程序的登记、核验义务,对域名解析、域名跳转、网址链接转换服务的核验、记录义务,对涉诈证据和线索的支持、移送义务以及对利用电信业务、互联网服务从事涉诈支持帮助活动的监测识别和处置义务;要求有关部门建立健全互联网应用程序备案制度;规定了单位和个人的禁止支持或者帮助他人实施电信网络诈骗活动的义务。

5. 建立健全综合措施,规定了公安机关打击治理电信网络诈骗工作机制;规定了电信、金融、网信部门依法开展监督检查;规定了个人信息处理者的义务和履行个人信息保护职责的部门、单位的职责;规定了反电信网络诈骗宣传职责;国家支持电信业务经营者、金融机构、互联网服务提供者研发电信网络诈骗反制技术的职责;要求有关部门推进网络身份认证公共服务建设;要求有关部门建立预警劝阻系统,规定了有关部门的救助职责;规定了在电信网络诈骗活动严重的特定地区采取临时风险防范措施的职责;规定了有关部门加强对前往电诈高发地的人员和受过刑事处罚的人员的出境管理;要求有关部门加强国际执法司法合作;规定了单位和个人的禁止非法买卖、出租、出借电话卡、物联网卡、电信线路、短信端口、银行账户、支付账户、互联网账号等卡、账户、账号和禁止为他人提供实名核验帮助或者假冒他人身份、虚构代理关系开立上述卡、账户、账号的义务。

6. 明确法律责任,规定了涉诈单位、个人需要承担的刑事责任、行政责任及民事责任;规定了电信业务经营者、金融机构、互联网服务提供者的民事责任、行政责任;规定了检察机关依法提起公益诉讼的职责以及行政相对人申请行政救济的权利。

与前述主要内容相对应,《反电信网络诈骗法》采取了如下体例:

第一章　总　则

第二章　电信治理

第三章　金融治理

第四章　互联网治理

第五章　综合措施

第六章　法律责任

第七章　附　则

【参考规定】

1.《中华人民共和国宪法》

第十三条 公民的合法的私有财产不受侵犯。

国家依照法律规定保护公民的私有财产权和继承权。

国家为了公共利益的需要,可以依照法律规定对公民的私有财产实行征收或者征用并给予补偿。

第四十条 中华人民共和国公民的通信自由和通信秘密受法律的保护。除因国家安全或者追查刑事犯罪的需要,由公安机关或者检察机关依照法律规定的程序对通信进行检查外,任何组织或者个人不得以任何理由侵犯公民的通信自由和通信秘密。

2.《关于办理电信网络诈骗犯罪案件若干问题的解答》①

一、关于电信网络诈骗犯罪的界定问题。

1. 问:如何理解掌握电信网络诈骗犯罪的概念?

答:电信网络诈骗犯罪,是指以非法占有为目的,利用电信通讯、互联网等技术手段,向社会公众发布虚假信息或设置骗局,主要通过远程控制,非接触性地诱使被害人交付财物的犯罪行为。

2. 问:该类犯罪一般具有哪些特征?

答:除符合诈骗罪的特征以外,电信网络诈骗犯罪一般应同时具有技术性、非接触性、远程性的特征。其中,技术性是指该类犯罪主要利用电话、短信、互联网等信息交互工具的技术手段。利用广播电台、报纸杂志等方式实施诈骗,一般不认为具有技术性。非接触性是指该类犯罪中行为人与被害人无须面对面接触。实施"线上拉拢,线下骗取"行为的案件属于接触性犯罪,一般不认定为电信网络诈骗。远程性是指该类犯罪中行为人主要利用电信网络技术手段进行远程联系。

3.《检察机关办理电信网络诈骗案件指引》②

电信网络诈骗犯罪,是指以非法占有为目的,利用电话、短信、互联网等电信网络技术手段,虚构事实,设置骗局,实施远程、非接触式诈骗,骗取公私财

---

① 浙江省高级人民法院、浙江省人民检察院、浙江省公安厅于 2020 年 4 月 24 日发布,现行有效。

② 最高人民检察院于 2018 年 11 月 9 日发布,现行有效。

物的犯罪行为。

4.《公安机关侦办电信诈骗案件工作机制(试行)》①

第三十条　本机制中电信诈骗案件是指通过电话、短信、网络等方式诈骗公私财物的案件,本机制中电信诈骗案件汇款地是指被骗人资金汇出地,本机制中电信诈骗案件窝点地是指犯罪分子实施诈骗犯罪行为时的所在地。

第二条(电信网络诈骗概念)

第二条　本法所称电信网络诈骗,是指以非法占有为目的,利用电信网络技术手段,通过远程、非接触等方式,诈骗公私财物的行为。

【本条主旨】

本条规定了电信网络诈骗的定义。

【核心概念】

电信网络技术手段

电信网络技术手段是指利用固定电话、手机、互联网等信息交互工具的一系列现代技术手段。

诈骗

1. 诈骗是指用骗取、欺诈、哄骗等欺骗手段获得某物或达到某种目的的行为。

2. 诈骗依靠欺骗行为,也就是虚构事实、隐瞒真相。如果交易方知道事实真相便不会做出处分财物的行为。欺骗行为应当是实质性欺骗,不能是社会生活所允许的夸张抑或是讨价还价行为。

3. 诈骗的实现依靠被害人陷入认识错误而处分财物。首先,二者之间需要具有因果关系;其次,被害人需具备主动交付占有的意思,实践中出现的调包案由于被害人不具有交付占有的意思,因而不成立诈骗罪;最后,处分人应当是有处分权人,无权处分人和机器(由于司法解释的特别规定,信用卡诈骗罪中的机器除外)都不能被骗。

---

① 公安部于 2016 年 3 月 14 日发布,现行有效。

4. 诈骗是区分诈骗罪与其他财产犯罪的重要标志之一。诈骗不等于窃取,窃取是指违反占有人的意思,将他人所占有的财物转移至自己或第三人占有的行为。换言之,确认被害人是否因为陷入认识错误而有意识地处分财物是界分诈骗罪与盗窃罪的关键。《中华人民共和国刑法》第二百六十五条规定了电信盗窃罪:"以牟利为目的,盗接他人通信线路、复制他人电信码号或者明知是盗接、复制的电信设备、设施而使用的,依照本法第二百六十四条的规定定罪处罚。"因此,缺乏处分行为或者被害人并未被骗的情形下获得的财物不属于诈骗行为的范畴。

公私财物

1. 公私财物是指公共或者公民私人所有的财产或财产性利益的总称。

2. "财物"这一概念存在颇多不同的理解。我国《刑法》第九十一条、第九十二条对公共财产和私人财产的含义作出了界定。一种观点认为,公私财物就是公共财产和公民私人所有财产,简称公私财产。另有观点认为,财产不等于财物,刑法条文只是对财产的概念作出了解释,并未对财产性利益进行说明,刑法中使用的财物一词应当是最广义的"财物"概念,范围要大于财产,才能正确处理各种财产类型的犯罪,避免不当缩小处分范围。目前的学界通说认为,财产性利益可以成为诈骗罪的对象,这也得到了最高司法机关的认可。虽然相关的司法解释已经失效,但是从侧面说明,实务界肯定财产性利益可以成为诈骗罪的对象。

3. 随着社会发展变迁,财物的形态也在不断发生变化。虚拟财产是否可以被认为是财物成为学界的讨论话题。对于财物这一概念必须根据财产犯罪的本质与保护法益进行解释。就虚拟财产而言,一方面,以计算机犯罪处罚非法获取他人虚拟财产的行为具有局限性;另一方面,虚拟财产的存在有其正当性,不应当因其存在于虚拟世界中忽视现实社会法律对其应有的保护,虚拟财产的所有人是通过其个人的财产投入、时间投入、精力投入才获得虚拟财产的。因而,虚拟财产可以被评价为财物的观点成为学界通说。但是需要注意的是,承认虚拟财产是刑法上的财物,并不意味着任何虚拟产品都是刑法上的财物。虚拟财产的类型多样化,如网络游戏的虚拟财产、虚拟货币、网络账号以及域名等。因此,仍然需要在个案中判断行为人所侵害的虚拟财产是否符合财产犯罪的本质以及是否具有相应的财产法益特征。

4. 各类奖券是否属于财物的范畴应当考查其是否具有财产价值。最高人民法院、最高人民检察院发布的《关于办理盗窃刑事案件适用法律若干问题的解释》第 5 条规定了盗窃有价支付凭证、有价证券、有价票证的处理方式,从规定来看,判断是否属于财物的关键在于看其是否包含财产价值,且是否能够兑现财产权利。日常生活中常见的奖券按照其使用规则大多具有实际的财产价值,符合财物的界定。此外,不记名、不挂失的奖券是否实际兑换并不影响财物数额的认定。由于失主无法通过挂失、补领、补办手续等方式避免损失,财物的数额应以有价凭证的票面数额为准。

【条文详解】

一、电信网络诈骗的定义

本条参考了之前已有的规范性文件对电信网络诈骗的定义。一方面,电信网络诈骗符合诈骗罪“以非法占有为目的”、“诈骗公私财物”等基本构成要件;另一方面,该条更强调了电信网络诈骗具有技术性、非接触性和远程性等特点,使其区别于普通的诈骗罪。正是因为信息社会的不断发展,电信网络诈骗活动借助逐渐进步的技术手段成为一项国家重点打击的犯罪,因此对于电信网络诈骗技术性的强调尤为重要;其次,正是由于非接触性、远程性等特点,导致电信网络诈骗相关人员难以被直接捕获,跨境电信网络诈骗的行为尤为猖獗。该条的定义紧扣目前电信网络诈骗问题的要点,点明了打击电信网络诈骗的核心。

二、利用电信网络技术手段

利用电信网络技术手段是电信网络诈骗区别于普通诈骗的特征之一,强调了电信网络诈骗的技术性。电信网络技术手段是指利用固定电话、手机、互联网等信息交互工具的一系列现代技术手段。《反电信网络诈骗法(草案一审稿)》第二条曾对电信网络技术手段进行了不完全列举,指出电信网络诈骗经常依托的技术手段,包括“利用电话、短信、互联网”,同样的列举方式也出现在《公安机关侦办电信诈骗案件工作机制(试行)》《检察机关办理电信网络诈骗案件指引》中。《最高人民法院、最高人民检察院、公安部关于办理电信网络诈骗等刑事案件适用法律若干问题的意见》中具体指出了几种电信网络技术手段的典型表现形式,包括电话追呼系统、“钓鱼网站”链接、“木马”程序链接、网络渗透等。利用广播电台、报纸杂志等方式实施诈骗,一般不认为具有技术性。随着信息技术的不断发展,电信网络技术手段也呈现多样化、专业化、智能化的特点,除了传统的拨打电话、发送短信等方法之外,逐渐涌现出开发诈骗软件、利用黑客技术和木马程序等技术性更强的犯罪手法。

三、远程和非接触方式

远程和非接触方式是电信网络诈骗活动的另一显著特征。相较于传统的诈骗犯罪,电信网络诈骗的非接触性体现在该类犯罪中行为人与被害人无须面对面接触。因此,实施"线上拉拢,线下骗取"行为的案件属于接触性犯罪,一般不认定为电信网络诈骗;远程性是指该类犯罪中行为人主要利用电信网络技术手段进行远程联系,例如拨打被害人电话、利用诈骗软件与被害人取得联系。远程和非接触方式往往与电信网络诈骗活动的技术性特征相互依存,高技术含量的诈骗软件、追呼系统使得远程诈骗活动得以成功实施。

【参考规定】

1.《关于办理电信网络诈骗犯罪案件若干问题的解答》①

一、关于电信网络诈骗犯罪的界定问题

1. 问:如何理解掌握电信网络诈骗犯罪的概念?

答:电信网络诈骗犯罪,是指以非法占有为目的,利用电信通讯、互联网等技术手段,向社会公众发布虚假信息或设置骗局,主要通过远程控制,非接触性地诱使被害人交付财物的犯罪行为。

2. 问:该类犯罪一般具有哪些特征?

答:除符合诈骗罪的特征以外,电信网络诈骗犯罪一般应同时具有技术性、非接触性、远程性的特征。其中,技术性是指该类犯罪主要利用电话、短信、互联网等信息交互工具的技术手段。利用广播电台、报纸杂志等方式实施诈骗,一般不认为具有技术性。非接触性是指该类犯罪中行为人与被害人无须面对面接触。实施"线上拉拢,线下骗取"行为的案件属于接触性犯罪,一般不认定为电信网络诈骗。远程性是指该类犯罪中行为人主要利用电信网络

---

① 浙江省高级人民法院、浙江省人民检察院、浙江省公安厅于 2020 年 4 月 24 日发布,现行有效。

技术手段进行远程联系。

2.《检察机关办理电信网络诈骗案件指引》①

电信网络诈骗犯罪,是指以非法占有为目的,利用电话、短信、互联网等电信网络技术手段,虚构事实,设置骗局,实施远程、非接触式诈骗,骗取公私财物的犯罪行为。

3.《公安机关侦办电信诈骗案件工作机制(试行)》②

第三十条　本机制中电信诈骗案件是指通过电话、短信、网络等方式诈骗公私财物的案件,本机制中电信诈骗案件汇款地是指被骗人资金汇出地,本机制中电信诈骗案件窝点地是指犯罪分子实施诈骗犯罪行为时的所在地。

【参考案例】

指导案例 27 号:臧进泉等盗窃、诈骗案③

一、盗窃事实

被告人郑必玲骗取被害人金某 195 元后,获悉金某的建设银行网银账户内有 305000 余元存款且无每日支付限额,遂电话告知被告人臧进泉,预谋合伙作案。臧进泉赶至网吧后,以尚未看到金某付款成功的记录为由,发送给金某一个交易金额标注为 1 元而实际植入了支付 305000 元的计算机程序的虚假链接,谎称金某点击该 1 元支付链接后,其即可查看到付款成功的记录。金某在诱导下点击了该虚假链接,其建设银行网银账户中的 305000 元随即通过臧进泉预设的计算机程序,经上海快钱信息服务有限公司的平台支付到臧进泉提前在福州海都阳光信息科技有限公司注册的账户中。

二、诈骗事实

被告人臧进泉、郑必玲、刘涛分别以虚假身份开设无货可供的淘宝网店铺,并以低价吸引买家。三被告人事先在网游网站注册一账户,并对该账户预设充值程序,充值金额为买家欲支付的金额,后将该充值程序代码植入到一个

---

① 最高人民检察院于 2018 年 11 月 9 日发布,现行有效。
② 公安部于 2016 年 3 月 14 日发布,现行有效。
③ 最高人民法院审判委员会讨论通过,于 2014 年 6 月 23 日发布。

虚假淘宝网链接中。与买家商谈好商品价格后,三被告人各自以方便买家购物为由,将该虚假淘宝网链接通过阿里旺旺聊天工具发送给买家。买家误以为是淘宝网链接而点击该链接进行购物、付款,并认为所付货款会汇入支付宝公司为担保交易而设立的公用账户,但该货款实际通过预设程序转入网游网站在支付宝公司的私人账户,再转入被告人事先在网游网站注册的充值账户中。

三、裁判要旨

在信息网络情形下,行为人利用信息网络,诱骗他人点击虚假链接而实际上通过预先植入的计算机程序窃取他人财物构成犯罪的,应当以盗窃罪定罪处罚;行为人虚构可供交易的商品或者服务,欺骗他人为支付货款点击付款链接而获取财物构成犯罪的,应当以诈骗罪定罪处罚。

第三条（适用范围）

第三条　打击治理在中华人民共和国境内实施的电信网络诈骗活动或者中华人民共和国公民在境外实施的电信网络诈骗活动,适用本法。

境外的组织、个人针对中华人民共和国境内实施电信网络诈骗活动的,或者为他人针对境内实施电信网络诈骗活动提供产品、服务等帮助的,依照本法有关规定处理和追究责任。

【本条主旨】

本条是关于本法的适用范围的规定,包括域内适用和域外适用两种情形。

【核心概念】

法的域外适用

法的域外适用,是指法律突破属地管辖,对发生在我国境外的人、事或行为具有管辖权。

2019年2月25日,习近平总书记在中央全面依法治国委员会第二次会议上发表重要讲话,明确指出要加快推进我国法域外适用的法律体系建设,保障和服务高水平对外开放。这是在我国现行法对于域外效力的规定缺位或不明确、与维护我国海外利益的巨大需求不相适应这一情形下提出的重大课题。根据我国现实立法情况,客观理性地吸收国外立法的可取之处,在不违反国际法基本原则的基础上完善我国国内法域外适用法律体系,为有效保护我国当事人和国家的核心利益提供法律依据。

【条文详解】

电信网络诈骗犯罪呈现跨境化、跨国化的特点,不少电信网络诈骗团伙聚集境外对境内实施诈骗活动。跨境作案的电信网络诈骗犯罪,往往涉及多个国家或地区,"境外实施→境内受害"的犯罪模式已经十分普遍。因此,对于打击电信网络诈骗行为需要建立起全链条的打击方案,不仅针对于域内发生的电信网络诈骗行为,还要积极利用域外管辖,最大程度上保护国家以及公民的合法权益不受侵害。在上述背景下,各国立法机构通过扩大国内法律的域外效力来增强对本国公民合法权益的保护力度,本条正是对于此种趋势的中国回应。

本条体现了反电信网络诈骗法的属地管辖兼属人管辖、保护管辖的原则。就域内适用而言,本法对发生在中华人民共和国境内的电信网络诈骗活动具有效力,这是基于属地管辖原则中诈骗犯罪地在中国境内而产生的域内效力。《最高人民法院、最高人民检察院、公安部关于办理电信网络诈骗等刑事案件适用法律若干问题的意见》规定:"犯罪行为发生地"包括用于电信网络诈骗犯罪的网站服务器所在地,网站建立者、管理者所在地,被侵害的计算机信息系统或其管理者所在地,犯罪嫌疑人、被害人使用的计算机信息系统所在地,诈骗电话、短信息、电子邮件等的拨打地、发送地、到达地、接受地,以及诈骗行为持续发生的实施地、预备地、开始地、途经地、结束地。同时,《最高人民法院、最高人民检察院、公安部关于办理电信网络诈骗等刑事案件适用法律若干问题的意见(二)》规定了电信网络诈骗犯罪地不仅包括犯罪行为发生地和结果发生地,还包括以下几种情形:(一)用于犯罪活动的手机卡、流量卡、物联网卡的开立地、销售地、转移地、藏匿地;(二)用于犯罪活动的信用卡的开立地、销售地、转移地、藏匿地、使用地以及资金交易对手资金交付和汇出地;(三)用于犯罪活动的银行账户、非银行支付账户的开立地、销售地、使用地以及资金交易对手资金交付和汇出地;(四)用于犯罪活动的即时通讯信息、广告推广信息的发送地、接受地、到达地;(五)用于犯罪活动的"猫池"(Modem

Pool)、GOIP 设备、多卡宝等硬件设备的销售地、入网地、藏匿地;(六)用于犯罪活动的互联网账号的销售地、登录地。因此,若某一电信网络诈骗犯罪团伙的头目在 A 地指挥犯罪,信息组在 B 地非法获取公民的个人信息,网络组、话务组在 C 地向被害人发送诈骗信息、拨打诈骗电话,则整个犯罪过程中的任何一个环节,都可以看作是犯罪行为,任何一个环节发生在中华人民共和国境内都适用于本法。

就域外适用而言,首先,本法适用于中华人民共和国公民在境外实施的电信网络诈骗活动,这是基于属人管辖原则产生的域外效力。其次,本法对于境外的组织、个人针对境内实施电信网络诈骗活动具有效力,这是基于属地管辖原则中犯罪行为结果地发生在中国境内而产生的域外效力。其中,犯罪结果发生地不仅包括实际结果,还应当包括未遂犯的可能发生结果之地。《最高人民法院、最高人民检察院、公安部关于办理电信网络诈骗等刑事案件适用法律若干问题的意见》规定:"犯罪结果发生地"包括被害人被骗时所在地,以及诈骗所得财物的实际取得地、藏匿地、转移地、使用地、销售地等。最后,本法对于境外的组织、个人为他人实施针对境内的电信网络诈骗活动提供产品、服务等帮助的行为具有效力。"为他人实施针对境内的电信网络诈骗活动提供产品、服务等帮助"既可能属于电信网络诈骗的共犯行为,也可能单独成立帮助信息网络犯罪活动罪等违法犯罪行为。可见本条包含了电信网络诈骗实行行为和帮助行为,进一步扩大了本法在域外作用的效力范围。该规定与《最高人民法院、最高人民检察院、公安部关于办理电信网络诈骗等刑事案件适用法律若干问题的意见(二)》的规定一致,即:"为电信网络诈骗犯罪提供作案工具、技术支持等帮助以及掩饰、隐瞒犯罪所得及其产生的收益,由此形成多层级犯罪链条的,或者利用同一网站、通讯群组、资金账户、作案窝点实施电信网络诈骗犯罪的,应当认定为多个犯罪嫌疑人、被告人实施的犯罪存在关联,人民法院、人民检察院、公安机关可以在其职责范围内并案处理。"本法的域外适用规则具有很强的现实指导意义,在严厉打击的高压下,境内大批电信网络诈骗窝点已经向境外转移,对境内群众实施大量诈骗。据统计,截至 2021年上半年,电信网络诈骗境外窝点作案已超过六成。因此,国家对于这类跨境犯罪行为的打击呈现出严打的总体态势。

【参考规定】

1.《最高人民法院关于适用〈中华人民共和国刑事诉讼法〉的解释》①

第二条 针对或者主要利用计算机网络实施的犯罪,犯罪地包括用于实施犯罪行为的网络服务使用的服务器所在地,网络服务提供者所在地,被侵害的信息网络系统及其管理者所在地,犯罪过程中被告人、被害人使用的信息网络系统所在地,以及被害人被侵害时所在地和被害人财产遭受损失地等。

2.《最高人民法院、最高人民检察院、公安部关于办理电信网络诈骗等刑事案件适用法律若干问题的意见》②

五、依法确定案件管辖

(一)电信网络诈骗犯罪案件一般由犯罪地公安机关立案侦查,如果由犯罪嫌疑人居住地公安机关立案侦查更为适宜的,可以由犯罪嫌疑人居住地公安机关立案侦查。犯罪地包括犯罪行为发生地和犯罪结果发生地。

"犯罪行为发生地"包括用于电信网络诈骗犯罪的网站服务器所在地,网站建立者、管理者所在地,被侵害的计算机信息系统或其管理者所在地,犯罪嫌疑人、被害人使用的计算机信息系统所在地,诈骗电话、短信息、电子邮件等的拨打地、发送地、到达地、接受地,以及诈骗行为持续发生的实施地、预备地、开始地、途经地、结束地。

"犯罪结果发生地"包括被害人被骗时所在地,以及诈骗所得财物的实际取得地、藏匿地、转移地、使用地、销售地等。

3.《最高人民法院、最高人民检察院、公安部关于办理电信网络诈骗等刑事案件适用法律若干问题的意见(二)》③

一、电信网络诈骗犯罪地,除《最高人民法院、最高人民检察院、公安部关于办理电信网络诈骗等刑事案件适用法律若干问题的意见》规定的犯罪行为发生地和结果发生地外,还包括:

(一)用于犯罪活动的手机卡、流量卡、物联网卡的开立地、销售地、转移地、藏匿地;

(二)用于犯罪活动的信用卡的开立地、销售地、转移地、藏匿地、使用地

---

① 最高人民法院于 2021 年 1 月 26 日发布,自 2021 年 3 月 1 日起施行,现行有效。

② 最高人民法院、最高人民检察院、公安部于 2016 年 12 月 19 日发布,现行有效。

③ 最高人民法院、最高人民检察院、公安部于 2021 年 6 月 17 日发布,现行有效。

以及资金交易对手资金交付和汇出地；

（三）用于犯罪活动的银行账户、非银行支付账户的开立地、销售地、使用地以及资金交易对手资金交付和汇出地；

（四）用于犯罪活动的即时通讯信息、广告推广信息的发送地、接受地、到达地；

（五）用于犯罪活动的"猫池"（Modem Pool）、GOIP 设备、多卡宝等硬件设备的销售地、入网地、藏匿地；

（六）用于犯罪活动的互联网账号的销售地、登录地。

二、为电信网络诈骗犯罪提供作案工具、技术支持等帮助以及掩饰、隐瞒犯罪所得及其产生的收益，由此形成多层级犯罪链条的，或者利用同一网站、通讯群组、资金账户、作案窝点实施电信网络诈骗犯罪的，应当认定为多个犯罪嫌疑人、被告人实施的犯罪存在关联，人民法院、人民检察院、公安机关可以在其职责范围内并案处理。

三、有证据证实行为人参加境外诈骗犯罪集团或犯罪团伙，在境外针对境内居民实施电信网络诈骗犯罪行为，诈骗数额难以查证，但一年内出境赴境外诈骗犯罪窝点累计时间 30 日以上或多次出境赴境外诈骗犯罪窝点的，应当认定为刑法第二百六十六条规定的"其他严重情节"，以诈骗罪依法追究刑事责任。有证据证明其出境从事正当活动的除外。

【参考案例】

侯涛等六人至境外组建电信诈骗集团实施诈骗案①

本案系境内人员在境外组建诈骗窝点实施电信网络诈骗的典型案件。被告人侯涛与杨春桃（另案处理）等人合谋，组织、召集被告人黄兵等五人组成电信网络诈骗集团，出境至越南，利用虚假的网络投资平台软件实施诈骗活动。六被告人利用微信、QQ 添加被害人进入聊天群，分别在聊天群中扮演指导老师、投资股民等角色，通过发布虚假盈利截图等信息，制造通过聊天群中"老师"的指导可投资获利的假象，诱骗被害人向虚假投资平台转账投资，进而骗取被害人的钱财，共骗取他人财物 448 万余元。

法院认为，被告人侯涛等六人以非法占有为目的，利用网络虚构事实，

① 江苏法院电信网络诈骗犯罪十大典型案例，江苏省高级人民法院于 2020 年 12 月 1 日发布。

隐瞒真相,骗取被害人财物,诈骗数额特别巨大,其行为均已构成诈骗罪。由于我国境内始终保持打击电信网络诈骗犯罪高压态势,一些诈骗团伙转移到境外,组建境外窝点招募人员诈骗境内群众钱财,并将赃款快速转移,导致被害人财产损失难以挽回,也严重损害我国国际形象,应依法予以严厉打击。

曾江权、颜安仁等人以台湾居民为犯罪对象诈骗案①

本案是以我国台湾居民为诈骗对象的典型案件。本案中,曾江权等大陆被告人与台湾被告人颜安仁相勾结,针对台湾居民进行诈骗,由颜安仁提供台湾居民个人信息资料和网络技术支持,并且提供信用卡用于转账、支取诈骗所得款项。大陆被告人设置窝点,通过拨打电话实施具体诈骗行为。其中,台湾被告人颜安仁介绍能提供接收诈骗赃款的银行账户的台湾地区人员给曾江权,还用自己的银行卡为曾江权接收诈骗赃款。曾江权等人诈骗金额共计3018112元。

法院认为,被告人曾江权等人以非法占有为目的,拨打不特定多数人电话,虚构事实骗取他人钱财。被告人颜安仁明知曾江权实施诈骗活动,而为其介绍他人提供通信工具、网络技术支持;提供信用卡并转账、支取诈骗所得款项,帮助实施诈骗。二被告人的行为均已构成诈骗罪。

第四条(综合治理、精准防治)

第四条 反电信网络诈骗工作坚持以人民为中心,统筹发展和安全;坚持系统观念、法治思维,注重源头治理、综合治理;坚持齐抓共管、群防群治,全面落实打防管控各项措施,加强社会宣传教育防范;坚持精准防治,保障正常生产经营活动和群众生活便利。

【本条主旨】

本条是关于反电信网络诈骗工作原则的规定。

① 最高人民法院电信网络诈骗犯罪典型案例,最高人民法院于2016年3月5日发布。

【核心概念】

反电诈工作原则

反电诈工作原则,是指从事反电信网络诈骗的各部门、单位在履行法定职责时需要恪守的基本原则,指导反电信网络诈骗工作的全方面,包括源头治理、综合治理、精准防治,注重防范教育、及早打击、保障公民、组织的正常生活生产。

源头治理和综合治理

源头治理是指从源头上预防、遏制网络诈骗活动的发生,在电信网络诈骗活动的预备阶段或发生初期予以发现,及时抓捕相关诈骗人员和团伙,阻止其继续完成以至于产生恶劣的后果。

综合治理是党和国家解决社会治安问题的战略方针,具体是指在各级党委和政府的统一领导下,以政法机关为骨干,依靠人民群众和社会各方面的力量,分工合作,综合运用法律、政治、经济、行政、教育、文化等各种手段,惩罚犯罪,改造罪犯,教育挽救失足者,预防犯罪,达到维护社会治安,保障人民幸福生活,保障社会主义现代化建设顺利进行的目的。

精准防治

1. 精准防治是指运用科学、合理的防治手段准确预防和治理犯罪行为,提高打击的针对性和有效性,改变粗放型治理对正常经营活动的影响,保障正常生产经营活动和群众生活便利。

2. 一方面,精准防治要运用科学手段提高权力行使的准确性。针对网络犯罪的智能化,要强调网络犯罪链条各环节的治理与智能技术紧密融合,加强侦查、检察机关信息化、智能化建设。另一方面,精准防治要降低权力错误行使造成的损失。在反电诈领域,要注重平衡反诈骗措施与公民权益保障,精确打击违法犯罪活动,减少给公民生产和生活带来的负面影响。

【条文详解】

党的十九届四中全会《决定》强调:"构建系统完备、科学规范、运行有效的制度体系,加强系统治理、依法治理、综合治理、源头治理,把我国制度优势更好转化为国家治理效能。"这意味着,系统治理、依法治理、综合治理、源头治理不仅仅是加强和创新社会治理的基本遵循,更是推进国家治理体系和治理能力现代化的根本原则和方法。在打击电信网络诈骗活动中,精准防治是实现源头治理和综合治理的基础,是保证源头治理、综合治理有效性的基石。

（一）精准防治

精准防治既要求提高权力行使的准确性,又要降低权力错误行使造成的损失,保障正常生产经营活动和群众生活便利。网络科技的发展与网络犯罪迭代共生,网络犯罪日益智能化和多样化,成为打击犯罪与社会治理面临的新挑战。因此,在打击电信网络诈骗活动时有必要利用技术手段不断提升治理的精准度。在上游阶段做到精准监测、智能识别。面对海量的网络空间信息,监测与识别应建立在人工智能识别的基础上,智能化识别疑似钓鱼网站和博彩网站等网络站点。在中游环节,犯罪团伙往往依托大数据技术获取信息数据实施精准诈骗,或利用虚拟账号引流变现等,因此应当针对性研发智能化技术预防和阻截犯罪。在下游环节,精准打击和切断不法分子的资金链条。运用智能化手段加强反洗钱交易报告制度,不断更新大额交易、可疑交易模型,智能识别、分析与报告,建立智能风险防控体系。整合日常风险监测系统和大数据资源,建立电信网络诈骗可疑交易监测系统,智能分析各类账户可疑交易特征,全面把控账户资金交易的各个环节。

在倡导严打严抓的政策背景下也要注意对正常经营活动的影响以及相应的防范成本的增加。有关部门、单位可能因故意或过失而不当限制公民权益,诸如金融机构对办理信用卡进行高强度监管的同时,要注意不能导致普通公民难以办卡而无法享受到应有的服务。当公民权益因故意或过失受不当限制时,应当提供及时的救济措施来修复受损的权益。因此,精准防治要求降低错误决定造成的损失,要求有关单位、部门提供必要的救济渠道,保证在发现错误时能够及时迅速作出撤销或纠正决定,及时止损;同时作出决定的部门、单位应当建立完善的申诉渠道。

（二）源头治理与综合治理

在保证防治精准化的基础上,要做到各部门分工合作进行综合治理,要把握犯罪链条实现源头治理。当前我国电信网络诈骗犯罪呈现出犯罪组织化、"产业化"的新特征,并催生了大量黑灰色产业链。在这种情况下,司法打击更多地表现为下游治理,如果不能封住上游的闸门,新的犯罪还会重复出现。因此,综合治理要求集结各部门力量分工合作,打击电信网络诈骗犯罪的犯罪链条。

　　本法第二章规定了电信治理,扰乱无线电通信管理秩序行为是电信网络诈骗实施前的重要准备手段,一般指行为人借助使用"伪基站"、"黑广播"等技术手段,向一定区域内人员发送虚假短信,严重干扰无线电通信秩序的行为。电信网络诈骗行为人正是利用这种非法的技术手段将虚假信息直接发送给被害人,与被害人产生直接联系,这一技术操作是电信网络诈骗前的重要行为手段。

　　本法第三章规定了金融治理,电信网络诈骗犯罪中,银行卡、信用卡等是资金转入和转出的重要工具,犯罪分子为了成功骗取他人钱财经常购买和持有大量他人的信用卡,诱导被害人向其控制的卡中转账,再利用下线人员将犯罪收益分别转至其他不同的银行卡中,从而躲避银行监管和公安机关的侦查。

　　本法第四章规定了互联网治理,为电信业务经营者、互联网服务提供者、公安、电信、网络等部门设立了相应的责任和职责。互联网服务提供者应当要求用户实名化享受其提供的服务,对于存在异常的用户账号进行核验与处理,实时监控可能发生的网络安全隐患。近年来,电信网络诈骗活动十分依靠互联网平台的资源,利用域名解析、线路出租、服务器托管等手段,依托内容分发、广告推广等服务诱使被害人陷入骗局。因此,相关互联网服务的提供者应当承担社会责任,禁止为电信网络诈骗活动提供帮助或支持。

　　本法针对个人信息处理者的义务和履行个人信息保护职责的部门、单位的职责进行了规定,是针对个人信息犯罪这一上游犯罪的打击。在诸多场景下,行为人通过窃取或者欺骗等方法非法获取的公民个人信息,从而有针对性地实施电信网络诈骗。行为人通常用窃取的方法非法获取国家机关或者金融、电信、交通、教育、医疗等单位中行使职责或提供服务过程中收集到的个人信息,并将非法获取的个人信息出售或提供给电信诈骗犯罪分子,为电信网络诈骗的顺利实施提供便利。

　　从打击犯罪的视角来看,各机关应当协同合作。在侦查阶段,公安机关应从系统角度考虑犯罪的整体性,坚持"全环节、全要素、全链条"打击,上游下游一起打、源头末端一起查,不能割裂犯罪产业链,单打某个容易暴露的环节。在起诉阶段,检察机关应关注网络犯罪产业链条化的新发展,将关联案、系列案综合起来分析研判,将看似独立、零散的事实信息结合起来,以更好确定犯罪事实和因果关系。必要时将关联案件并案处理、合并起诉,节约诉讼资源,精准认定各犯罪嫌疑人的涉案事实及地位、作用,实现网络犯罪产业链的整体性打击。在审判阶段应继续坚持帮助犯正犯化的思路，充分依靠非法利用信息网络罪、帮助信息网络犯罪活动罪、拒不履行信息网络安全义务罪等罪名，对网络犯罪链条上各个环节独立进行刑事危害性评价，使之具有刑罚可罚性。

【参考规定】

《最高人民法院、最高人民检察院、公安部关于办理电信网络诈骗等刑事案件适用法律若干问题的意见（二）》①

四、无正当理由持有他人的单位结算卡的，属于刑法第一百七十七条之一第一款第（二）项规定的"非法持有他人信用卡"。

五、非法获取、出售、提供具有信息发布、即时通讯、支付结算等功能的互联网账号密码、个人生物识别信息，符合刑法第二百五十三条之一规定的，以侵犯公民个人信息罪追究刑事责任。

对批量前述互联网账号密码、个人生物识别信息的条数，根据查获的数量直接认定，但有证据证明信息不真实或者重复的除外。

六、在网上注册办理手机卡、信用卡、银行账户、非银行支付账户时，为通过网上认证，使用他人身份证件信息并替换他人身份证件相片，属于伪造身份证件行为，符合刑法第二百八十条第三款规定的，以伪造身份证件罪追究刑事责任。

使用伪造、变造的身份证件或者盗用他人身份证件办理手机卡、信用卡、银行账户、非银行支付账户，符合刑法第二百八十条之一第一款规定的，以使用虚假身份证件、盗用身份证件罪追究刑事责任。

实施上述两款行为，同时构成其他犯罪的，依照处罚较重的规定定罪处罚。法律和司法解释另有规定的除外。

七、为他人利用信息网络实施犯罪而实施下列行为，可以认定为刑法第二百八十七条之二规定的"帮助"行为：

（一）收购、出售、出租信用卡、银行账户、非银行支付账户、具有支付结算功能的互联网账号密码、网络支付接口、网上银行数字证书的；

（二）收购、出售、出租他人手机卡、流量卡、物联网卡的。

---

① 最高人民法院、最高人民检察院、公安部于 2021 年 6 月 17 日发布，现行有效。

【参考案例】

利用大数据平台　精准打击欺诈骗保①

2017 年以来,成都市医疗保险信息服务中心建立大数据反欺诈平台,内置百余种创新算法,通过神经网络、机器学习、人工智能等深度数据挖掘,在海量数据中挖掘可疑行为,精确定位异常场景,为医保打击欺诈骗保提供依据。以真实性问题为导向,围绕"住院行为真实性"和"门诊特殊疾病治疗真实性"两条主线,从现实欺诈场景出发,平台共设计了频繁就医识别监测、住院时间重叠识别监测、滞留住院识别监测、虚假医疗服务识别监测在内的四种算法模型。

中心在对 2016 年和 2017 年结算数据和明细数据进行专项筛查时,在"疑似重复报销"场景中,发现门诊特殊疾病结算数据可疑就诊记录 377 条,涉及医院 30 多家。中心据此分 3 批次下发稽核任务。经现场检查,共计查实疑点数据 302 条,查实率近 80%。对此,中心利用稽核结果对平台该场景进行了集中优化,一举将"疑似重复报销"场景查实率提升至 98%以上。截至 2019 年 4 月底,中心利用大数据反欺诈平台共找到可疑就诊记录 3526 条,查实违规记录 3192 条,查实准确率达到 90.53%,涉及金额 3133519.9 元,有效降低了基金损失。

第五条(法治和保密原则)

第五条　反电信网络诈骗工作应当依法进行,维护公民和组织的合法权益。

有关部门和单位、个人应当对在反电信网络诈骗工作过程中知悉的国家秘密、商业秘密和个人隐私、个人信息予以保密。

【本条主旨】

本条是关于法治和保密原则的规定。

---

① 作者陈治文,中国医疗保险,2019 年 6 月 23 日,https://www.cn-healthcare.com/articlewm/20190623/content-1064493.html。

【核心概念】

国家秘密

国家秘密,是指关系国家安全和利益,依照法定程序确定,在一定时间内只限一定范围的人员知悉的事项。

商业秘密

商业秘密,是指不为公众所知悉、具有商业价值并经权利人采取相应保密措施的技术信息、经营信息等商业信息。其中,不为公众所知悉,是指商业信息不为所属领域的相关人员普遍知悉和容易获得;具有商业价值,是指商业信息因不为公众所知悉而具有现实的或者潜在的商业价值;相应保密措施,是指为防止商业秘密泄露所采取的合理保密措施。

个人隐私

个人隐私,是指自然人的私人生活安宁和不愿为他人知晓的私密空间、私密活动、私密信息。

个人信息

个人信息是指是以电子或者其他方式记录的与已识别或者可识别的自然人有关的各种信息,不包括匿名化处理后的信息。匿名化处理,是指个人信息经过处理无法识别特定自然人且不能复原的过程。

《民法典》第一千零三十四条第二款对个人信息的概念进行了界定。该款规定:个人信息是以电子或者其他方式记录的能够单独或者与其他信息结合识别特定自然人的各种信息,包括自然人的姓名、出生日期、身份证件号码、生物识别信息、住址、电话号码、电子邮箱、健康信息、行踪信息等。

【条文详解】

一、法治原则

法治,简单来说就是依法治理,在我国,法治的核心内容就是要全面推进依法治国。依法治国,是指广大人民群众在党的领导下,依照宪法和法律规定,通过各种途径和形式管理国家事务,管理经济文化事业,管理社会事务,保证国家各项工作都依法进行。全面依法治国是新时代坚持和发展中国特色社会主义的基本方略,是国家治理的一场深刻革命,也是社会主义现代化建设的有力保障。

全面依法治国要坚持依法治国、依法执政、依法行政共同推进,坚持法治国家、法治政府、法治社会一体建设。其中,政府依法行政是全面依法治国的支点之一,要求各级政府应当在党的领导下,依法行使行政管理权。反诈工作是政府行使行政管理权的表现之一,当然应当依法进行。政府开展反诈工作应当满足以下要求:首先,应当维护公民和组织的合法权益。有关部门、单位可能因故意或过失从而不当限制公民合法权益,应当规定作出决定和采取措施的程序,防止以反电诈为由发生故意不当限制公民权益的情形。当出现公民和组织的合法利益被不当限制时,应当为其提供有效的救济手段。本法第四十一条即设立了反电信网络诈骗有关部门超出权限或怠于履职情形下的行政责任。其次,法无授权不可为。政府开展反诈工作、建设反诈制度、采取反诈措施,必须有《反电信网络诈骗法》的明确授权;《反电信网络诈骗法》没有明确授权的,必须有《网络安全法》、《个人信息保护法》、《反洗钱法》等法律法规的授权;没有任何法律法规授权的,不得开展反诈工作。再次,法定职责必须为。为了预防、遏制和惩治电信网络诈骗活动,《反电信网络诈骗法》授予政府及公安、电信、金融、网信等部门制定法规、监督管理处罚电信业务经营者、金融机构、互联网服务提供者等单位和个人的权力,但这并不意味着政府及有关部门可以行使权力也可以不行使权力;相反,政府及有关部门必须克服懒政、怠政、不作为的情形,将该权力视为履行法定职责的工具而非目的,积极履行法定职责。最后,注重程序。打击治理电信网络诈骗活动固然重要,但也要减少反诈工作对公民和组织的正常生产经营活动和合法权益的影响,而有关程序的规定是在立法过程中对各方主体利益平衡的结果,兼顾行政执法的效率要求和保护公民、组织合法权益的要求,可能不是最有利于打击治理电信网络诈骗活动的程序,但一定是可持续的、长期收益最大的程序。因此,反诈工作必须严格按照法定的步骤、顺序和时限进行,不得任意改变、省略和超越。

二、保密原则

保密原则是行政执法工作的普遍性要求,如:《网络安全法》第四十五条要求依法负有网络安全监督管理职责的部门及其工作人员,必须对在履行职责中知悉的个人信息、隐私和商业秘密严格保密,不得泄露、出售或者非法向他人提供;《反洗钱法》第三十条要求反洗钱行政主管部门和其他依法负有反洗钱监督管理职责的部门、机构及从事反洗钱工作的人员不得泄露因反洗钱知悉的国家秘密、商业秘密和个人隐私;《行政处罚法》第五十条要求行政机关及其工作人员对实施行政处罚过程中知悉的国家秘密、商业秘密或者个人隐私,应当依法予以保密。

同样,本条第二款是关于反诈工作中保密原则的规定,要求有关部门和单位、个人应当对在反电信网络诈骗工作过程中知悉的国家秘密、商业秘密、个人隐私和个人信息予以保密。保密原则有三个层次的要求,第一层次的要求是对知悉的国家秘密予以保密。国家秘密,是指关系国家安全和利益,依照法定程序确定,在一定时间内只限一定范围的人员知悉的事项。有关部门和单位、个人在开展反诈工作过程中应当遵守《保守国家秘密法》的规定,对因开展反诈工作知悉的国家秘密按照密级规定采取不同程度的保密措施,有关部门和单位、个人泄露国家秘密的,应当按照《保守国家秘密法》第四十八条和本法第四十一条的规定予以行政处罚,构成犯罪的,应当按照《刑法》的规定追究故意泄露国家秘密罪或者过失泄露国家秘密罪的刑事责任。保密原则的第二层次要求是对知悉的商业秘密予以保密。商业秘密,是指不为公众所知悉、具有商业价值并经权利人采取相应保密措施的技术信息、经营信息等商业信息,《反不正当竞争法》是保护商业秘密的主要法律依据,有关部门和单位、个人在开展反诈工作过程中应当遵守《反不正当竞争法》等法律的规定,对因开展反诈工作知悉的商业秘密予以保密,违反规定泄露商业秘密的,应当承担相应民事赔偿责任、行政责任以及刑事责任。保密原则的第三层次要求是对知悉的个人隐私予以保密。个人隐私,是指自然人的私人生活安宁和不愿为他人知晓的私密空间、私密活动、私密信息。《民法典》是保护个人隐私的主要法律依据,有关部门和单位、个人在开展反诈工作过程中应当遵守《民法典》的规定,对因开展反诈工作知悉的个人隐私予以保密,违反规定泄露个人隐私的,应当承担相应民事责任、行政责任以及刑事责任。《个人信息保护法》是保护个人信息的重要立法,该法明确规定了个人信息的处理规则、国家机关处理个人信息的特别规定、个人信息处理者的义务以及相应的法律责任。

可以看出,保密原则实质上是法治原则的具体表现形式之一,其要求政府在开展反诈工作时应当遵守《保守国家秘密法》《反不正当竞争法》《民法典》以及《个人信息保护法》等法律法规的要求,实质是要求政府不仅应当遵守行政法的规定开展反诈工作,还应当遵守保护公民和组织合法权益的其他法律的规定开展反诈工作,对政府依法行政提出更进一步要求,以做到切实维护公民和组织的合法权益。

【参考规定】

1.《中共中央关于全面推进依法治国若干重大问题的决定》

依法全面履行政府职能。完善行政组织和行政程序法律制度,推进机构、职能、权限、程序、责任法定化。行政机关要坚持法定职责必须为、法无授权不可为,勇于负责、敢于担当,坚决纠正不作为、乱作为,坚决克服懒政、怠政,坚决惩处失职、渎职。行政机关不得法外设定权力,没有法律法规依据不得作出减损公民、法人和其他组织合法权益或者增加其义务的决定。推行政府权力清单制度,坚决消除权力设租寻租空间。

推进各级政府事权规范化、法律化,完善不同层级政府特别是中央和地方政府事权法律制度,强化中央政府宏观管理、制度设定职责和必要的执法权,强化省级政府统筹推进区域内基本公共服务均等化职责,强化市县政府执行职责。

2.《中华人民共和国宪法》

第五条 中华人民共和国实行依法治国,建设社会主义法治国家。

国家维护社会主义法制的统一和尊严。

一切法律、行政法规和地方性法规都不得同宪法相抵触。

一切国家机关和武装力量、各政党和各社会团体、各企业事业组织都必须遵守宪法和法律。一切违反宪法和法律的行为,必须予以追究。

任何组织或者个人都不得有超越宪法和法律的特权。

3.《中华人民共和国保守国家秘密法》

第二条 国家秘密是关系国家安全和利益,依照法定程序确定,在一定时间内只限一定范围的人员知悉的事项。

4.《中华人民共和国反不正当竞争法》

第九条 经营者不得实施下列侵犯商业秘密的行为:

(一)以盗窃、贿赂、欺诈、胁迫、电子侵入或者其他不正当手段获取权利人的商业秘密;

(二)披露、使用或者允许他人使用以前项手段获取的权利人的商业秘密;

（三）违反保密义务或者违反权利人有关保守商业秘密的要求，披露、使用或者允许他人使用其所掌握的商业秘密；

（四）教唆、引诱、帮助他人违反保密义务或者违反权利人有关保守商业秘密的要求，获取、披露、使用或者允许他人使用权利人的商业秘密。

经营者以外的其他自然人、法人和非法人组织实施前款所列违法行为的，视为侵犯商业秘密。

第三人明知或者应知商业秘密权利人的员工、前员工或者其他单位、个人实施本条第一款所列违法行为，仍获取、披露、使用或者允许他人使用该商业秘密的，视为侵犯商业秘密。

本法所称的商业秘密，是指不为公众所知悉、具有商业价值并经权利人采取相应保密措施的技术信息、经营信息等商业信息。

5.《中华人民共和国民法典》

第一千零三十二条　自然人享有隐私权。任何组织或者个人不得以刺探、侵扰、泄露、公开等方式侵害他人的隐私权。

隐私是自然人的私人生活安宁和不愿为他人知晓的私密空间、私密活动、私密信息。

6.《中华人民共和国个人信息保护法》

第六十八条　国家机关不履行本法规定的个人信息保护义务的，由其上级机关或者履行个人信息保护职责的部门责令改正；对直接负责的主管人员和其他直接责任人员依法给予处分。

履行个人信息保护职责的部门的工作人员玩忽职守、滥用职权、徇私舞弊，尚不构成犯罪的，依法给予处分。

【参考案例】

机关单位内部信息遭外泄①

2016 年 2 月，某研究院所属产业规划研究所互联网产业研究部主任刘某，违反研究院保密及科研管理相关制度和要求，将该院承担某中央国家机关规划编制过程文件发送无关人员，经评估确认未造成实际外泄后果。此外，核查中发现，刘某名下的笔记本电脑和移动硬盘中存有 10 余份涉及内部会议的

————————

① 《保密工作》2019 年第 5 期。

记录,具有一定敏感性。事件发生后,有关部门给予刘某全院通报批评,责令作出深刻检查,取消评优资格等处理。

第六条(反电信网络诈骗工作机制)

第六条 国务院建立反电信网络诈骗工作机制,统筹协调打击治理工作。

地方各级人民政府组织领导本行政区域内反电信网络诈骗工作,确定反电信网络诈骗目标任务和工作机制,开展综合治理。

公安机关牵头负责反电信网络诈骗工作,金融、电信、网信、市场监管等有关部门依照职责履行监管主体责任,负责本行业领域反电信网络诈骗工作。

人民法院、人民检察院发挥审判、检察职能作用,依法防范、惩治电信网络诈骗活动。

电信业务经营者、银行业金融机构、非银行支付机构、互联网服务提供者承担风险防控责任,建立反电信网络诈骗内部控制机制和安全责任制度,加强新业务涉诈风险安全评估。

【本条主旨】

本条是关于国家机关反电信网络诈骗职责和工作机制以及电信业务经营者、金融机构、互联网服务提供者的风险防控责任的规定。

【核心概念】

反电信网络诈骗工作机制

反电信网络诈骗工作机制是指国务院建立的统筹协调多部门、跨行业、跨地域的反电诈工作机制,旨在充分发挥各成员单位职能优势和技术优势,共同防范治理电信网络新型违法犯罪。2016年3月30日,国务院已经成立了打击治理电信网络新型违法犯罪工作的部际联席会议。该部际联席会议在征求各成员单位意见建议的基础上,由办公室研究制定了《防范治理电信网络新型违法犯罪工作机制》,即为目前国务院的反电信网络诈骗工作机制。该工作机制进一步发展出了涉及反电诈各个阶段的具体制度,包括打击治理"伪基站"、"黑广播"的违法犯罪工作制度;针对电信诈骗犯罪"灰产"的及时通报、联合打击制度;电信诈骗涉案账户、资金紧急止付等制度;网络改号诈骗电话拦截阻断、快速通报等制度;防范电诈宣传制度。

行业监管部门

1. 行业监管部门是指依法负责某一特定行业的监督管理部门,根据行业的不同履行不同的监督管理职责。

2. 金融行业监管部门:2017年11月成立的国务院金融稳定发展委员会负责金融监管协调,补齐监管短板;中国人民银行履行保证国家货币政策的正确制定和执行,建立和完善中央银行宏观调控体系,维护金融稳定的职责;国务院证券监督管理机构依法对全国证券市场实行集中统一监督管理;中国银行保险监督管理委员会依法依规对全国银行业和保险业实行统一监督管理。

3. 电信监管部门:我国电信行业的主管部门是工信部和各省、自治区、直辖市设立的通信管理局,实行以工信部为主的部省双重管理体制,工信部对各省、自治区、直辖市设立的通信管理局进行垂直管理。工信部内设电信管理局,主要负责依法对电信与信息服务实行监管,提出市场监管和开放政策;负责市场准入管理,监管服务质量;保障普遍服务,维护国家和用户利益;拟订电信网之间互联互通与结算办法并监督执行;负责通信网码号、互联网域名、地址等资源的管理及国际协调;承担管理国家通信出入口局的工作;指挥协调救灾应急通信及其他重要通信,承担战备通信相关工作。各省、自治区、直辖市通信管理局是对辖区电信业实施监管的法定机构,在工信部的领导下,依照《中华人民共和国电信条例》的规定对本行政区域内的电信业实施监督管理。国务院信息产业主管部门依法对全国电信业实施监督管理。

4. 网信部门:国家网信部门负责统筹协调网络安全工作和相关监督管理工作。县级以上网信部门是网络安全工作的主管部门,负责统筹协调网络安全工作和相关监督管理工作。

5. 市场监管部门:国家市场监督管理总局贯彻落实党中央关于市场监督管理工作的方针政策和决策部署,是国务院直属机构。国家市场监督管理总局设多个内设机构和地方各级市场监管部门。

6. 互联网监管部门:互联网和相关服务行业的主管部门包括工信部、商务部和市场监督管理总局。其中,工信部负责互联网行业管理(含移动互联网);协调电信网、互联网、专用通信网的建设,促进网络资源共建共享;指导电信和互联网相关行业自律和相关行业组织发展;电信网、互联网网络与信息安全技术平台的建设和使用管理;拟订电信网、互联网数据安全管理政策、规范、标准并组织实施等。商务部负责推进流通产业结构调整,指导流通企业改革、商贸服务业和社区商业发展,推动流通标准化和连锁经营、商业特许经营、物流配送、电子商务等现代流通方式的发展。其下属的电子商务和信息化司负责制定我国电子商务发展规划,拟订推动企业信息化、运用电子商务开拓国内外市场的相关政策措施并组织实施;支持中小企业电子商务应用,促进网络购物等面向消费者的电子商务的健康发展;拟订电子商务相关标准、规则;组织和参与电子商务规则和标准的对外谈判、磋商和交流;推动电子商务的国际合作等。市场监督管理总局负责监督管理市场交易行为和网络商品交易及有关服务的行为。

电信业务经营者

电信业务经营者,是指依法取得电信业务经营许可证,在许可范围内从事相应电信业务的单位。

1. 国家对电信业务经营按照电信业务分类,实行许可制度。经营电信业务,必须依照相关法律规定取得国务院信息产业主管部门或者省、自治区、直辖市电信管理机构颁发的电信业务经营许可证。未取得电信业务经营许可证,任何组织或者个人不得从事电信业务经营活动。电信业务分为基础电信业务和增值电信业务。

2. 基础电信业务,是指提供公共网络基础设施、公共数据传送和基本话音通信服务的业务。增值电信业务,是指利用公共网络基础设施提供的电信与信息服务的业务。电信业务分类的具体划分在法律规定所附的《电信业务分类目录》中列出。国务院信息产业主管部门根据实际情况,可以对目录所列电信业务分类项目作局部调整,重新公布。经营基础电信业务,须经国务院信息产业主管部门审查批准,取得《基础电信业务经营许可证》。经营增值电信业务,业务覆盖范围在两个以上省、自治区、直辖市的,须经国务院信息产业主管部门审查批准,取得《跨地区增值电信业务经营许可证》;业务覆盖范围在一个省、自治区、直辖市行政区域内的,须经省、自治区、直辖市电信管理机构审查批准,取得《增值电信业务经营许可证》。运用新技术试办《电信业务分类目录》未列出的新型电信业务的,应当向省、自治区、直辖市电信管理机构备案。

银行业金融机构

中华人民共和国银行业金融机构,是指在中华人民共和国境内设立的商业银行、城市信用合作社、农村信用合作社等吸收公众存款的金融机构以及政策性银行。我国银行业金融机构名单由中国银行保险监督委员会定期更新。2022年3月23日,中国银保监会在官网更新了截至2021年12月31日银行业金融机构法人名单。

非银行支付机构

1. 中国人民银行关于《非银行支付机构条例(征求意见稿)》第二条规定,非银行支付机构是指在中华人民共和国境内依法设立并取得支付业务许可证,从事下列部分或者全部支付业务的有限责任公司或者股份有限公司:(一)储值账户运营;(二)支付交易处理。储值账户运营是指通过开立支付账户或者提供预付价值,根据收款人或者付款人提交的电子支付指令,转移货币资金的行为。法人机构发行且仅在其内部使用的预付价值除外。支付交易处理是指在不开立支付账户或者不提供预付价值的情况下,根据收款人或者付款人提交的电子支付指令,转移货币资金的行为。

2. 凡经中国银监会批准设立的、具有独立法人资格的银行业金融机构及财务公司、经人民银行等相关监管部门批准设立的支付清算机构、取得人民银行颁发的《支付业务许可证》的非金融机构以及符合协会要求的其他法人机构,均可申请加入中国支付清算协会成为会员单位。目前在中国支付清算协会注册的非银行支付机构的名单可在中国支付清算协会官网查询。

互联网服务提供者

1. 网络服务提供者是指通过信息网络向公众提供信息或者为获取网络信息等目的提供服务的机构,包括网络上的一切提供设施、信息和中介、接入等技术服务的个人用户、网络服务商以及非营利组织。根据其提供的"服务"不同,网络服务提供者具体可以分为网络接入服务提供者、网络平台服务提供者、网络内容及产品服务提供者。

2.《最高人民法院、最高人民检察院关于办理非法利用信息网络、帮助信息网络犯罪活动等刑事案件适用法律若干问题的解释》第一条对"网络服务提供者"所提供的服务进行了解释:"(一)网络接入、域名注册解析等信息网络接入、计算、存储、传输服务;(二)信息发布、搜索引擎、即时通讯、网络支付、网络预约、网络购物、网络游戏、网络直播、网站建设、安全防护、广告推广、应用商店等信息网络应用服务;(三)利用信息网络提供的电子政务、通信、能源、交通、水利、金融、教育、医疗等公共服务。"

【条文详解】

本条有五款,第一款是关于国务院职责的规定,第二款是关于地方各级人民政府的反电信网络诈骗职责的规定,第三款是公安机关及各行业监管部门的反电信网络诈骗职责的规定,第四款是关于人民法院、人民检察院反电信网络诈骗职责的规定,第五款是关于电信业务经营者、金融机构、互联网服务提供者的风险防控责任的规定。

第一款规定了国务院反电信网络诈骗的职责和工作机制。目前,国务院已经成立有关电信网络新型违法犯罪工作的部际联席会议,全面部署了各部门在反电信网络诈骗领域的协同配合机制。国务院办公室研究制定了具体的《防范治理电信网络新型违法犯罪工作机制》,明确了各成员单位的主要职责。此前,该部际联席会议已经组织相应行动部署,包括在全国范围内开展"断卡"行动、严厉打击整治非法开办贩卖电话卡银行卡违法犯罪等。反诈工作是一个系统工程,要整合各方面资源,发动各方面力量,坚持齐抓共管、群防群治,切实把我国的制度优势转化为社会治理效能;要牢固树立"一盘棋"思想,各司其职、各负其责,密切配合、通力合作,广泛动员人民群众和社会各界参与打击治理工作,不断完善全民反诈、全社会反诈工作格局。

第二款规定了各级政府部门对领域内的电信网络诈骗负责。由于电信网络诈骗犯罪涉及网络经营者、电信运营商、金融机构等主体,如果公安机关忽视与这些部门的合作共治,仅仅依靠自己打击整治,不仅难以在源头上进行根治,还会弱化打击效果,陷入打不胜打、防不胜防的被动局面,因此需要政府负责才能充分协调各部门的力量。

第三款规定了公安机关以及行业监管部门的职责。首先,公安机关牵头负责反电信网络诈骗工作,应当充分发挥其主力军作用,在办案过程中协调各部门提供相应的支持,在常态化工作中根据其办案经验部署各部门采取有效防范措施。例如,公安机关会同有关部门建立线索快速落查机制,依托大数据快速发现犯罪窝点,指挥涉案地公安机关定点铲除。其次,本款规定金融、电信、互联网等行业监管部门的主体责任,突出金融、电信、网信等行业主管部门的监管责任,压紧压实行业监管部门的主体责任。通过加强行业主管部门在各自行业对反电信网络诈骗工作的监管,才能切断反电信网络诈骗的各个链条。在电信网络诈骗犯罪中,通信和银行是实施电信网络诈骗的两大主要工具,分别负责通信联系和资金转移,且具体犯罪发生的场景主要是在互联网上,只有对通信和银行服务中的具体节点开展打击治理,才能最大程度防止电信网络诈骗的发生。

第四款规定了人民法院、人民检察院的职责。首先,人民法院作为我国的审判机关,对电信网络诈骗活动出现的违法行为依法进行审判,针对构成犯罪的,依法追究其刑事责任,对于不构成犯罪的,依照法律规定和当事人的请求要求其承担民事责任。人民法院充分发挥审判职能,既有助于惩治违法行为,又能发挥法律对于个人行为的指引功能,从源头上减少违法犯罪的出现。其次,人民检察院作为我国的检察机关,在反电信网络诈骗过程中发挥检察职能。人民检察院在有关电信网络诈骗的刑事诉讼中发挥刑事检察职能,批准逮捕、审查起诉、出庭支持公诉,并对刑事案件的侦查活动、审判活动、执行活动进行监督;检察机关在履行职责中发现有关电信网络诈骗活动,致使国家利益或者社会公共利益受到侵害的,有权提起民事公益诉讼或行政公益诉讼。

第五款强调电信业务经营者、银行业金融机构和非银行支付机构、互联网服务提供者承担风险防控责任。

电信网络诈骗犯罪通常是借助于电话、短信、网络通信软件等通信手段实施的,电信业务经营者和互联网服务提供者必须主动承担、积极落实自身的主体责任。承担主体责任的方式主要是通过建立内部风险防控机制和安全责任制度。比如,电信业务经营者要严格落实电话用户实名制并建立对电信业务代理商落实电话用户实名制的监督管理机制。在出现相关犯罪时,主动联合公安机关,加强对违法出租电信线路、违规制造出售改号软件、伪基站等的治理力度。

金融机构和非银行支付机构涉及电信网络诈骗犯罪资金的具体流转和使用,是客户资金安全的最后一道屏障,这是电信网络诈骗犯罪治理中尤为重要的一环。强化金融机构和非银行支付机构的主体责任应加强对网上银行转账汇款等业务的审查,建立切实可操作的"紧急止付"方法;严格落实银保监会的相关监管规定,比如关于同一银行用户在同一商业银行开立借记卡不得超过四张的规定,并且仔细审查银行卡办理、发放和使用的具体信息途径,加强对异常账户的甄别,打击银行卡的买卖行为。非银行支付机构要对于频繁出入资金的账户严加监管,在支付数额的限制、支付到账的时间及账号的核实等方面都必须进行规范管理,如建立非银行支付机构的反诈机制,提供延时转账选择项;建立单次大额转账的延时层级制度和数次小额转账的延时层级制度,即数额越大,到账时间越长;建立电信网络诈骗报警制度,即用户在报警后非银行支付机构应迅速冻结支付和转账,24小时内向公安机关提供完整的资金流转信息。

互联网是电信网络诈骗发生的主要场景,互联网服务提供者需要切实履行主体责任。一方面,互联网服务提供者可以充分发挥自身强大的技术优势,将大数据、机器学习、人工智能、网络安全等新技术运用于安全防范体系,力求对网络犯罪做到事前预警、事中阻断和事后溯源;另一方面,互联网服务提供者要加强对自身的监督管理,保护好公民的私密信息,防止公民隐私泄露,主动配合相关监管部门积极查处相关违法行为,协助执法部门开展治理工作提高对网络诈骗的威慑力。

【参考规定】

1.《中华人民共和国电信条例》

第三条　国务院信息产业主管部门依照本条例的规定对全国电信业实施监督管理。

省、自治区、直辖市电信管理机构在国务院信息产业主管部门的领导下,依照本条例的规定对本行政区域内的电信业实施监督管理。

第七条　国家对电信业务经营按照电信业务分类,实行许可制度。

经营电信业务,必须依照本条例的规定取得国务院信息产业主管部门或者省、自治区、直辖市电信管理机构颁发的电信业务经营许可证。

未取得电信业务经营许可证,任何组织或者个人不得从事电信业务经营活动。

第八条　电信业务分为基础电信业务和增值电信业务。

基础电信业务,是指提供公共网络基础设施、公共数据传送和基本话音通信服务的业务。增值电信业务,是指利用公共网络基础设施提供的电信与信息服务的业务。

电信业务分类的具体划分在本条例所附的《电信业务分类目录》中列出。国务院信息产业主管部门根据实际情况,可以对目录所列电信业务分类项目作局部调整,重新公布。

第九条 经营基础电信业务,须经国务院信息产业主管部门审查批准,取得《基础电信业务经营许可证》。经营增值电信业务,业务覆盖范围在两个以上省、自治区、直辖市的,须经国务院信息产业主管部门审查批准,取得《跨地区增值电信业务经营许可证》;业务覆盖范围在一个省、自治区、直辖市行政区域内的,须经省、自治区、直辖市电信管理机构审查批准,取得《增值电信业务经营许可证》。

运用新技术试办《电信业务分类目录》未列出的新型电信业务的,应当向省、自治区、直辖市电信管理机构备案。

第十条 经营基础电信业务,应当具备下列条件:

(一)经营者为依法设立的专门从事基础电信业务的公司,且公司中国有股权或者股份不少于51%;

(二)有可行性研究报告和组网技术方案;

(三)有与从事经营活动相适应的资金和专业人员;

(四)有从事经营活动的场地及相应的资源;

(五)有为用户提供长期服务的信誉或者能力;

(六)国家规定的其他条件。

2.《中华人民共和国银行业监督管理法》

第二条 本法所称银行业金融机构,是指在中华人民共和国境内设立的商业银行、城市信用合作社、农村信用合作社等吸收公众存款的金融机构以及政策性银行。

3. 中国人民银行关于《非银行支付机构条例(征求意见稿)》①

第二条(业务类型) 本条例所称非银行支付机构,是指在中华人民共和国境内依法设立并取得支付业务许可证,从事下列部分或者全部支付业务的有限责任公司或者股份有限公司:

(一)储值账户运营;

(二)支付交易处理。

储值账户运营是指通过开立支付账户或者提供预付价值,根据收款人或者付款人提交的电子支付指令,转移货币资金的行为。法人机构发行且仅在

———————————

① 中国人民银行于2021年1月20日发布。

其内部使用的预付价值除外。

支付交易处理是指在不开立支付账户或者不提供预付价值的情况下,根据收款人或者付款人提交的电子支付指令,转移货币资金的行为。

储值账户运营和支付交易处理两类业务的具体分类方式和规则由中国人民银行另行规定。

本条例所称支付账户是指根据自然人(含个体工商户)真实意愿为其开立的,凭以发起支付指令、用于记录预付交易资金余额、反映交易明细的电子簿记。支付账户业务具体规则由中国人民银行另行规定。

【参考案例】

公安部:打击治理电信网络违法犯罪专项行动取得显著成效①

按照部际联席会议任务分工,各有关部门积极出台措施,推进电信网络诈骗的源头治理。最高人民法院、最高人民检察院联合发布《关于办理非法利用信息网络、帮助信息网络活动等刑事案件适用法律若干问题的解释》和相关典型案例,着力解决办理电信网络诈骗犯罪的案件管辖、证据标准、法律适用等难题;工信部组织开展打击治理手机"黑卡"专项行动,查源头、断通道、堵漏洞,累计封停疑似涉诈电话号码47万个;中国人民银行出台政策文件,开展全国督查,建立风险排查机制,不断加大监管力度;中央网信办牵头相关部门联合开展集中清理整改互联网黑灰产业专项行动,有效净化网络空间。针对地域性诈骗突出问题,国务院联席办集中约谈13个重点地区党政主要负责同志,组织6个工作组对重点地区持续开展常态化督导。各重点地区党委政府以约谈和督导为契机,进一步落实主体责任,深入推进打击整治工作。目前,一些重点地区地域性诈骗突出问题得到初步解决。

第七条(协同联动反诈配合)

第七条 有关部门、单位在反电信网络诈骗工作中应当密切协作,实现跨行业、跨地域协同配合、快速联动,加强专业队伍建设,有效打击治理电信网络诈骗活动。

---

① 中华人民共和国公安部网,2020年1月18日,https://www.mps.gov.cn/n2253534/n2253535/c6869366/content.html。

【本条主旨】

本条是关于有关部门、单位协同联动、有效反诈的规定。

【核心概念】

反电诈的协同配合

反电信网络诈骗有关部门、单位在工作中进行多行业的协同与跨地域的配合。金融、电信、网信、市场密切联动，发挥各自专业效能；各地公安机关、监管主体与相关单位积极协同工作，开展跨国家和地区的执法合作，有效打击横跨多国、多地的大型电信网络诈骗活动。

多部门的快速联动

为有效打击犯罪，保护被害人的合法权益，要求反电信网络诈骗工作及时、快速作出反应，迅速开展联动工作。以实现涉诈资金风险提示、紧急止付为例，当有关金融机构通过风险监测模型发现可疑交易时应当快速报告公安部门，并对潜在的被害人采取合理的风险提示；当金融机构收到被害人请求止付的请求时，应当快速报告公安机关，由公安机关作出止付的决定，以防被害人资金流向诈骗分子的账户。

【条文详解】

打击电信网络诈骗需要政府相关部门通力协作才能形成合力效应，对电信网络诈骗案件的打击，要以打击整条产业链及其生存土壤为目的，彻底摧毁电信网络诈骗生态。电信网络诈骗生态产业链利益关系复杂，犯罪跨平台、跨地域、资金流向分散、打击取证工作难，单纯的司法打击难以起到根治效果。与刑事司法的滞后不同，行政执法在应对网络诈骗的灵活性和模糊地带方面有其明显的优势。因此，在不断加强刑事执法打击的同时，需要更加灵活地运用行政法规开展行业和生态治理。

2016年3月30日，为贯彻落实国务院打击治理电信网络新型违法犯罪工作，国务院成立打击治理电信网络新型违法犯罪工作部际联席会议，充分发挥各成员单位的职能优势和技术优势，共同防范治理电信网络新型违法犯罪。部际联席会议制度是为了协商办理涉及国务院多个部门职责的事项，由国务院批准建立，各成员单位按照共同商定的工作制度，及时沟通情况，协调不同意见,以推动某项任务顺利落实的工作机制。根据中国政府网信息公开清单显示,截至2022年1月底,我国已建立101个部际联席会议。伴随着国内市场经济的推进,社会对政府的各项职能履行会有新的需求。为了优化政府内部组织结构,促进国务院决策的科学化民主化,同时提升对复杂问题、重大问题和新兴问题的回应效率,部际联席会议制度为我国政府提供了一种选择。

电信网络新型违法犯罪工作部际联席会议在征求各成员单位意见建议的基础上,由办公室研究制定了《防范治理电信网络新型违法犯罪工作机制》。该工作机制具体规定见第六条释义。本条在第六条规定的基础上强调各部门应当在国务院建立的协作机制中密切协作,实现跨行业、跨地域协同配合、快速联动。应当进一步完善这一机制,各部门在协同工作中应当依照内部标准合理分工、在各自的管辖范围内履行其职责。本法中许多条款也体现了各部门、各单位协同联动的理念。例如,本法第十七条规定的开立企业账户的风险防控、信息共享与配合制度,需要市场监督管理部门与金融机构相互配合;又如,本法第二十条规定的涉案资金查询、止付、冻结、解冻和返还制度,依靠公安部门与金融机构进行密切配合,由公安机关决定并由金融机构实施;再如,本法第二十六条规定的互联网服务提供者对涉诈证据和线索的支持、移送义务,依赖互联网服务提供者与公安部门协同工作。与此同时,各部门应当加强专业队伍建设,特别是跨部门、跨专业知识的复合型反诈人才的培养,由于电信网络诈骗活动日益呈现技术性的特点,有关部门应当研发有效的风险防控模型,以金融机构为例,建立健全异常账户的风险识别机制有助于打击电信诈骗的犯罪资金流,从而提高防控水平,有效打击治理电信网络诈骗活动。

【参考案例】

反电信网络诈骗的深圳模式①

在打击治理电信网络违法犯罪中,公安机关曾一度面临唱"独角戏"的困局。2015年8月,深圳市"打击治理电信网络诈骗专项行动领导小组"成立,成员单位涵盖了各区委、区政府及59个市直部门、银行机构、通信企业。为进一步整合全市电信网络诈骗活动打、防、管、控、建等综合治理职能,2016年8月,深圳市委、市政府决定在深圳市公安局成立"深圳市反电信网络诈骗

① 《经济日报》2017年5月19日。

中心"。

目前,深圳市反电信网络诈骗中心建立起了警银联动、警通联动、警企联动机制,承担着以下五大功能:一是对全市开展反电信网络诈骗专项行动的协调与指挥。二是与110接警中心和各派出所对接,接受电信网络诈骗案件的报警、处置工作,同时对市民群众涉及电信网络诈骗方面的疑问咨询解答。三是银行进驻,开展被骗资金快速止付和原路返还的工作;工商、农业、建设、中国、交通、招商、平安银行深圳分行带着资源和权限进驻中心,与公安机关开展涉电信网络诈骗案件资金链紧急处置工作。四是电信、联通、移动三大电信运营商和腾讯、阿里巴巴公司进驻,开展涉案电话、网址、域名、网络通信账号的紧急呼死、关停、封堵和拦截工作。五是承担深圳以及境内重大电信网络诈骗案件的集中研判和串并以及全国侦办电信网络诈骗案件的技术支撑、培训工作。

第八条(反电信网络诈骗宣传)

第八条 各级人民政府和有关部门应当加强反电信网络诈骗宣传,普及相关法律和知识,提高公众对各类电信网络诈骗方式的防骗意识和识骗能力。

教育行政、市场监管、民政等有关部门和村民委员会、居民委员会,应当结合电信网络诈骗受害群体的分布等特征,加强对老年人、青少年等群体的宣传教育,增强反电信网络诈骗宣传教育的针对性、精准性,开展反电信网络诈骗宣传教育进学校、进企业、进社区、进农村、进家庭等活动。

各单位应当加强内部防范电信网络诈骗工作,对工作人员开展防范电信网络诈骗教育;个人应当加强电信网络诈骗防范意识。单位、个人应当协助、配合有关部门依照本法规定开展反电信网络诈骗工作。

【本条主旨】

本条是关于反电信网络诈骗宣传的规定。本条有三款,第一款是各级人民政府和有关部门加强宣传的职责;第二款是教育行政、市场监管、民政等有关部门和村民委员会、居民委员会的针对性宣传职责;第三款是单位、个人进行防诈教育,协助、配合反诈工作的义务。

【核心概念】

反电信网络诈骗宣传

有关部门营造全民参与、全社会反诈的浓厚氛围,利用深入基层的宣传方式,提高人民群众防骗安全意识、防范水平和预警能力,从而有效遏制各类新型电信网络诈骗高压态势。

各类电信网络诈骗方式

各类电信网络诈骗方式,是指根据电信网络诈骗活动的诈骗手段、所使用的技术或工具等特征总结归纳的电信网络诈骗活动类型,包括色情类诈骗、裸聊类诈骗、网恋婚恋和交友类诈骗、贷款和代办信用卡类诈骗、刷单返利类诈骗、冒充电商物流客服类诈骗、杀猪盘类诈骗等。

【条文详解】

反电信网络诈骗宣传(以下简称"反诈宣传")贯穿反诈工作全过程,是反诈工作不可缺少的组成部分,无论是"电话'黑卡'治理专项行动"、"综合治理不良网络信息 防范打击通讯信息诈骗行动"、"打击治理电信网络新型违法犯罪专项行动"等短期专项行动,还是"防范治理电信网络新型违法犯罪工作机制"等长期工作机制,都强调反诈宣传对反诈工作的支持作用。根据对相关法律法规的梳理,可以总结出反诈宣传起到如下作用:1. 争取社会公众的理解和支持,营造良好的社会舆论环境;2. 提高社会公众的识骗能力和防骗意识,最大限度地预防和减少电信网络诈骗违法犯罪案件的发生;3.凝聚社会共识,汇聚社会各方力量,形成对电信网络诈骗活动共同打击、群防群治的长效工作局面。

本条和本法第三十条共同充实完善了反电诈宣传制度,涉及各级人民政府和有关部门,村民委员会和居民委员会,电信业务经营者、金融机构、互联网服务提供者以及新闻、广播、电视、文化、互联网信息服务等单位,囊括了社会各方主体,充分调动了全社会宣传力量和宣传渠道。本条规定了各级人民政府和有关部门加强宣传的职责,教育行政、市场监管、民政等有关部门和村民委员会、居民委员会的针对性宣传职责以及单位、个人进行防诈教育和协助、配合反诈工作的义务。

本条第一款规定了各级人民政府和有关部门加强宣传的职责。首先是加强反诈宣传工作机制的建设。根据国务院成立打击治理电信网络新型违法犯罪工作部际联席会议(以下简称"联席办")发布的《防范治理电信网络新型违法犯罪工作机制》,中央反诈宣传工作机制由中宣部、国家网信办牵头建立,由公安部、工信部和中国电信、中国移动、中国联通配合。目前来看,该工作机制不能满足本法对反诈宣传工作提出的更高要求,国务院联席办应当根据本法有关规定和反诈宣传工作的实际需要适当扩充该工作机制的成员,如,扩充金融主管部门作为该工作机制的成员。地方各级人民政府可以参考该工作机制开展反诈宣传工作,或充分发挥地方各级联席办的统筹协调作用。其次是加强人民政府对反诈工作的组织作用。中央和地方各级人民政府应当通过反诈宣传工作机制或联席办充分调动社会各方面宣传力量和宣传渠道,增加反诈宣传的广度和深度。最后是反诈宣传的重点内容。一方面,各级人民政府和有关部门应当加强对本法以及反诈工作适用的其他法律法规的宣传,包括宣传用户实名制、涉诈异常情形监测识别机制、禁止从事涉诈"灰黑产业"等反诈制度和反诈措施提出申诉的渠道、举报违法犯罪线索的方式、被骗后可以采取的补救措施等,争取社会公众的理解和支持,营造良好的社会舆论环境;另一方面,各级人民政府和有关部门应当加强对各类电信网络诈骗方式的宣传,也要加强对利用新概念、新技术、新产业和社会热点构建骗局实施的电信网络诈骗活动的宣传,如宣传利用"量子技术"、"量子医学"、"区块链"、"数字货币"、"元宇宙"等新概念、新技术、新产业构建骗局或利用"快速出核酸检验报告"等社会热点构建骗局实施的电信网络诈骗活动,提高公众的防骗意识和识骗能力。

本条第二款规定了教育行政、市场监管、民政等有关部门和村民委员会、居民委员会的针对性宣传职责,着重强调了加强对老年人、青少年等群体的宣传教育。针对性宣传,包括宣传内容具有针对性和宣传手段具有针对性两方面特点,主要依据是电信网络诈骗活动受害群体的分布特征,通俗来说,就是什么群体容易被什么类型的骗局骗。宣传内容的针对性要求有关部门应当向特定群体宣传特定类型的电信网络诈骗活动,如,主要向男性群体宣传色情类诈骗、裸聊类诈骗、网恋婚恋和交友类诈骗以及贷款和代办信用卡类诈骗,主要向年轻女性群体宣传刷单返利类诈骗和冒充电商物流客服类诈骗,主要向中年女性群体宣传杀猪盘类诈骗,主要向企事业单位法定代表人和财务人员宣传有关财务、税收方面的诈骗方式。宣传手段的针对性要求有关部门应当通过特定群体熟悉的方式、渠道进行宣传,如,通过短视频平台或网络直播平台向中青年人宣传、通过开展线下活动的方式向中老年人宣传、通过方言或少数民族语言向老年人或少数民族宣传,以及通过开展反诈宣传教育防范进学校、进企业、进社区、进农村、进家庭等活动针对特定群体进行符合该群体特点的宣传。

本条第三款规定了单位、个人进行防诈教育和协助、配合反诈工作的义务。"法律的权威源自人民的内心拥护和真诚信仰",本法构建反诈宣传制度,不仅是为了提高社会公众的防骗意识和识骗能力,也是为了凝聚社会共识,为顺利开展反诈工作提供良好的社会基础,只有社会公众理解和支持反诈工作,反诈工作才能持久地、最大限度地发挥作用。一方面,各单位应当加强内部电信网络诈骗防范工作,结合本单位的生产经营情况和所属行业领域的特点,对其员工进行必要的电信网络诈骗防范培训,使员工能识别、判断日常工作中可能出现的电信网络诈骗类型,防止员工上当受骗;个人应当加强电信网络诈骗防范意识,积极了解各类常见的电信网络诈骗方式和新型电信网络诈骗方式,在日常生活中对电信网络诈骗活动保持必要的谨慎态度,防止自身上当受骗。另一方面,单位、个人应当协助、配合有关部门依照本法规定开展反诈工作。承担风险防控责任的单位应当积极建立完善相应风险防控机制;其他单位、个人应当依法规范自己的行为,不得非法制造、买卖、提供或者使用涉诈设备、软件,不得为他人实施电信网络诈骗提供各类涉诈支持、帮助活动,不得非法买卖、出租、出借卡、账户、账号;有关部门依照本法规定调取证据、采取限制措施或处置措施的,单位、个人应当及时提供支持和协助。

【参考规定】

1.《工业和信息化部、公安部、工商总局关于印发电话"黑卡"治理专项行动工作方案的通知》①

加强宣传引导,营造良好环境。各单位要认真做好专项行动相关宣传引导工作,加强对专项行动中涉及"黑卡"典型事件的报道,及时向社会公众通

---

① 工业和信息化部、公安部、工商总局于 2014 年 12 月 18 日公布,现行有效。

报专项行动取得的成果,积极争取社会公众的理解和支持,提高电话用户进行实名登记的意识,有力震慑利用"黑卡"开展的违法犯罪活动。

2.《工业和信息化部关于进一步做好防范打击通讯信息诈骗相关工作的通知》[①]

加强公众教育与宣传引导。一是各单位要建立宣传机制,及时向社会发布专项行动工作进展,积极营造良好社会舆论环境。人民邮电报社做好支撑配合。二是各基础电信企业、移动通信转售业务经营者要及时通过手机短彩信向用户发送防范通讯信息诈骗预警类、提醒类信息,并综合利用营业厅以及网站、微博、微信等载体,通过制作播放视频材料、悬挂警示标语、张贴防范提示、发放宣传资料等方式,深入开展经常性防范宣传教育活动,提高人民群众防范通讯信息诈骗的意识与能力。三是中国互联网协会要组织重点互联网企业,在相关网站显要位置建立专题或专栏,集中开展宣传教育活动。

3.《打击治理电信网络新型违法犯罪专项行动工作方案》[②]

广泛开展宣传。中央宣传部、中央网信办、新闻出版广电总局要制定专项行动新闻报道方案,组织新闻媒体大力宣传党和政府打击治理的决心和专项行动的措施成效,推动宣传防范工作进社区、进单位、进学校、进家庭。财政部、工商总局要指导各地财政、工商部门对各企事业单位的法定代表人、财务人员等重点人群有针对性地开展防范宣传,及时通报新型诈骗犯罪警情,防止大额电信诈骗案件的发生。各地各部门要采取随警作战、跟踪报道、集中报道等方式,大张旗鼓地开展宣传,要注意收集典型案例以及集中开展治理行动的视频资料,及时上报专项办,专项办适时组织深度宣传报道。

4.《中国银监会关于银行业打击治理电信网络新型违法犯罪有关工作事项的通知》[③]

第六条　大力宣传,打防结合,着力提升广大群众防范电信网络诈骗的意识和能力。各银监局、银行业金融机构要精心组织开展宣传教育活动,采取群众喜闻乐见的方式,推动电信网络新型违法犯罪防范工作宣传教育活动进社区、进学校、进家庭。各银行业金融机构应综合运用柜台、ATM 等终端,积极借助手机短信、互联网等载体,通过悬挂警示标语、张贴防范提示、发放宣传资

---

① 工信部网安函〔2015〕601 号,现行有效。
② 公安部于 2015 年 11 月 4 日发布,现行有效。
③ 中国银监会于 2015 年 11 月 13 日发布,现行有效。

料等方式,深入开展经常性防范宣传教育活动,及时揭露不法分子犯罪手法和伎俩,切实提高广大群众防范意识和能力。特别是在客户办理业务过程中,要主动提示核查本人名下全部银行账户信息,发现异常,及时处置。

5.《防范治理电信网络新型违法犯罪工作机制》①

第十三条 防范宣传制度(中宣部、中央网信办牵头,公安部、工信部及中国电信、中国移动、中国联通配合)。中宣部、中央网信办要组织各主流媒体、各大网站与联席办建立直连通道,确保重大案事件宣传取得实效,彰显党和政府坚决打击违法犯罪、维护群众权益的决心。中宣部、中央网信办要部署各主流媒体、各大网站设置打击治理防范电信诈骗专栏,每天播放或刊登打击治理防范电信诈骗犯罪消息;工信部要督促三家基础电信企业每天向用户发送防骗提醒短信息;联席办要组织各地对企事业单位财务人员等重点人群,开展专题防范宣传工作,确保防范意识和防范措施入脑入心,最大限度地预防和减少电信诈骗案件的发生。

6.《最高人民法院、最高人民检察院、公安部、工业和信息化部、中国人民银行、中国银行业监督管理委员会关于防范和打击电信网络诈骗犯罪的通告》②

第八条 各地各部门要加大宣传力度,广泛开展宣传报道,形成强大舆论声势。要运用多种媒体渠道,及时向公众发布电信网络犯罪预警提示,普及法律知识,提高公众对各类电信网络诈骗的鉴别能力和安全防范意识。

7.《工业和信息化部关于进一步防范和打击通讯信息诈骗工作的实施意见》③

第二十条 加强宣传提升用户防范能力。一是各基础电信企业和移动转售企业要充分运用传统媒体、新媒体以及短彩信等渠道,及时向用户宣传提醒通讯信息诈骗类型和危害。二是各基础电信企业和互联网企业应向国内手机用户免费提供涉嫌通讯信息诈骗来电号码标注提醒和风险防控警示。部支持中国信息通信研究院等第三方单位,整合各类监测举报资源和手机用户标记

① 国务院打击治理电信网络新型犯罪工作部联席会议办公室于2016年3月30日发布,现行有效。
② 最高人民法院、最高人民检察院、公安部、工业和信息化部、中国人民银行、中国银行业监督管理委员会于2016年11月4日发布,现行有效。
③ 工业和信息化部于2016年11月4日发布,现行有效。

资源,实现行业内资源共享。

8.《全国老龄办关于开展加强老年人防范电信网络诈骗宣传教育活动的通知》①

一、活动宗旨

以国务院打击治理电信网络新型违法犯罪工作部际联席会议第三次会议精神为指导,利用多种形式、多条渠道、多项措施广泛开展宣传教育活动,提高老年人的防骗意识和能力,自觉抵制电信网络诈骗犯罪活动,积极检举揭发电信网络诈骗犯罪线索,推动建立加强老年人防范电信网络诈骗宣传教育工作长效机制,动员全社会共同参与营造老年人幸福晚年生活的氛围。

……

四、宣传重点

贯彻落实国务院打击治理电信网络新型违法犯罪工作部际联席会议第三次会议精神,大力宣传近年来打击治理电信网络诈骗犯罪的主要做法和取得成效;重点反映当前常见的电信网络诈骗犯罪分子作案手段,以各种名义实施的诈骗犯罪活动;集中宣传识别常见电信网络诈骗犯罪的方法,需采取的防范措施、注意事项等;突出宣传老年人受被骗后,应该采取的补救措施、报案渠道和举报电信网络诈骗犯罪线索的方式等。

五、工作要求

(一)高度重视,精心组织。各地老龄办要充分认识开展加强老年人防范电信网络诈骗宣传教育活动的重要意义,充分履行综合协调职能,充分发挥公安、司法等部门职能优势,充分调动"敬老文明号"窗口单位、老年大学(学校)、城乡社区老年协会的积极性,及时制定宣传教育活动工作方案,明确分工,协调行动,认真做好组织实施,确保宣传教育活动广泛、深入、扎实开展。

(二)创新宣传,营造氛围。各地要结合春节、"五一"国际劳动节等重大节日,积极创新宣传形式,采用多种方式增强宣传教育活动的针对性、有效性和吸引力,形成全社会关注防范电信网络诈骗,重视提高老年人防骗意识,共同参与营造老年人幸福晚年生活的氛围;充分发挥报刊、广播、电视、网络、短信、微信、微博、宣传栏等传播平台的作用,通过宣传短片、公益广告、图书、海报、标语等形式多渠道发布提示通告和辨别常识;要广泛组织专业机构、学术

---

① 全国老龄工作委员会于 2017 年 1 月 13 日发布,现行有效。

团体等,通过举办专题讲座,发放科普资料,开展咨询等形式向老年人普及防范和辨别常识;要深入社区、乡镇、公园、市场等人流密集场所,组织好宣传教育活动,开展好老年人法律维权、法律援助服务,严厉打击侵害老年人合法权益的行为。

(三)面向基层,注重实效。各地老龄办要把宣传教育活动的着力点放在基层,面向社区,面向农村;要以提高老年人的防骗意识和能力、有效减少案件发生为导向,因地制宜,注重实效;要把活动重点放在维护广大老年人的切身利益上,扎扎实实为老年人排忧解难,真真切切让老年人感受到党和政府以及全社会的关怀和温暖。

9.《关于纵深推进防范打击通讯信息诈骗工作的通知》①

九是广泛加强宣传教育,切实提高用户防范意识。依托线上线下等多种渠道,创新宣传方式,切实提高用户防范意识和能力;加强用户提示体系建设,实现对诈骗电话号码、恶意网址、手机恶意程序、异常互联网账号等有效提示和预警;鼓励行业内开展开辟反诈专栏、论坛、白皮书等,汇聚社会各方力量,深入推进防范打击工作。

10.《中国人民银行关于进一步加强支付结算管理防范电信网络新型违法犯罪有关事项的通知》②

第十八条 全面设置防诈骗提示。自 2019 年 4 月 1 日起,银行应当在营业网点和柜台醒目位置张贴防范电信网络新型违法犯罪提示,并提醒客户阅知。自 2019 年 6 月 1 日起,银行和支付机构应当在所有电子渠道的转账操作界面设置防范电信网络新型违法犯罪提示。

第十九条 开展集中宣传活动。2019 年 4 月至 12 月,人民银行分支机构、银行、支付机构、清算机构和中国支付清算协会应当制定防范电信网络诈骗宣传方案,综合运用解读文章、海报、漫画等各种宣传方式,利用电视、广播、报纸、微博、微信、微视频等各种宣传渠道,持续向客户宣传普及电信网络新型违法犯罪典型手法及应对措施、转账汇款注意事项、买卖账户社会危害、个人金融信息保护和支付结算常识等内容。应当加强对在校学生、企业财务人员、老年人、农村居民等群体的宣传教育,针对性地开展防范电信网络新型违法犯

---

① 工业和信息化部于 2018 年 5 月 18 日发布,现行有效。
② 中国人民银行于 2019 年 3 月 22 日发布,现行有效。

罪知识进学校、进企业、进社区、进农村等宣传活动。

【参考案例】

中宣部公安部联合启动"全民反诈在行动"集中宣传月活动①

为深入贯彻落实习近平总书记重要指示精神和党中央决策部署,贯彻落实中办、国办印发的《关于加强打击治理电信网络诈骗违法犯罪工作的意见》,中宣部、公安部于5月10日联合启动"全民反诈在行动"集中宣传月活动,进一步加强宣传教育,发动群众力量,汇聚群众智慧,营造全民反诈、全社会反诈浓厚氛围。

根据活动安排,各地各部门将在全国范围内组织开展防范电信网络诈骗违法犯罪系列宣传教育,针对易受骗群体开展精准防范宣传,不断推动反诈防诈知识进社区、进农村、进家庭、进学校、进企业,着力构建全方位、广覆盖的反诈宣传教育体系。主要新闻媒体和新媒体平台将持续推出反诈报道,强化以案说法,普及防骗知识,切实增强群众防骗意识和识骗能力。中宣部、公安部将联合工信部、中国人民银行等有关行业主管部门,对金融机构、电信业务经营者、互联网服务提供者的从业人员及服务对象开展反诈宣传;联合教育部启动"反诈宣传进校园"活动,在全国高校推广建立校园反诈中心,组建大学生反诈志愿者队伍,开展反诈知识进教材、进课堂及反诈知识竞赛等教育宣传活动;联合全国老龄工作委员会开展"老年人防诈宣传"系列活动,编制《老年人防骗手册》,组织全国老年反诈知识竞赛等,持续掀起宣传教育热潮。

---

① 中华人民共和国中央人民政府网,2022年5月10日,见 http://www.gov.cn/xinwen/2022-05/10/content_5689536.htm。

第二章　电信治理

本法第二章电信治理从第九条到第十四条共计 6 个条文,未分节。本章是关于反电信网络诈骗工作中电信治理的规定,包括电话用户真实身份信息登记制度(第九条),电话卡办理的异常识别与处置(第十条),涉诈异常电话卡的监测识别、再核验和处置(第十一条),物联网卡用户风险评估、身份信息登记制度和物联网卡功能限定、监测预警制度(第十二条),真实主叫号码的要求(第十三条),涉诈设备、软件的治理(第十四条)。

本章主要规定了电信业务经营者的风险防控责任、国务院电信主管部门的职责和单位、个人的义务。

在反诈工作中,电信业务经营者应当落实电话实名制,承担对代理商落实电话实名制的管理责任;根据电话用户开卡数量核验机制和风险信息共享机制识别异常办卡情形并采取相应处置措施;建立涉诈异常电话卡模型监测识别电话卡异常情形并采取再核验和处置措施;建立物联网卡用户风险评估、身份信息登记制度和物联网卡功能限定、监测预警制度;规范真实主叫号码传送和电信线路出租业务,封堵拦截境内外改号电话;采取技术措施识别、阻断涉诈设备、软件接入网络并向公安机关和相关行业主管部门报告。

在反诈工作中,国务院电信主管部门承担组织建立电话用户开卡数量核验机制和风险信息共享机制的职责,支持电信业务经营者识别异常办卡情形。

在反诈工作中,单位和个人承担不得从事涉诈"灰黑产业",不得非法制造、买卖、提供或者使用涉诈设备、软件的消极义务。

第九条(电话用户真实身份信息登记制度)

第九条　电信业务经营者应当依法全面落实电话用户真实身份信息登记制度。

　　基础电信企业和移动通信转售企业应当承担对代理商落实电话用户实名制管理责任,在协议中明确代理商实名制登记的责任和有关违约处置措施。

【本条主旨】

　　本条是关于电话用户真实身份信息登记制度(电话用户实名制)的规定。本条有两款,第一款是电信业务经营者依法全面落实电话用户实名制的责任,第二款是基础电信企业和移动通信转售企业对代理商落实电话用户实名制的管理责任。

【核心概念】

电话用户真实身份信息登记制度

　　电话用户真实身份信息登记制度,又称电话用户实名制,是指电信业务经营者为用户办理固定电话、移动电话(含无线上网卡)等入网手续,在与用户签订协议或者确认提供服务时,要求电话用户出示有效证件、提供真实身份信息,核验并登记用户提供的身份信息的制度。

基础电信企业

　　1. 基础电信企业,也称基础电信业务经营者,是指取得工业和信息化部颁发的《基础电信业务经营许可证》、从事第一类基础电信业务的企业,一般是指中国电信集团公司、中国移动通信集团公司、中国联合网络通信集团有限公司三家企业。

　　2. 目前,中国电信集团公司、中国移动通信集团公司、中国联合网络通信集团有限公司以及中国广播电视网络有限公司共四家企业取得了工业和信息化部颁发的《基础电信业务经营许可证》。

移动通信转售企业

　　1. 移动通信转售企业,也称移动通信转售业务经营者,是指取得工业和信息化部颁发的移动通信转售经营许可、从事移动通信转售业务的企业。移动通信转售业务,是指从拥有移动网络的基础电信业务经营者购买移动通信服务,重新包装成自有品牌并销售给最终用户的移动通信服务。

　　2. 移动通信转售业务为第二类基础电信业务,比照增值电信业务管理。

代理商

代理商,即电信业务代理商,是指经电信业务经营者授权,与电信业务经营者签署代理协议,在授权范围内代表电信业务经营者从事电信业务市场销售、技术服务等直接面向用户的服务性工作,赚取佣金的单位和个人。

【条文详解】

一、电信业务经营者依法全面落实电话用户实名制的责任

本条是关于电话用户实名制的规定。电话用户实名制是反诈工作中电信治理制度和措施的基础,一方面,电信业务经营者以电话用户实名制为基础建立了"一证五卡"制度、对异常办卡情形和涉诈电话卡的识别制度以及真实主叫号码传送制度等;另一方面,电话用户实名制保证了对电信网络诈骗等违法犯罪活动的可追溯性,为有关部门开展追责工作提供了必要支撑,对不法分子形成了有效威慑。

我国已形成了较为完善的电话用户实名制法律体系,其核心是《电话用户真实身份信息登记规定》,上位法依据是《全国人民代表大会常务委员会关于加强网络信息保护的决定》、《反恐怖主义法》、《网络安全法》,并以《电话"黑卡"治理专项行动工作方案》、《工业和信息化部关于贯彻落实〈反恐怖主义法〉等法律规定 进一步做好电话用户真实身份信息登记工作的通知》、《工业和信息化部关于进一步防范和打击通讯信息诈骗工作的实施意见》等规定作为补充,涉及登记主体、登记义务、登记范围、证件类别、证件查验、信息留存、自查和培训等方面的内容。因此,本条第一款没有对电话用户实名制的建立或完善提出进一步要求,而是规定了电信业务经营者依法全面落实电话用户实名制的责任,要求电信业务经营者应当严格依照法律法规、行业规定和标准、企业内部规定的要求开展电话用户实名登记工作,确保电话用户实名制全覆盖。

结合相关规定,为了全面落实电话用户实名制,电信业务经营者需要从加强用户身份信息核验工作和加强代理商管理工作两方面着手。用户身份信息核验,是指电信业务经营者在进行实名制登记的过程中,采用有效措施核验用户提供的身份信息是否真实、完整,是否为本人身份信息的活动。用户身份信息核验是电话用户实名制的核心,用户身份信息核验工作的质量决定了电话

用户实名制能否在反诈工作中发挥作用。根据《电话"黑卡"治理专项行动工作方案》和《工业和信息化部关于贯彻落实〈反恐怖主义法〉等法律规定　进一步做好电话用户真实身份信息登记工作的通知》,电信业务经营者应当提升身份信息核验能力、完善证件核验技术、规范相关操作流程,采用二代身份证识别设备、专用移动应用程序、与"全国公民身份证号码查询服务中心"联网比对等措施核验用户身份信息,并采取系统自动录入的方式登记用户身份信息,不得采用人工录入的方式,确保登记的用户身份信息真实、准确、可靠;通过互联网销售电话卡的,应当要求用户提供居民身份证正面、反面扫描信息及用户手持本人居民身份证正面免冠照片,与"全国公民身份证号码查询服务中心"进行联网比对核验用户身份信息,或通过在线视频实人认证等技术核验用户身份信息。

代理商管理,是指电信业务经营者通过技术措施或管理措施规范代理商的代理活动。根据《信息产业部关于规范代理电信业务行为等规定的通知》,电信业务代理商不是独立的电信业务经营主体,其代理行为的法律责任由委托代理的电信业务经营者依法承担,相应地,电信业务经营者应当制定管理办法规范代理商的代理活动。具体到电话用户实名登记工作,作为电信业务经营者的主要业务渠道之一,代理商落实电话用户实名制是实现电话用户实名制全覆盖的要求,其未落实电话用户实名制的责任由委托代理的电信业务经营者依法承担,相应地,电信业务经营者应当加强代理商管理工作,监督代理商按照法律法规、行业规定和标准以及其颁布的规定开展电话用户实名登记工作。

相关规定也对电信业务经营者全面完成未实名老电话用户补登记工作提出要求,目前,补登记工作已经完成,电信业务经营者应当从严做好新电话用户实名登记工作。

二、基础电信企业和移动通信转售企业对代理商落实电话用户实名制的管理责任

本条第二款规定了基础电信企业和移动通信转售企业对代理商落实电话用户实名制的管理责任。结合相关规定,基础电信企业和移动通信转售企业应当从合同约束、代理商资质、监督检查等角度加强代理商管理工作。首先是强化合同约束。基础电信企业和移动通信转售企业应当在代理合同中明确代

理商落实电话用户实名制的责任,细化责任条款,规定代理商一旦出现不登记、冒用或伪造证件进行登记、使用虚假身份信息进行登记、擅自委托他人进行登记等情况,经核实确认后,立刻终止代理合同、取消代理资格并纳入委托代理渠道黑名单。其次是加强代理商资质管理。基础电信企业和移动通信转售企业应当严格审核代理商资质,不得委托不具备相应资质和能力的代理商开展电话用户实名登记工作。代理商具备相应资质和能力的,应当为其配发统一标识(包括基础电信企业或移动通信转售企业的名称和标志、代理商名称和代理编号、委托代理范围、防伪二维码等),要求其在显著位置张贴、显示,并将上述信息通过企业网站等渠道向社会公布,方便电话用户查询。最后是加大监督检查力度。基础电信企业和移动通信转售企业应当建立电话用户实名登记情况的监督检查机制,定期对代理商进行监督检查,发现存在违法违规情况的,立刻按照合同约定的责任条款进行处理,并采取重新核验、召回存在问题的电话卡等有效措施降低代理商违法违规造成的损害。

【参考规定】

1.《全国人民代表大会常务委员会关于加强网络信息保护的决定》①

第六条　网络服务提供者为用户办理网站接入服务,办理固定电话、移动电话等入网手续,或者为用户提供信息发布服务,应当在与用户签订协议或者确认提供服务时,要求用户提供真实身份信息。

2.《中华人民共和国反恐怖主义法》

第二十一条　电信、互联网、金融、住宿、长途客运、机动车租赁等业务经营者、服务提供者,应当对客户身份进行查验。对身份不明或者拒绝身份查验的,不得提供服务。

3.《中华人民共和国网络安全法》

第二十四条　网络运营者为用户办理网络接入、域名注册服务,办理固定电话、移动电话等入网手续,或者为用户提供信息发布、即时通讯等服务,在与用户签订协议或者确认提供服务时,应当要求用户提供真实身份信息。用户不提供真实身份信息的,网络运营者不得为其提供相关服务。

---

① 　全国人民代表大会常务委员会于 2012 年 12 月 28 日发布,现行有效。

4.《电话用户真实身份信息登记规定》①

第五条　电信业务经营者应当依法登记和保护电话用户办理入网手续时提供的真实身份信息。

第十四条　电信业务经营者委托他人代理电话入网手续、登记电话用户真实身份信息的,应当对代理人的用户真实身份信息登记和保护工作进行监督和管理,不得委托不符合本规定有关用户真实身份信息登记和保护要求的代理人代办相关手续。

5.《工业和信息化部、公安部、工商总局关于印发电话"黑卡"治理专项行动工作方案的通知》②

三、工作任务和措施

(一)强化电话"黑卡"源头防范

1. 提升身份信息核验能力。2015 年 2 月 1 日起,基础电信企业和移动通信转售企业(以下简称电信企业)各类营销渠道为用户办理电话入网手续时,应利用专用移动应用程序(APP)、与"全国公民身份证号码查询服务中心"联网比对等有效技术措施,核验用户身份信息,实现系统自动录入用户身份信息,停止人工录入方式。对持有居民身份证之外有效证件的用户,电信企业应在自有营业厅为其办理电话入网手续。

2. 完善证件核验技术手段。2015 年 9 月 1 日起,电信企业要求各类实体营销渠道全面配备二代身份证识别设备,在为用户办理电话入网手续时,必须使用二代身份证识别设备核验用户本人的居民身份证件,并通过系统自动录入用户身份信息;不得委托未配备二代身份证识别设备的社会营销渠道办理电话用户入网手续。

3. 进一步规范社会营销渠道。电信企业通过技术和管理措施加强对社会营销渠道(含网络代理)的日常监督管理,严格社会营销渠道的代理条件,禁止签约社会营销渠道擅自委托下级代理商办理电话入网手续。电信企业对社会营销渠道配发统一标识和代理编号,并要求其在显著位置进行张贴。

4. 加强网络营销渠道管理。电信企业通过网络营销渠道销售电话卡时,在预选卡号环节,应要求用户上传居民身份证的扫描信息,将该信息与"全国

---

① 工业和信息化部于 2013 年 9 月 1 日发布,现行有效。

② 工业和信息化部、公安部、国家工商总局于 2014 年 12 月 18 日发布,现行有效。

公民身份证号码查询服务中心"进行联网比对,核验通过后方可配送电话卡;在电话卡配送环节,应确认用户身份证件与网上提交的身份信息一致后,方可向其交付电话卡并为其开通移动通信服务。对没有取得电信企业网络售卡代理的网店,电信企业要会同网络交易网站经营者及时进行清理。电信主管部门、工商行政管理部门根据相关法律法规规章和《工商总局工业和信息化部关于加强境内网络交易网站监管工作协作积极促进电子商务发展的意见》(工商市字〔2014〕180号)等要求,加强对境内网络交易网站的管理,督促境内网络交易网站经营者及时清理未取得电信企业网络售卡代理的网店。

6.《工业和信息化部关于贯彻落实〈反恐怖主义法〉等法律规定 进一步做好电话用户真实身份信息登记工作的通知》①

二、切实从严做好新入网用户实名登记

(一)从严做好用户身份信息核验。电信企业(含基础电信企业、转售企业)要按照《电话用户真实身份信息登记规定》(工业和信息化部令第25号)、《电话"黑卡"治理专项行动工作方案》(工信部联保〔2014〕570号)有关要求,进一步固化有关流程、规范操作,在为新用户办理入网手续时,必须采取二代身份证识别设备、联网核验等措施核验用户身份信息,禁止人工录入居民身份证信息。

……

三、加强网络营销渠道用户入网实名登记管理

(一)建立健全网络营销渠道委托管理制度。各电信企业要加强对网络代理商销售移动电话卡的管理,委托网络代理商销售移动电话卡前,应要求其取得工商营业执照、具备电话用户实名登记和用户信息保护条件,并为其配发统一标识(包括电信企业名称及标志、网络代理商名称及编号、委托代理范围、防伪二维码等)。网络交易平台经营者要加强网络代理商的审核,不得允许未取得工商营业执照和电信企业网络代理委托的经营者在平台内销售移动电话卡;要督促平台内网络代理商在网店显著位置显示工商营业执照和电信企业为其配发的统一标识。电信企业要在网站上公布并定期更新网络代理商信息。

---

① 工业和信息化部于2016年5月16日发布,现行有效。

（二）完善身份信息核验技术手段。电信企业、网络代理商通过网络渠道销售电话卡时，在用户网上预选卡号环节，应要求用户提供居民身份证正面、反面扫描信息及用户手持本人居民身份证正面免冠照片，并与"全国公民身份证号码查询服务中心"进行联网比对，核验通过后方可配送移动电话卡；在物流交付环节，应确认收件人、所提供的身份证件均与网上提交身份信息一致后，方可向其交付移动电话卡并为其开通移动通信服务。对不能确保在物流交付环节对用户身份证件进行查验的，应在网上预选卡号环节，要求用户填写身份信息，为用户配送未激活的电话卡，用户收到电话卡后，电信企业要通过图像、视频等技术在线核验用户身份信息，验证持卡人、所提供的身份证件与网上提交的身份信息一致后，激活电话卡并开通移动通信服务。

（三）建立对网络营销渠道实名登记巡查制度。电信企业、网络交易平台经营者要定期对网络代理商进行巡查，建立快速沟通处置机制。电信企业发现网络代理商存在违法违规行为时，要按照委托协议对其处理，对违法违规行为严重的网络代理商要取消委托代理，通报相关网络交易平台经营者；发现在网上销售移动电话卡但未取得网络代理委托的网店时，要通报相关网络交易平台经营者，并对移动电话卡流出渠道进行核查，对违规销售的渠道进行处理。网络交易平台经营者要及时清理没有取得电信企业委托销售电话卡的网店，发现网络代理商存在不实名登记、二次转卖移动电话卡等违法违规行为的，要立即制止和纠正其违法违规行为，依照协议进行处理，必要时应停止向其提供网络交易平台服务，并通报相关电信企业。网络交易平台经营者发现售卖二代身份证识别设备破解软、硬件工具的，要立即进行下架处理，并将有关情况通报公安机关。

（四）加大对网络营销渠道的监督检查力度。各通信管理局要加强对网络营销渠道电话用户实名登记工作的监督检查，对未取得网络代理委托在网上销售移动电话卡的网站，由网站备案地通信管理局通知网站主办者限期进行整改，由电话卡归属地通信管理局责成相关电信企业收回未售出的电话卡并对流出渠道核查，对违规销售的渠道进行处理。网络交易平台经营者不履行平台管理责任，允许未取得工商营业执照和电信企业网络代理委托的经营者销售移动电话卡，以及未对网络代理商违法违规行为及时采取制止措施的，由网络交易平台归属地通信管理局会同工商管理部门依法对网络交易平台经营者进行处理。

（五）全面清理非委托网络代理商。各电信企业要于 2016 年 7 月 31 日前，完成对本公司网络代理商的排查和清理，向社会公布本公司委托的网络代理商信息。各网络交易平台经营者要于 2016 年 8 月 31 日前，完成对平台内移动电话卡经营者的排查和清理，对未取得工商营业执照和电信企业网络代理委托的经营者，不得继续向其提供网络交易平台服务。

7.《工业和信息化部关于进一步防范和打击通讯信息诈骗工作的实施意见》①

一、从严从快全面落实电话用户实名制

……

（二）从严做好新入网电话用户实名登记。各基础电信企业和移动转售企业要采取有效的管理和技术措施，确保电话用户登记信息真实、准确、可溯源。为新用户办理入网手续时，要严格落实用户身份证件核查责任，采取二代身份证识别设备、联网核验等措施验证用户身份信息，并现场拍摄和留存办理用户照片。通过网络渠道发展新用户时，要采取在线视频实人认证等技术方式核验用户身份信息。

……

（五）严格落实代理渠道电话实名制管理要求。各基础电信企业和移动转售企业要进一步严格代理渠道准入，强化代理商资质审核，严格禁止代理渠道擅自委托下级代理。建立委托代理渠道电话入网和实名登记违规责任追究制度，各基础电信企业集团公司要签订电话实名制责任承诺书，各企业建立内部问责机制，对出现不登记、虚假登记、批量开卡、"养卡"等违规行为的代理渠道，一经发现立即取消其代理资格，纳入委托代理渠道黑名单，并从严追究相关基础电信企业省级公司相关部门和负责人责任。各通信管理局要在 2016 年 11 月底前组织电信企业完善委托代理渠道黑名单制度，对纳入黑名单的渠道和个人，各电信企业不得委托其办理电话入网和实名登记手续。

---

① 工业和信息化部于 2016 年 11 月 4 日发布，现行有效。

【参考案例】

胡建强、周岳玲帮助信息网络犯一审刑事判决书①

案件事实

2019 年 3 月期间,黄某一、陈某四与王某三(某电信公司副总经理)磋商联系大批量办卡事宜,某电信公司为谋取利益,在收取黄某一、陈某四等人 20 万元办卡款项后,安排叶某(某电信公司客商部主任)为陈某四以被告人胡建强名下的佛山云快车物流有限公司以公司名义大批量办卡。陈某四提供员工花名册后,叶某等人明知或者应知办卡身份信息不合常理、来源非法的情况下,仅形式上与陈某四签订《反诈骗承诺书》《反骚扰承诺书》,但后续不正常履行职责的情况下,违反工信部有关电话用户真实身份信息登记相关规定,直接使用他人身份信息办理了 1000 张卡,后陈某四安排被告人胡建强使用该批次手机卡进行所谓"外呼"业务,某电信公司安排被告人周岳玲予以协助,引发多次实名制的投诉,该批次卡陆续被关停,佛山云快车物流有限公司也被上级电信部门拉入黑名单。

2019 年 11 月到 12 月期间,被告人胡建强再次前往某电信公司联系要求办卡,某电信公司为谋取利益,在第一批次卡及佛山云快车物流有限公司被电信部门拉黑,胡建强已告知第一批次办卡信息为非法购买的情况下,仍不真诚履行职责或者提供服务,违反工信部的规定,安排被告人周岳玲在用户不知情的情况下以"甩单"方式为被告人胡建强办卡 582 张。被告人胡建强在获取周岳玲办理的 582 张手机卡后,将该批卡转租他人"外呼"业务,引发大量电信网络诈骗案件。经在全国公安机关反电信诈骗平台筛查对比,该批次电话卡关联全国电信诈骗案件 28 件,被害人 28 人,涉案金额人民币 758953 元。

法院判决

湖南省汨罗市人民法院认为,被告人胡建强、周岳玲明知他人利用信息网络实施犯罪,仍为其提供互联网接入服务,情节严重,其行为均已构成帮助信

---

① 湖南省汨罗市人民法院(2020)湘 0681 刑初 281 号刑事判决书。

息网络犯罪活动罪。

第十条（电话卡办理的异常识别与处置）

第十条　办理电话卡不得超出国家有关规定限制的数量。

对经识别存在异常办卡情形的,电信业务经营者有权加强核查或者拒绝办卡。具体识别办法由国务院电信主管部门制定。

国务院电信主管部门组织建立电话用户开卡数量核验机制和风险信息共享机制,并为用户查询名下电话卡信息提供便捷渠道。

【本条主旨】

本条是关于电话卡办理的异常识别与处置的规定。本条有三款,第一款是关于对办理电话卡数量限制的规定;第二款是电信业务经营者对异常办卡情形的识别、处置责任;第三款是国务院电信主管部门组织建立电话用户开卡数量核验机制和风险信息共享机制的职责。

【核心概念】

国务院电信主管部门

参见第六条核心概念"行业主管部门",其中第三点是"国务院电信主管部门"。

电话卡

电话卡,又称移动电话卡、SIM 卡（Subscriber Identity Module,用户识别模块）,是移动电话用户的用户识别卡。电话卡可以插入任何一部移动电话中使用,但只能标识唯一一个电话用户,所有移动电话使用电信业务所产生的费用记录在该电话卡所标识的电话用户账户上。

【条文详解】

本条第一款是关于办理电话卡数量限制的规定。限制个人用户办理电话卡的数量是出于两方面考虑,一是为了打击涉诈"灰黑产业",防范卡商大量收购、租借、囤积电话卡。为了绕开电话用户实名制监管要求,卡商以高价为诱饵收购、租借他人的电话卡并提供给不法分子用于实施电信网络诈骗等违法犯罪活动,导致有关部门调查违法犯罪活动时,只能追溯到电话卡的出卖人、出租人,不能追溯到实际利用电话卡实施违法犯罪活动的不法分子。限制个人用户办理电话卡的数量,可以防范部分法律意识淡薄的社会公众将电话卡或办理电话卡的资格出售、出借给卡商,从而有效地遏制"两卡"犯罪和涉诈"灰黑产业"。二是考虑到号码资源的有限性,个人用户如果没有必要需求办理过多电话卡,只会导致其办理的大部分电话卡被闲置,以至于浪费号码资源。

目前,我国实行"一证五卡"制度。所谓"一证五卡",是指全国范围内,同一用户在同一基础电信企业或同一移动通信转售企业不得办理超过 5 张电话卡,其法律依据有《电话"黑卡"治理专项行动工作方案》《最高人民法院、最高人民检察院、公安部、工业和信息化部、中国人民银行、中国银行业监督管理委员会关于防范和打击电信网络诈骗犯罪的通告》《工业和信息化部关于贯彻落实〈反恐怖主义法〉等法律规定 进一步做好电话用户真实身份信息登记工作的通知》《工业和信息化部关于进一步防范和打击通讯信息诈骗工作的实施意见》等规定。

本条第二款规定了电信业务经营者对异常办卡情形的识别、处置责任。对异常办卡情形的识别责任,是指电信业务经营者为用户办理移动电话入网手续时,应当通过电话用户开卡数量核验机制和风险信息共享机制,查询用户办理的电话卡是否超出国家有关规定限制的数量以及用户是否存在其他异常办卡情形。对异常办卡情形的处置责任,是指电信业务经营者根据识别结果采取加强核查或拒绝办卡等处置措施。目前,异常办卡情形的具体内容和电信业务经营者识别、处置异常办卡情形的程序尚不清楚,本条第二款授权国务院电信主管部门制定具体识别办法。结合本法其他条款,这里的异常办卡情形可能有因非法买卖、出租、出借电话卡而被限制办理电话卡(见本法第三十一条);因从事电信网络诈骗活动或者关联犯罪受到刑事处罚而被限制办理电话卡(见本法第三十一条);以及因对电诈高发地采取的临时风险防范措施而被限制办理电话卡等情形(见本法第三十五条)。

本条第三款规定了国务院电信主管部门组织建立电话用户开卡数量核验机制和风险信息共享机制的职责。为了有序开展电话卡办理的异常识别与处置工作,国务院电信主管部门应当在监督电信业务经营者真实、准确登记电话用户身份信息的基础上,组织建立电话用户开卡数量核验机制和风险信息共享机制,为电信业务经营者提供电话用户开卡数量、是否存在其他限制办理电话卡的情形等信息,支持电信业务经营者准确、高效识别异常办卡情形并进一步采取相应处置措施。同时,本条第三款也要求国务院电信主管部门为用户查询名下电话卡信息提供便捷渠道。目前,工业和信息化部已通过全国移动电话卡"一证通查"服务向社会公众提供相关渠道。

【参考规定】

1.《工业和信息化部、公安部、工商总局关于印发电话"黑卡"治理专项行动工作方案的通知》①

核实用户身份信息准确性。电信企业对以同一身份证件在一个省份内登记了5张以上移动电话卡的用户为重点,通过核验登记信息、进行回访等措施,验证用户身份信息的准确性。对登记信息虚假、缺失、不准、不全并且在电信企业通知的期限内未补正信息的用户,依据法律法规和服务协议限制向其提供有关通信服务。

2.《工业和信息化部关于贯彻落实〈反恐怖主义法〉等法律规定进一步做好用户真实身份信息登记工作的通知》②

从严审核一证多卡用户办理新卡。各电信企业要采取措施,坚决杜绝代理商批量开卡、养卡问题。对同一身份证件在同一基础电信企业省级公司或同一转售企业已登记了5张及5张以上移动电话卡的用户,在申请办理新入网的移动电话卡时,必须由电信企业自有实体营业厅从严核实身份信息后办理入网手续。

3.《最高人民法院、最高人民检察院、公安部、工业和信息化部、中国人民银行、中国银行业监督管理委员会关于防范和打击电信网络诈骗犯罪的通告》③

四、电信企业立即开展一证多卡用户的清理,对同一用户在同一家基础电信企业或同一移动转售企业办理有效使用的电话卡达到5张的,该企业不得为其开办新的电话卡。电信企业和互联网企业要采取措施阻断改号软件网上

---

① 工业和信息化部、公安部、工商总局于2014年12月18日发布,现行有效。
② 工业和信息化部于2016年5月16日发布,现行有效。
③ 最高人民法院、最高人民检察院、公安部、工业和信息化部、中国人民银行、中国银行业监督管理委员会于2016年9月23日发布,现行有效。

发布、搜索、传播、销售渠道,严禁违法网络改号电话的运行、经营。电信企业要严格规范国际通信业务出入口局主叫号码传送,全面实施语音专线规范清理和主叫鉴权,加大网内和网间虚假主叫发现与拦截力度,立即清理规范一号通、商务总机、400 等电话业务,对违规经营的网络电话业务一律依法予以取缔,对违规经营的各级代理商责令限期整改,逾期不改的一律由相关部门吊销执照,并严肃追究民事、行政责任。移动转售企业要依法开展业务,对整治不力、屡次违规的移动转售企业,将依法坚决查处,直至取消相应资质。

4.《工业和信息化部关于进一步防范和打击通讯信息诈骗工作的实施意见》①

严格限制一证多卡。2016 年底前,各基础电信企业和移动转售企业应全面完成一证多卡用户摸排清理,对在本企业全国范围内已经办理 5 张(含)以上移动电话卡的存量用户,要对用户身份信息逐一重新核实。同一用户在同一基础电信企业或同一移动转售企业全国范围内办理使用的移动电话卡达到 5 张的,按照六部委《关于防范和打击电信网络诈骗犯罪的通告》第四条相关要求处理。

【参考案例】

刘晓、中国联合网络通信有限公司永城市分公司电信服务合同纠纷二审民事判决书②

案件事实

2014 年 3 月 31 日,案外人李桂英在被告联通永城分公司办理了一张号码为 155×××××××的手机卡,上诉人刘晓作为涉案手机卡的实际使用人,要求被告将涉案手机卡实名登记在本人名下。在实名制之前,刘晓购买了约 3000 个手机卡,在手机卡实名制之后又通过购买实名制之前的手机卡等手段,总共拥有了近万个手机卡,主要用于游戏代练等业务。最近,刘晓已经在山东省巨野、荷泽等地通过诉讼等手段办理了数十个实名制之前手机卡的过户登记。

---

① 工业和信息化部于 2016 年 11 月 4 日发布,现行有效。
② 河南省商丘市中级人民法院(2020)豫 14 民终 5313 号民事判决书。

法院判决

中华人民共和国工业和信息化部发布的《电话用户真实身份信息登记规定》明确要求,在全国范围内对新增固定电话、移动电话(无线上网卡)用户实施真实身份信息登记。2016 年 11 月中华人民共和国工业和信息化部发布实施工信部网安函〔2016〕452 号文件,要求从严从快全面落实电话用户实名制,严格限制一证多卡。六部委《关于防范和打击电信网络诈骗犯罪的通告》第四条规定,对同一用户有一家基础电信企业或同一移动转售企业办理有效使用的电话卡达到 5 张的,该企业不得为其开办新的电话卡。上诉人刘晓在已经拥有数千张电话卡的情况下,要求将李桂英名下号码为 155×××××××× 的手机卡登记在自己名下,无论该卡此前是否进行过实名登记,在六部委《关于防范和打击电信网络诈骗犯罪的通告》作出后,再就手机卡进行更名登记均属于开办新的电话卡,不符合登记的条件。刘晓所称所变更登记的手机卡是实名制之前的卡,不适用目前的实名制规定,属于曲解相关规定精神。刘晓的诉讼请求没有法律依据,本院不予支持。

第十一条(涉诈异常电话卡的监测识别、再核验和处置)

> **第十一条** 电信业务经营者对监测识别的涉诈异常电话卡用户应当重新进行实名核验,根据风险等级采取有区别的、相应的核验措施。对未按规定核验或者核验未通过的,电信业务经营者可以限制、暂停有关电话卡功能。

【本条主旨】

本条是关于电信业务经营者对涉诈异常电话卡的监测识别、再核验和处置的规定。

【核心概念】

涉诈异常电话卡

1. 涉诈异常电话卡,是指使用呈现异常,有涉电信网络诈骗活动可能的电话卡,如,一证多卡、睡眠卡、静默卡、境外诈骗高发地卡和频繁触发预警模型的电话卡等。其中,睡眠卡,是指处于开通状态,但没有电话和流量记录的电话卡;静默卡,是指持续一段时间内无语音、无短信、无流量话单的电话卡。

2. 涉诈异常电话卡与涉案电话卡。涉案电话卡,是指公安机关等部门在办理刑事案件或行政案件过程中,依法扣押的与所办案件有关的电话卡。涉诈异常电话卡与涉案电话卡的区别是前者有涉电信网络诈骗活动的风险,需要进一步核实是否存在违法犯罪活动;后者已经涉及电信网络诈骗活动。

【条文详解】

一、电信业务经营者的监测识别、再核验和处置责任

随着国内不断加大对电信网络诈骗活动的打击力度,境内大批电信网络诈骗窝点加速向境外网络条件好、治安混乱、出入境审查不严、生活成本低的国家或地区转移。据统计,目前在我国电信网络诈骗犯罪案件中,境外窝点作案占比已超过80%。而我国对境外电信网络诈骗窝点的打击存在客观障碍,一方面,行政权局限于一国领土内,我国行政机关不可能单方面跨境执法,必须与其他国家开展合作;另一方面,司法协助、警务合作等国际合作渠道程序烦琐、不够畅通,加上疫情的不利影响,导致跨境抓捕、取证、追赃工作非常困难。因此,本法侧重前端防范,着重建设反诈预防措施,以期在电信网络诈骗活动发生前和发生时通过技术手段和其他必要手段阻断电信网络诈骗活动及其危害结果的发生。

本条规定了电信业务经营者监测识别、再核验和处置异常电话卡的责任,目的是从源头上预防、遏制电信网络诈骗活动的发生,即在电信网络诈骗活动的预备阶段或发生初期予以发现,及时抓捕相关诈骗人员和团伙,阻止其继续完成以至于产生恶劣的后果。这就要求电信业务经营者积极研发和应用电信网络诈骗反制技术措施(见本法第三十二条),以自动化决策技术等电信网络技术为基础建立涉诈异常电话卡模型,高效、准确地识别、筛选出使用呈现异常,有涉电信网络诈骗活动可能的涉诈异常电话卡,评估其涉诈风险等级,并根据涉诈风险等级通知涉诈异常电话卡用户在规定期限内通过线上方式、电信业务代理商或电信企业自营营业厅重新进行实名核验。在规定期限内,涉诈异常电话卡用户未按通知重新进行实名核验或未通过实名核验的,电信业务经营者应当根据涉诈风险等级采取限制、暂停有关电话卡功能的措施,包括限制、暂停电话卡的主动呼出、短信发送和流量使用等功能。

二、对涉诈异常电话卡的处置与通信自由和通信秘密权

根据《宪法》第四十条,我国公民的通信自由和通信秘密受法律的保护,除因国家安全或者追查刑事犯罪的需要,由公安机关或者检察机关依照法律规定的程序对通信进行检查外,任何组织或者个人不得以任何理由侵犯公民的通信自由和通信秘密。那么,电信业务经营者依据本条的规定对涉诈异常电话卡采取监测识别、再核验和处置措施是否构成对公民通信自由和通信秘密权的侵犯?电信业务经营者采取监测识别、再核验和处置措施预防、遏制电信网络诈骗活动的发生不构成对公民通信自由和通信秘密权的侵犯,理由如下:

通信自由权,是指公民通过书信、电话、电信及其他通讯手段,根据自己的意愿进行通信,不受他人干涉的自由。通信秘密权,是指通信秘密受法律保护,他人不得扣押、隐匿、毁弃公民的通信;公民通信、通话的内容他人不得私阅或窃听。通信自由权和通信秘密权同属于广义的通信自由权,通信自由权强调通信对象和通信手段自由不受他人干涉,通信秘密权则强调通信内容不受他人侵犯,两者相互依存、不可分割。当然,也有学者主张将通信秘密权的保护范围限定于通信内容不利于保护公民的通信秘密权,通信秘密权的保护范围应当包括通信内容信息、通信活动信息和通信用户信息,但不可否认的是,通信内容是通信秘密权主要的、传统的保护范围。

本条规定的监测识别措施,主要是指以自动化决策技术等电信网络技术为基础建立涉诈异常电话卡模型识别、筛选出涉诈异常电话卡,一般只涉及电话卡和公民通信活动的外部特征,如通话频率、通话时间、通话对象范围、其他电话用户的标记和投诉、缴费情况等,是对通信活动信息和通信用户信息的监测识别,而非对通信内容的检查,不构成对公民通信秘密权的侵犯。

本条规定的再核验和处置措施,属于依法限制公民通信自由权的情况。宪法所保护的通信秘密和通信自由权具有相对性,为了维护社会秩序、保障国家安全和维护公共利益,可以对其进行适当限制。对通信自由和通信秘密权的限制应当符合法律保留原则,即对通信自由和通信秘密权的限制必须以法律为依据。本法第十一条规定了电信业务经营者对涉诈异常电话卡的监测识别、再核验和处置责任,授予了电信业务经营者对涉诈异常电话卡采取监测识别、再核验和处置措施的权力,为电信业务经营者限制公民通信自由权提供了

法律依据。因此,电信业务经营者采取再核验和处置措施不构成对公民通信自由的侵犯。

【参考规定】

《工业和信息化部、公安部关于依法清理整治涉诈电话卡、物联网卡以及关联互联网账号的通告》①

电信企业应建立电话卡"二次实人认证"工作机制,针对涉诈电话卡、"一证(身份证)多卡"、"睡眠卡"、"静默卡"、境外诈骗高发地卡、频繁触发预警模型等高风险电话卡,提醒用户在 24 小时内通过电信企业营业厅或线上方式进行实名核验,在规定期限内未核验或未通过核验的,暂停电话卡功能,有异议的可进行投诉反映,经核验通过的恢复功能。通过电信企业营业厅认证的,电信企业应要求用户现场签署涉诈风险告知书;采用线上方式认证的,电信企业应要求用户阅读勾选涉诈风险告知书,录制留存用户朗读知晓涉诈法律责任的认证视频。

【参考案例】

史海波、中国移动通信集团浙江有限公司缙云分公司等
电信服务合同纠纷民事一审民事判决书②

案件事实

2021 年 4 月 21 日,中国移动丽水分公司向丽水市打击治理电信网络新型违法犯罪工作联席会议办公室对存量无效卡识别模型进行备案,存量卡用户存在当月及近两个月无通话、无流量和无短信的存量号码情况的,通过短信提醒用户在 24 小时内必须通过人证二次实名核验,用户未在规定期限内核验或未通过核验的,对该卡用户实行限制主动呼出、短信发送和流量使用的措施,如用户需继续使用通信功能的,必须通过人证二次实名核验后才能恢复其正常通信服务的存量无效卡识别模型及具体规则。

2021 年 6 月 3 日,被告中国移动缙云分公司通过系统检测发现案涉

---

① 工业和信息化部、公安部于 2021 年 6 月 2 日发布,现行有效。
② 浙江省缙云县人民法院(2021)浙 1122 民初 1882 号民事判决书。

134×××××××移动号码符合存量无效卡识别模型,通过系统下发短信,要求客户在 24 小时内通过点击链接进行身份认证,并载明"若认证不通过或超过 24 小时不认证,将暂停本号码通信功能"。2021 年 6 月 4 日,移动公司通过系统再次向 134×××××××号码发送停机提醒,并将案涉号码进行停机处理。

法院判决

原告作为电信服务合同的一方当事人,有权在法律规定和合同约定的范围内行使民事权利,但是不得滥用民事权利损害国家利益、社会公共利益或者他人合法权益。被告中国移动通信集团浙江有限公司缙云分公司、中国移动通信集团浙江有限公司丽水分公司、中国移动通信集团浙江有限公司依照《工业和信息化部公安部关于依法清理整治涉诈电话卡、物联网卡以及关联互联网账号的通告》,为遏制电信网络诈骗犯罪高发多发态势,切实维护广大人民群众合法权益,建立并向丽水市打击治理电信网络新型违法犯罪工作联系会议办公室备案存量无效卡识别模型及具体规则,并依据模型识别结果结合《中国移动通信客户服务协议》第七条第 7 点"为保护不特定公众利益,治理违法、骚扰信息、电话,公司可通过大数据技术分析、第三方信息采集、客户举报等手段,对疑似违法、骚扰号码采取预防或制止措施(包括但不限于标记、拦截、暂停服务、终止提供服务等)"之约定对案涉 134×××××××号码采取暂停服务措施,符合原、被告之间签订的《中国移动通信客户服务协议》的约定,本院予以支持。

第十二条(物联网卡用户风险评估、身份信息登记制度和物联网卡功能限定、监测预警制度)

第十二条 电信业务经营者建立物联网卡用户风险评估制度,评估未通过的,不得向其销售物联网卡;严格登记物联网卡用户身份信息;采取有效技术措施限定物联网卡开通功能、使用场景和适用设备。

单位用户从电信业务经营者购买物联网卡再将载有物联网卡的设备销售给其他用户的,应当核验和登记用户身份信息,并将销量、存量及用户实名信息传送给号码归属的电信业务经营者。

电信业务经营者对物联网卡的使用建立监测预警机制。对存在异常使用情形的,应当采取暂停服务、重新核验身份和使用场景或者其他合同约定的处置措施。

【本条主旨】

本条是关于物联网卡用户风险评估、身份信息登记制度和物联网卡功能限定、监测预警制度的规定。本条有三款,第一款是电信业务经营者的评估、登记、限定责任,第二款是销售载有物联网卡设备的单位用户的核验、登记义务,第三款是关于监测预警制度的规定。

【核心概念】

物联网卡

1. 物联网卡,是指由中国电信集团公司、中国移动通信集团公司、中国联合网络通信集团有限公司面向单位用户提供蜂窝移动网络(5G/4G/3G/2G)接入服务的 IC 卡。物联网卡的功能是满足智能设备的联网需要,被广泛运用于智能抄表、智能安防、智能家居、智能穿戴、智慧医疗、智慧农业以及智慧城市等行业领域。

2. 目前,基础电信企业已陆续开始执行工业和信息化部于 2020 年发布的《工业和信息化部关于进一步做好电话用户实名登记管理有关工作的通知》(工信厅网安〔2020〕9 号)、《工业和信息化部关于印发〈物联网卡安全分类管理实施指引(试行)〉的通知》(工网安函〔2020〕1173 号)等规范物联网卡使用方式的规定。

单位用户

单位用户,是指向基础电信企业批量购买物联网卡,再将载有物联网卡的设备销售给其他单位、个人的企事业单位。

【条文详解】

一、电信业务经营者的评估、登记、限定责任

根据工业和信息化部发布的《2022 年 1—7 月份通信业经济运行情况》,截至 7 月末,三家基础电信企业发展蜂窝物联网终端用户 16.67 亿户,占移动

网终端连接数(包括移动电话用户和蜂窝物联网终端用户)的比重已达
49.9%,即物联网卡终端用户与移动电话用户已基本持平。在物联网卡相关
行业高速发展的同时,利用物联网卡实施电信网络诈骗等违法犯罪活动的现
象也愈加普遍。一般来说,物联网只有流量功能,没有短信和语音通话功能,
且存在定向流量、机卡绑定等限制。但仍存在一类可以灵活适用于多种场景
的物联网卡,其卡板规格和卡芯与电话卡相同,没有定向流量、机卡绑定等诸
多限制,因而被不法分子批量提供给他人用于申请社交账号、支付账户,作为
实施电信网络诈骗等违法犯罪活动的工具,仅在"净网2020"专项行动中,公
安部便阻止了1850万余张物联网卡流入黑市。可见,有关物联网卡的涉诈
"灰黑产业"已经形成,建立完善物联网卡的管理制度,防范物联网卡被用于
电信网络诈骗活动迫在眉睫。

本条主要从反诈工作角度规范物联网卡和载有物联网卡的设备的销售、
使用活动,推动形成售前风险评估、售时分类登记、售后使用监测的物联网卡
全生命周期安全管理制度。

首先,本条第一款规定了电信业务经营者的售前风险评估责任。其目的
是事先评估单位用户的涉诈风险,包括主动向不法分子提供物联网卡的风险
和不具备相应安全管理能力致使物联网卡流入"灰黑产业"的风险,防范物联
网卡被用于电信网络诈骗活动。参考《青海省通信管理局关于加强物联网卡
安全管理工作的通知》,电信业务经营者应当建立物联网卡用户风险评估制
度,明确评估流程和评估责任人。在向单位用户销售物联网卡时,要综合考虑
单位信用、使用场景、申请功能、购卡数量、安全管理能力等因素,严格评估用
户安全风险,评估通过后,方可向其销售物联网卡,评估未通过的,不得向其销
售物联网卡。

其次,本条第一款规定了电信业务经营者的售时分类登记责任。物联网
卡分类管理制度,是指结合物联网卡不同应用场景和安全风险对物联网卡进
行分类管理,细化各类物联网卡的具体安全管理要求,实现物联网卡规范化、
精细化管理,其法律依据《工业和信息化部关于印发〈物联网卡安全分类管理
实施指引(试行)〉的通知》,目前未向社会公布。电信业务经营者应当根据物
理网卡分类管理制度严格登记物联网卡用户身份信息,包括登记购卡单位的
身份信息和单位责任人的身份信息,以及购买载有物联网卡的设备的用户身
份信息,对于其中未开通语音功能的物联网卡,可以登记到购卡单位和单位责

任人;对于其中具有语音功能或具有通用流量功能且未受限额管控的物联网卡,必须登记物联网卡用户的身份信息。

最后,本条第一款规定了电信业务经营者的限定责任。电信业务经营者应当根据物联网卡分类管理制度,结合物联网卡的具体应用场景,按照最小必要原则限定物联网卡的开通功能、使用场景和适用设备,具体限定措施包括定向流量、卡片限定、机卡绑定、区域限制、黑名单限制、限额管控、个人实名等。一般情况下,应当关闭物联网卡的语音、短信功能;确实需要开通语音功能的,应当采用卡片限定和个人实名的限定措施,即仅能为贴片卡、eSIM、异性卡等形态的物联网卡开通语音功能,并严格登记物联网卡用户的身份信息,每个用户仅能开通 5 张具有语音功能的物联网卡。

二、销售载有物联网卡设备的单位用户的核验、登记义务

本条第二款规定了销售载有物联网卡设备的单位用户的核验、登记义务,其实质是电信业务经营者的售时分类登记责任的延伸。如前所述,电信业务经营者应当登记购卡单位的身份信息和单位责任人的身份信息,以及购买载有物联网卡的设备的用户身份信息,后者由电信业务经营者与销售载有物联网卡设备的单位用户共同完成。参考《工业和信息化部关于加强车联网卡实名登记管理的通知》《青海省通信管理局关于加强物联网卡安全管理工作的通知》,单位用户将载有物联网卡的设备销售给其他用户的,对于其中具有语音功能或具有通用流量功能且未受限额管控的物联网卡,应当参照电话用户实名制,核验并登记用户身份信息,并将销量、存量及用户身份信息传送给号码归属的电信业务经营者。在用户完成实名登记后,电信业务经营者方可为其激活物联网卡;用户未按要求进行实名登记的,电信业务经营者应当关闭除紧急呼叫、应急救援等影响生命安全以外的物联网卡功能。

三、电信业务经营者的监测、处置责任

电信业务经营者的监测、处置责任,是指电信业务经营者对物联网卡的售后使用情况进行监测,是物联网卡全生命周期安全管理制度组成部分。参考《青海省通信管理局关于加强物联网卡安全管理工作的通知》,电信业务经营者应当在物联网卡分类管理制度的基础上建立监测预警机制,结合各类物联

网卡的具体应用场景和安全风险开发涉诈异常物联网卡模型,监测识别利用技术手段或其他手段突破开通功能限定、使用场景限定和适用设备限定以及漫游至电诈高发地等物联网卡异常使用情形,并及时采取暂停服务、重新核验身份和使用场景或者其他合同约定的处置措施。

【参考规定】

1.《工业和信息化部办公厅关于深入推进移动物联网全面发展的通知》①

三、保障措施

(四)营造有序市场环境。移动物联网企业应将物联网业务纳入骚扰电话和垃圾短信管控体系,健全物联网骚扰电话和垃圾短信的监测、发现和处置机制,依据物联网卡功能限制要求,严格规范短信、语音等功能使用,按照"最小必要"原则为用户开通物联网功能;强化移动物联网产品进网监管,引导企业依法依规推出各类移动物联网终端产品;加强事中事后监管,对各类违法违规行为加强惩治,打造公平良好市场环境。

2.《物联网新型基础设施建设三年行动计划(2021—2023 年)》②

二、重点任务

(四)支撑体系优化行动

12. 强化安全支撑保障。加快围绕感知、接入、传输、数据、应用等安全技术的研究。加快物联网安全监测、预警分析和应对处置技术手段建设,提升感知终端、网络、数据及系统的安全保障水平。加强物联网卡安全管理,推动形成售前风险评估、售时分类登记、售后使用监测的物联网卡全生命周期管理制度。加快物联网领域商用密码技术和产品的应用推广,建设面向物联网领域的密码应用检测平台,提升物联网领域商用密码安全性和应用水平。强化物联网应用场景与频谱资源使用的适配性,保障物联网频率使用安全。依托联盟协会,开展物联网基础安全"百企千款"产品培育计划,建设安全公共服务平台,开展安全能力评估,打造"物联网安心产品"。

---

① 工业和信息化部办公厅发布,自 2020 年 4 月 30 日起开始实施,现行有效。
② 工信部等八部委联合发布,自 2021 年 9 月 10 日起开始实施,现行有效。

【参考案例】

浙江管局开展杭州地区物联网卡安全管理专项检查①

为深入贯彻落实习近平总书记关于打击治理电信网络新型违法犯罪重要指示精神,切实加强物联网卡源头治理与综合治理,进一步夯实安全基础,严防安全风险,筑牢安全底线,2021 年 11 月 23 日至 25 日,浙江省通信管理局对杭州电信、杭州移动、杭州联通三家基础电信运营企业的物联网卡安全管理工作进行了专项检查。

检查组重点检查了各企业贯彻落实《工业和信息化部办公厅加强物联网安全管理工作的通知》、《关于印发〈物联网卡安全分类管理实施指引(试行)〉的通知》等相关文件的情况。通过听取汇报、座谈交流、查阅资料等方式,对各企业物联网卡的登记信息合规率、技术管控手段有效性、合同签署规范性等内容进行了检查;结合工信部近期下发的《关于加强车联网网络安全和数据安全的通知》及《关于加强车联网卡实名登记管理的通知》相关要求,着重检查了车联网卡的实名登记情况、个人信息保护及网络安全防护能力。此次检查共涉及物联网卡 2983117 张。

检查组对发现的问题分别向三家基础电信运营企业进行了反馈,并要求各企业立即制定整改方案,落实整改措施,确保第一时间完成问题整改。要求各企业严格按照工业和信息化部及浙江省通信管理局关于物联网卡安全管理的工作部署,强化管理,狠抓落实,提升安全管理能力,筑牢安全管理屏障,切实维护人民群众的合法权益。

下一步,浙江省通信管理局将持续督促企业严格落实物联网卡安全管理工作相关要求,坚持问题导向、强化源头治理、规范业务发展,进一步抓牢目标、抓实责任、抓严督查、抓细考核,从严从紧做好物联网卡安全管理工作。

第十三条(真实主叫号码的要求)

第十三条 电信业务经营者应当规范真实主叫号码传送和

---

① 浙江省通信管理局,2021 年 12 月 1 日,https://zjca.miit.gov.cn/xwdt/gzdt/jgdt/art/2021/art_fc938b55f8a7454ca7bc7b513f7fd3d6.html。

电信线路出租,对改号电话进行封堵拦截和溯源核查。

电信业务经营者应当严格规范国际通信业务出入口局主叫号码传送,真实、准确向用户提示来电号码所属国家或者地区,对网内和网间虚假主叫、不规范主叫进行识别、拦截。

【本条主旨】

本条是关于真实主叫号码的规定。本条有两款,第一款是电信业务经营者的封堵责任、拦截责任和溯源核查责任;第二款是电信业务经营者的来电显示责任和拦截责任。

【核心概念】

主叫号码

1. 主叫号码,是指主动拨打电话的号码。

2. 主叫号码传送,即主叫号码信息识别及传送(CID,Calling Identity Delivery)、来电显示,是指在被叫用户的终端设备上显示并存储主叫号码供被叫用户查询的服务。同时,也可以根据需求显示主叫号码用户的姓名、呼叫日期、时间等信息。

电信线路出租

1. 电信线路出租业务,是指电信业务经营者将公用电信网中的电话电路、电报电路、宽频带电路和数字电路等电信线路出租给用户专用的业务。

2. 语音专线业务,是指将单位用户的专用电信网接入公用电信网,为单位用户提供固定通信业务、IP电话业务和传真业务等。语音专线业务属于电信线路出租业务的一种。

3. 在境内,基于改号软件(非法VoIP软件)的改号电话必须通过专用电信线路才能进入公用电信网,因此规范电信线路出租业务的目的是防止改号电话通过其进入公用电信网。

改号电话

1. 改号电话,是指在呼叫中改变主叫号码为其他电话用户的号码。

2. 虚假主叫,是指在呼叫中改变主叫号码为不存在的号码,包括没有实际投入使用的电话号码或缺号多号的电话号码等。在本条中,改号电话和虚假主叫是同义概念,是指在呼叫中改变主叫号码为其他电话用户的号码或不存在的号码。

3. 改号电话可以通过改号软件实现,改号软件,是指非法 VoIP(基于 IP 的语音传输,Voice over Internet Protocol)软件。

4. 目前,改号电话进入公用电信网的途径主要有两种:在境内,基于改号软件的改号电话通过专用电信线路进入公用电信网;境外改号电话利用境外移动运营商的电信网通过国际通信业务出入口局进入境内公用电信网。

5. 改号电话也可以通过呼叫前转业务实现。呼叫前转业务,也称呼叫转移,是指将呼叫转移到预先指定的电话号码。

6. 改号电话的危害在于两方面:一方面,电话用户难以从主叫号码传送中获得有用信息,甚至从主叫号码传送中获得误导性信息,这有利于犯罪人进一步实施违法犯罪活动,如伪造成公检法和党政部门便民电话的改号电话。另一方面,非真实主叫号码会阻碍有关部门的追责工作。

国际通信业务出入口局

1. 国际通信业务出入口局,是指依据《国际通信出入口局管理办法》设置的国际通信信道出入口、国际通信业务出入口和边境地区国际通信出入口,其目的是实现境内电信业务经营者和境外电信业务经营者的业务和数据相互连通。在境内从事国际通信业务,必须通过工业和信息化部(原信息产业部)批准设立的国际通信出入口进行,任何组织和个人不得利用其他途径进行国际通信。

2. 国际通信业务出入口局的设置采取审批制。国际通信业务出入口局的设置应当由国有独资的电信业务经营者申请,并由工业和信息化部审批,未经工业和信息化部批准,任何单位和个人不得以任何形式设置国际通信出入口。

3. 境外改号电话会利用境外移动运营商的电信网通过国际通信业务出入口局进入境内公用电信网,因此规范国际通信业务出入口局主叫号码传送的目的是防止境外改号电话通过其进入境内公用电信网。

网内、网间

网内是指同一电信网内;网间是指不同电信网间,如不同公用电信网之间、公用电信网与专用电信网之间。在本条,网内是指同一基础电信业务经营者的电信网内;网间是指不同基础电信业务经营者的电信网间。

不规范主叫

1. 不规范主叫,是指主叫号码显示不符合行业规定和行业标准等情况。网间主叫号码显示主要由《关于网间主叫号码的传送》、《网间主叫号码的传送(补充件 2)》、《网间主叫号码的传送(补充件 3)》、《网间主叫号码的传送(补充件 4)》等文件规范,主叫号码显示不符合上述标准的情况就是网间不规范主叫。

2. 不规范主叫和虚假主叫的区别。前者是电信业务经营者不规范传送主叫号码所导致的,后者是电话用户改变主叫号码所导致的。不规范主叫同样会阻碍有关部门的追责工作。

【条文详解】

一、真实主叫号码传送的意义

真实主叫号码传送和电话用户实名制共同发挥打击治理电信网络诈骗活动的作用。首先,对于电话用户来说,真实主叫号码传送发挥提醒、警示的作用,电话用户可以通过主叫号码传送获得主叫号码及其用户的信息。一般来说,电话用户对完全陌生的电话号码、非本地电话号码甚至其他国家的电话号码有一定的警惕性,不会轻信陌生人的转账要求。但不法分子将外地、境外主叫号码伪装成本地、境内主叫号码,或者将主叫号码伪装成具有公信力的公检法和党政部门的主叫号码,使电话用户获取错误信息,可能导致电话用户警惕性下降,便于不法分子进一步实施诈骗活动。其次,真实主叫号码传送支持有关部门在被害人不慎被欺骗转移财产后,依据主叫号码用户的身份信息采取一系列紧急补救措施,如,公安机关对与主叫号码用户相关联的银行账户采取涉案资金紧急止付、快速冻结措施来减少被害人的损失。相反,改号电话导致有关部门难以快速核查主叫号码用户的真实身份信息并立即采取紧急补救措施,极有可能造成不可挽回的损失。最后,真实主叫号码传送支持有关部门开展追责工作。在电信网络诈骗活动实际发生后,公安机关和电信主管部门可以通过主叫号码用户的身份信息及留存的呼叫记录追究相关单位和个人的行政责任或刑事责任,相反,改号电话会阻碍其追责工作,难以对不法分子形成有效威慑。

二、改号电话进入公用电信网治理方法

打击治理改号电话主要从两方面着手：一方面，防止改号电话在境内产生，如清理改号软件、规范呼叫前转业务；并在专用电信线路拦截已经产生的改号电话，防止改号电话通过专用电信线路进入公用电信网，如规范语音专线出租业务。另一方面，规范国际通信业务出入口局主叫号码传送，防止境外改号电话通过国际通信业务出入口局进入境内公用电信网，并在公用电信网内和网间进一步拦截已经进入公用电信网的改号电话。

三、电信业务经营者的责任

工业和信息化部等有关部门已经发布了一系列法律文件要求电信业务经营者采取措施减少不法分子利用改号电话实施电信网络诈骗活动，包括《打击治理电信网络新型违法犯罪专项行动工作方案》、《工业和信息化部关于进一步做好防范打击通讯信息诈骗相关工作的通知》、《最高人民法院、最高人民检察院、公安部等关于防范和打击电信网络诈骗犯罪的通告》、《工业和信息化部关于进一步防范和打击通讯信息诈骗工作的实施意见》等法律文件，但这些法律文件属于规范性文件，法律位阶较低。本条认可上述规范性文件中关于打击治理改号电话的经验和措施，将其上升为法律，使之形成长效稳定的制度；同时，工业和信息化部等有关部门应当根据反诈工作实际需要进一步完善相关制度。

本条第一款规定的是电信业务经营者的封堵责任、拦截责任和溯源核查责任。其目的是实现全链条监管，防止改号电话在境内产生，或防止已经产生的改号电话通过专用电信线路进入公用电信网，并在电信网络诈骗活动实际发生后，溯源核查改号电话进入公用电信网的途径来追究相关单位和个人的责任。本条第二款规定的是电信业务经营者的拦截责任，其目的是防止境外改号电话叫通过国际通信业务出入口局进入境内公用电信网。同时，本条也规定了电信业务经营者的来电责任，其目的是提醒用户注意来电所属的国家或地区，对可疑国家或地区来电提高警惕或直接拒接。

（一）电信业务经营者的封堵责任

电信业务经营者的封堵责任是指电信业务经营者应当采取措施防止改号电话在境内产生。根据《工业和信息化部办公厅关于进一步清理整治网上改

号软件的通知》,电信业务经营者和互联网企业应当通过关键词屏蔽、软件下架、信息删除、账号封停等手段在网站页面、搜索引擎、手机应用软件商店、电商平台、社交平台等空间清理改号软件及其衍生和变形工具,阻断改号电话网上发布、搜索、传播、销售、宣传渠道,防止改号电话在境内产生。根据《工业和信息化部关于进一步防范和打击通讯信息诈骗工作的实施意见》,基础电信企业集团公司应当从严管理呼叫转移业务,统一审核呼叫转移业务的开通并建立台账,防止呼叫转移业务被用于电信网络诈骗活动。

(二)电信业务经营者的拦截责任

电信业务经营者的拦截责任是指电信业务经营者应当采取措施在专用电信线路、国际通信业务出入口局以及公用电信网内和网间拦截改号电话。

1. 在专用电信线路拦截改号电话的责任

参考《工业和信息化部关于进一步做好防范打击通讯信息诈骗相关工作的通知》和《工业和信息化部关于进一步防范和打击通讯信息诈骗工作的实施意见》,电信业务经营者应当健全语音专线出租等专用电信线路出租业务的用户资质审查制度和业务审批制度,从严审查用户资质、从严审批业务,严禁向个人用户出租专用电信线路,防止专用电信线路被用于电信网络诈骗活动;基础电信企业集团公司应当全面落实专用电信线路出租业务备案和检查工作,要求所属各级电信业务经营者填报专用电信线路出租业务的客户资质、使用用途、线路类型、接入位置、对端接入设备类型、允许传送的主叫号码等信息,并定期抽查复核。同时,各级电信业务经营者应当建立健全专用电信线路的主叫鉴权机制,即验证试图通过专用电信线路进入公用电信网的用户是否拥有进入的权利,对没有鉴权的主叫呼叫一律拦截,除特殊用户外,拦截一切主叫号码为空号以及设置主叫号码禁显的主叫呼叫,防止改号电话通过专用电信线路进入公用电信网。

2. 在国际通信业务出入口局拦截境外改号电话的责任

电信业务经营者应当根据《工业和信息化部关于进一步做好防范打击通讯信息诈骗相关工作的通知》和《工业和信息化部关于进一步防范和打击通讯信息诈骗工作的实施意见》的要求,按照行业规定、《网间主叫号码的传送》等技术标准和《关于加强国际来话中"+86"主叫号码传送管理的通知》的要求传送国际主叫号码,在国际通信业务出入口局拦截"+86"(+86是中国大陆的国际电话区号)国际改号电话以及公安机关核实通报的伪造国内公检法和党政部门便民电话的国际改号电话,删除主叫号码携带的"通用号码"信息,防止境外改号电话通过国际通信业务出入口局进入境内公用电信网。

3. 在公用电信网内和网间拦截改号电话与不规范主叫的责任

根据《工业和信息化部关于进一步做好防范打击通讯信息诈骗相关工作的通知》和《工业和信息化部关于进一步防范和打击通讯信息诈骗工作的实施意见》,电信业务经营者应当按照行业规定和《网间主叫号码的传送》等技术标准的要求传送主叫号码,建立必要的公用电信网内和网间改号电话监测、拦截技术手段,在公用电信网内和网间拦截不符合行业规定和技术标准的不规范主叫,除特殊用户外,拦截一切主叫号码为空号以及设置主叫号码禁显的主叫呼叫。同时,电信业务经营者应当与国家计算机网络与信息安全管理中心等单位合作,开展有关改号电话监测、拦截技术的研究,进一步提升对网络改号电话的监测、发现、拦截、处置能力。

（三）电信业务经营者的溯源核查责任

电信业务经营者的溯源核查责任是指电信业务经营者按照电信主管部门和公安机关的要求倒查已经进入公用电信网的改号电话进入公用电信网的途径。参考《工业和信息化部关于进一步做好防范打击通讯信息诈骗相关工作的通知》和《工业和信息化部关于进一步防范和打击通讯信息诈骗工作的实施意见》,电信业务经营者应当留存专用电信线路出租业务的备案、主叫呼叫过程的鉴权日志以及境外主叫呼叫通过国际通信业务出入口局的记录等数据,在电信网络诈骗活动实际发生后,通过留存的备案、日志和记录倒查境内外改号电话进入公用电信网的途径以及为改号电话进入公用电信网提供帮助的单位和个人。相应地,电信业务经营者应当关停传送改号电话的专用电信线路,终止与提供帮助的单位和个人的合作,如果涉嫌违法犯罪的,电信主管部门和公安机关应当根据留存的备案、日志和记录依法追究有关单位和个人的行政责任和刑事责任。

（四）电信业务经营者的来电显示责任

电信业务经营者的来电显示责任,即对来电显示的规范性、真实性要求,是指电信业务经营者应当真实、准确向用户提供主叫号码及其用户的信息。参考《工业和信息化部关于进一步做好防范打击通讯信息诈骗相关工作的通知》和《工业和信息化部关于进一步防范和打击通讯信息诈骗工作的实施意见》,电信业务经营者应当按照行业规定和《网间主叫号码的传送》等技术标准的要求传送主叫号码,真实、准确地向用户传送主叫号码所属国家或地区的国际电话区号、所属国内地方的长途电话区号,向用户提示来电号码所属国家或地区,不得传送缺位、错位、主叫号码为空号以及设置主叫号码禁显的主叫呼叫,以便用户准确获取主叫号码及其用户的信息,甄别判断是否接听电话。目前,电信业务经营者为绝大多数电话用户提供免费的来电显示业务,并将在3—5年内逐步取消来电显示业务的费用。

【参考规定】

1.《打击治理电信网络新型违法犯罪专项行动工作方案》①

集中治理电信、银行领域的突出问题。工业和信息化部要指导督促各电信企业严格落实各项文件规定,规范国际主叫号码传送,切断境外网络改号电话通过国际端口局进入国内的通道,提高对网络改号电话的发现、核实、检测和拦截能力。中国电信、中国联通、中国移动要集中清理整治违规出租电信线路、非法设置 VoIP 经营平台、制作传播改号软件等违法违规经营行为,进一步加强"一号通"、"400"、"商务总机"等重点电信业务市场的规范管理,对于违规使用的电话号码、电信线路等一律关停,对有关人员依法依规处理。深入推进整治"黑卡"专项行动,加强电话卡、上网卡实名登记和联网核查工作,加强对社会营销渠道的管理,规范网络销售电话卡业务,杜绝记名不实名的情况发生。对在 2013 年 9 月 1 日之前已入网使用通信服务,但未实名登记的用户要采取各种有效措施,切实抓好实名补登工作。人民银行、银监会要指导督促各商业银行严格落实银行账户实名制,整顿代办银行卡、乱开卡、批量开卡等问题,建立涉案银行卡黑名单制度和涉案账户电子化查询平台,严格执行银联卡境外取款限制的规定,切断赃款流出境外的通道。督促包括第三方支付企业在内的非银行支付机构严格按照规定,在开户、POS 机申领的各个环节进行实名登记,配合公安机关快速查询资金流向及各类电子交易数据。对于非实名登记银行账户、第三方支付账户、人卡分离境外使用的账户,一律予以封停。

---

① 国务院打击治理电信网络新型违法犯罪工作部联席会议办公室发布,自 2015 年 11 月 4 日起开始实施,现行有效。

2.《工业和信息化部关于进一步做好防范打击通讯信息诈骗相关工作的通知》①

二、主要任务和工作措施

(一)整顿规范重点电信业务经营秩序

1. 严格规范语音专线出租业务。一是各基础电信企业要进一步健全语音专线用户资质审查和业务出租审批制度,坚决杜绝无审查、审批出租语音专线,严禁向个人出租语音专线,严禁无呼叫中心业务经营许可资质的企业租用语音专线经营呼叫中心业务。强化业务出租合同的责任约束,合同中必须明示允许传送的真实有效主叫号码或号段。二是各基础电信企业集团公司要全面落实语音专线出租备案与检查制度,要求所属各级企业认真填报出租专线的客户资质、使用用途、线路类型、接入位置、对端接入设备类型、允许传送的主叫号码等信息,并定期抽查复核。

2. 切实规范"一号通"、"400"、商务总机业务。各基础电信企业要严格落实上述电信业务实名登记制度,加强用户登记信息核实,严禁向个人用户提供"400"、商务总机业务,"400"、商务总机业务真实落地号码必须为申请单位实名办理的电话号码。对用户资质发生变化的,要建立复核制度,及时更新登记信息。在同一基础电信企业全国范围内申请多个"一号通"、"400"、商务总机业务号码的,要从严审核,加强监管。

3. 加强电话用户实名登记。各单位要继续深入贯彻落实《电话"黑卡"治理专项行动工作方案》(工信部联保〔2014〕570 号,以下简称"570 号文")部署,加大对违规批量办理、非实名办理电话卡行为的整治力度,对未实名登记用户,基础电信企业和移动通信转售业务经营者要采取有力措施加快推进完成实名补登。同时,各基础电信企业要加大力度,全面清理解决网络宽带地址虚假登记问题。

4. 从严管理社会营销渠道。一是各基础电信企业要严格执行社会营销渠道代理资质审核制度,加强代理行为监管,严禁社会营销渠道转租转售语音专线、"一号通"、"400"、商务总机业务。二是今后涉及语音专线、"一号通"、"400"、商务总机业务的用户资质审核、实名认证、签约开户、投诉复核等环节均须由基础电信企业负责,并承担管理责任。

---

① 工信部网安函〔2015〕601 号。

（二）坚决遏制虚假主叫传输与改号软件传播

1. 严格规范国际通信业务出入口局主叫号码传送。各基础电信企业集团公司要认真对照《网间主叫号码的传送》等技术标准以及《关于加强国际来话中"+86"主叫号码传送管理的通知》（工信部电管函〔2013〕248号）要求，全面开展自查整改，全面落实"+86"国际虚假主叫拦截，严格规范国际主叫号码传送。对公安部核实并书面通报的涉嫌通讯信息诈骗的国际来话虚假主叫号码，由各基础电信企业集团公司在国际通信业务出入口局列入黑名单进行拦截。

2. 全面实施语音专线主叫鉴权。各基础电信企业集团公司要组织所属省、市、县三级基础电信企业，加快完成老旧设备改造，全面落实语音专线主叫鉴权机制，对未鉴权的主叫呼叫一律进行拦截，除特殊用户外，不得传输主叫号码为空号以及设置主叫号码禁显的呼叫，坚决遏制虚假改号呼叫通过语音专线落地传输问题。

3. 加大网内和网间虚假主叫发现与拦截力度。各基础电信企业要建立必要的网内技术监测手段，对发现的虚假改号呼叫，固定证据后进行技术拦截。加强协同配合，建立健全网间虚假号码呼叫的联动处置机制。

4. 集中清理改号软件。提供搜索引擎、电商平台、应用商店、社交网络等服务的相关增值电信服务企业，加大清理力度，通过关键词屏蔽、APP下架等方式，斩断改号软件的网上发布、搜索、传播、销售、宣传渠道。中国互联网协会要充分发挥行业自律组织优势，加强对改号软件的社会举报受理，组织、督促应用商店及时下架。

3.《最高人民法院、最高人民检察院、公安部、工业和信息化部、中国人民银行、中国银行业监督管理委员会关于防范和打击电信网络诈骗犯罪的通告》[①]

第四条 电信企业立即开展一证多卡用户的清理，对同一用户在同一家基础电信企业或同一移动转售企业办理有效使用的电话卡达到5张的，该企业不得为其开办新的电话卡。电信企业和互联网企业要采取措施阻断改号软件网上发布、搜索、传播、销售渠道，严禁违法网络改号电话的运行、经营。电信企业要严格规范国际通信业务出入口局主叫号码传送，全面实施语音专线

---

① 最高人民法院等多部门联合发布，自2016年9月23日起开始实施，现行有效。

规范清理和主叫鉴权,加大网内和网间虚假主叫发现与拦截力度,立即清理规范"一号通"、"商务总机"、"400"等电话业务,对违规经营的网络电话业务一律依法予以取缔,对违规经营的各级代理商责令限期整改,逾期不改的一律由相关部门吊销执照,并严肃追究民事、行政责任。移动转售企业要依法开展业务,对整治不力、屡次违规的移动转售企业,将依法坚决查处,直至取消相应资质。

4.《工业和信息化部关于进一步防范和打击通讯信息诈骗工作的实施意见》①

二、大力整顿和规范重点电信业务

(六)全面开展存量用户自查清理。2016年11月底前,各基础电信企业要全面完成语音专线和"400"、"一号通"、"商务总机"等存量重点电信业务排查清理。对未进行主体信息登记、虚假登记、登记信息不完整、未登记使用用途或者实际用途与登记用途不符合、资质不符或者存在其他不符合业务运营和使用规范、使用异常的,要督促用户限期整改,问题严重、拒不整改或未按要求整改的,一律依法予以取缔。2016年11月底前,各基础电信企业要将上述重点电信业务自查清理情况书面报部及所在地通信管理局。

(七)从严加强新用户入网审核和管理。一是严格申请主体资格。语音专线和"400"、"一号通"、"商务总机"等重点电信业务的申办主体必须为单位用户,严禁发展个人用户。二是严格办理渠道。用户必须在基础电信企业自有实体渠道申请办理上述重点电信业务,并由基础电信企业负管理责任,严禁代理渠道或网络渠道代为办理。三是严格资质核验。申请用户应当提供单位有效证照(企业用户应当提供营业执照,政府部门、事业单位、社会团体用户应当提供组织机构代码证)、法定代表人的有效身份证件、申请单位办理人的有效身份证件,属申请资源经营电信业务的,要同时提供相应的电信业务许可证。基础电信企业要严格核验、登记与留存上述证照信息以及业务使用用途。四是严格申请数量。同一用户在同一基础电信企业全国范围内申请"400"、"一号通"、"商务总机"等重点业务号码,每类原则上不得超过5个。五是严格台账管理。各基础电信企业集团公司和各省级公司要在2016年底前分别建立上述重点电信业务统一台账,并动态更新管理,确保监管部门可随

---

① 工业和信息化部发布,自2016年11月4日起开始实施,现行有效。

时依法查询用户的登记情况、使用状态和业务变更记录。

（八）从严加强业务外呼管理。一是严格外呼审批。用户申请"400"、"商务总机"外呼以及自带95、96等字头短号码通过租用语音专线开展外呼的，必须由基础电信企业省级及以上公司从严审批并负管理责任，业务合同中必须明示允许的外呼号码或号段以及外呼用途、时段、频次等。新增"一号通"一律禁止外呼。二是建立外呼白名单制度。各基础电信企业允许外呼的上述重点电信业务号码必须为本网实际开通的、属本企业分配的号码或号段，并统一纳入白名单管理，对白名单以外的外呼号码一律进行拦截。通过本网中继外呼时，严禁使用它网的固定、移动用户号码或"400"等业务号码。

（九）强化业务合同责任约束。各基础电信企业要进一步强化上述重点电信业务合同约束，细化责任条款，明确规定发现冒用或伪造身份证照、违法使用、违规外呼、呼叫频次异常、超约定用途使用、转租转售、被公安机关通报以及用户就上述问题投诉较多等情况的，核实确认后，一律终止业务接入。2016年底前，各基础电信企业要与存量用户全部补签订相关责任条款。

（十）建立健全业务使用动态复核机制。2016年底前，各基础电信企业要采取必要的管理与技术措施，建立随机拨测、现场随机巡检、用户资质年度复核等制度，加强对重点电信业务使用的动态管理。发现违规使用的，依据相关管理规范和业务协议从严从重处置，并通报通信管理部门依法依规处理，涉嫌违法犯罪的通报公安机关。

三、坚决整治网络改号问题

（十一）严格规范号码传送和使用管理。一是严格防范国际改号呼叫。各基础电信企业要对从境外诈骗电话来话高发区输入的国际来话进行重点管理甄别，对"+86"等不规范国际来话，以及公安机关核实通报的伪造国内公检法和党政部门便民电话的虚假主叫号码，在国际通信业务出入口局一律进行拦截。对携带"通用号码"的来话，在国际通信业务出入口局和国内网间互联互通关口局将其"通用号码"信息一律予以删除。二是严格规范主叫号码传送。落实号码传送行业规定和有关行业标准。禁止违规传送主叫号码为空号或设置主叫号码禁显的呼叫。各基础电信企业在网间关口局对不符合号码管理、网间互联规定和标准的违规呼叫、违规号码一律进行拦截。从严管理语音专线呼叫转移业务功能，确需开通的，应当由基础电信企业集团公司统一审核并建立台账；各基础电信企业要在2016年11月底前全面完成已经开通的语音专线呼叫转移功能排查清理。三是严格号码使用管理。号码使用者应当严格遵循号码管理的各项规定,按照通信管理部门批准的地域、用途、位长格式规范使用号码,禁止转让。四是提升网络改号电话发现处置能力。各基础电信企业要会同国家计算机网络与信息安全管理中心等单位,开展网络改号电话检测技术研究,进一步提升对网络改号电话的监测、发现、拦截、处置能力。

(十二)全面落实语音专线主叫鉴权机制。2016 年底前,各基础电信企业语音专线主叫鉴权比例按规范达到 100%,对未按规范进行主叫鉴权的呼叫一律拦截。同时,建立主叫呼叫过程的鉴权日志留存和稽核等机制,发现传送非业务合同约定的主叫号码的语音专线一律关停,对存在私自转接国际来话、为非法 VoIP 和改号电话提供语音落地、转租转售等严重问题的专线用户,应全面终止与其合作,并报通信管理部门依法依规处理。

(十三)建立网络改号呼叫源头倒查和打击机制。严禁违法网络改号电话的运行、经营。对用户举报以及公安机关通报的网络改号电话等,通信管理部门组织基础电信企业联动倒查其话务落地源头,对为改号呼叫落地提供电信线路等资源的单位或个人,立即清理停止相关电信线路接入;涉及电信企业的,依法予以处理,并严肃追究相关部门和人员的管理责任;涉嫌违法犯罪的通报公安机关。各基础电信企业要建立健全内部快速倒查机制,设立专人负责工作对接,并按照通信管理部门规定时限要求留存信令数据。基础电信企业因规定的信令留存时限不满足等自身原因致使倒查工作无法开展的,作为改号电话呼叫来源责任方。

(十四)坚决清理网上改号软件。2016 年 11 月底前,相关互联网企业要通过关键词屏蔽、软件下架、信息删除和账户封停等方式,对网站页面、搜索引擎、手机应用软件商城、电商平台、社交平台上的改号软件信息进行深入清理,切断下载、搜索、传播、兜售改号软件的渠道。

5.《工业和信息化部办公厅关于进一步清理整治网上改号软件的通知》①

一、各基础电信企业和互联网企业要高度重视,履行主体责任,强化社会担当,在前期工作的基础上,在今年 11 月底前进行再部署、再巩固,加大力度,严查快办,坚决清理网上改号软件,切实维护广大人民群众合法权益。同时,

---

① 工业和信息化部办公厅发布,自 2016 年 11 月 22 日起开始实施,现行有效。

坚持守土有责,健全长效机制,加强防范管理,筑牢安全防线,绝不能在自己的业务平台上或服务过程中出现漏洞,让改号软件得以滋生和蔓延,给违法犯罪分子以可乘之机。

二、各基础电信企业和互联网企业要切实采取有效措施,在网站页面、搜索引擎、手机应用软件商店、电商平台、社交平台等空间,通过关键词屏蔽、软件下架、信息删除、账号封停等手段,对网上改号软件及其衍生和变形工具进行全面、彻底、深入地清理,坚决阻断改号软件网上发布、搜索、传播、销售渠道,让非法改号软件"发不出、看不见、搜不到、下载不了",在各类网络空间无迹可寻。

三、搜索引擎服务企业要加强对网上改号软件的搜索屏蔽,建立完善改号软件关键词屏蔽库并对其各种变形衍生词汇及时进行更新补充;对提供改号软件下载、售卖和使用信息的搜索结果予以删除,禁止改号软件通过搜索引擎在网上传播。

四、手机应用软件商店服务企业要建立健全软件上架审核机制,严禁改号软件上架。同时,加强对既有应用软件的排查,对发现的改号软件应立即下架,并将该款软件应用及其开发者列入黑名单。对列入黑名单的改号软件开发者,应向公安机关报告,并将其所有应用软件下架三个月进行整改。

五、各电商平台、社交平台、软件下载网站和即时通信服务企业要加强对改号软件信息的监控和违规主体的处置,及时删除改号软件的各种推广、售卖信息和下载链接,对累计违规次数达到 3 次的电商商户、信息网站、账号和公众号等立即予以关停,并将相关商户和账号信息报告公安机关处理。

六、各基础电信企业和互联网企业要建立改号软件的举报机制并向社会公开举报渠道,对收到的举报应及时核查、处理和反馈,发现一个清除一个,保持对网上改号软件的高压打击态势,坚决防止死灰复燃。

七、中国互联网协会要继续组织开展行业自律工作,做好"12321"举报中心的举报受理与跟踪督办,推动相关企业加强改号软件关键词屏蔽库、手机应用软件商店黑名单等信息的互通和共享,健全完善"一点发现,百店联动,全网清除"的快速响应和协同处置机制,形成对改号软件共同打击、群防群治的长效工作局面。

八、对各基础电信企业和相关互联网企业的落实情况,我部和各地通信管理局将加强监督检查,定期和不定期组织抽查检测,对清理整治不力、落实不到位的,将按照《实施意见》严肃问责,向全社会曝光并向中央综治办等有关部门通报,情节严重的移交公安机关依法处理。

九、请各企业、中国互联网协会于每月 1 日和 15 日前将改号软件的清理成果和统计数据报部(信息通信管理局)。

【参考案例】

冷景高帮助信息网络案①

案件事实

被告人冷景高在其开设的淘宝店铺上出租上海铁通等固定电话号码,在明知有的租用者从事诈骗等违法犯罪的情况下,为牟利仍提供了呼叫转接(固定电话绑定指定手机号码)及充值话费等通讯服务。在被害人楼某被骗人民币 359 万的电信网络诈骗案中,诈骗团伙使用的诈骗电话号码之一021××××0922,是冷景高当时出租的固定电话号码。冷景高其他出租的 145 张固定电话卡还涉及全国电信诈骗案件 400 余件,涉案金额超过 2000 万元。

法院判决

被告人冷景高知道租用者可能利用其出租的固定电话号码从事诈骗等违法犯罪活动,仍为了牟利,为租用者提供呼叫转接及充值话费等通讯服务,放任危害结果的发生,符合间接故意的主观心理态度。根据《刑法》第二百八十七条之二第一款:明知他人利用信息网络实施犯罪,为其犯罪提供互联网接入、服务器托管、网络存储、通讯传输等技术支持,或者提供广告推广、支付结算等帮助,情节严重的,处三年以下有期徒刑或者拘役,并处或者单处罚金。被告人冷景高明知他人利用信息网络实施犯罪,为其犯罪提供通讯传输等技术支持,情节严重,其行为构成帮助信息网络犯罪活动罪。

第十四条(涉诈设备、软件的治理)

第十四条　任何单位和个人不得非法制造、买卖、提供或者使用下列设备、软件:

---

① 绍兴市上虞区人民法院(2016)浙 0604 刑初 1032 号刑事判决书。

（一）电话卡批量插入设备；

（二）具有改变主叫号码、虚拟拨号、互联网电话违规接入公用电信网络等功能的设备、软件；

（三）批量账号、网络地址自动切换系统，批量接收提供短信验证、语音验证的平台；

（四）其他用于实施电信网络诈骗等违法犯罪的设备、软件。

电信业务经营者、互联网服务提供者应当采取技术措施，及时识别、阻断前款规定的非法设备、软件接入网络，并向公安机关和相关行业主管部门报告。

【本条主旨】

本条是关于对涉诈设备、软件治理的规定。本条有两款，第一款是单位和个人不得非法制造、买卖、提供或者使用涉诈设备、软件的消极义务；第二款是电信业务经营者、互联网服务提供者识别、阻断、报告涉诈设备、软件的责任。

【核心概念】

电话卡批量插入设备

1. 常见的电话卡批量插入设备有猫池（Modem POOL）、多卡宝（SIM BOX）、GOIP 网关。常见的电话卡批量插入设备最多可以同时插入 256 张电话卡，有批量拨打电话、收发短信和注册互联网账号的功能。

2. 电话卡批量插入设备主要用于政府部门和企事业单位的呼叫中心中，但因其批量拨打电话和收发短信的功能而被广泛地用于电信网络诈骗活动中。呼叫中心，也称客户服务中心，是指政府部门和企事业单位利用固定电话、移动电话以及互联网等向社会公众或用户提供有关该单位的业务咨询、信息咨询和数据查询等服务。

改变主叫号码软件

1. 具有改变主叫号码功能的软件主要改号软件，即非法 VoIP（基于 IP 的语音传输，Voice over Internet Protocol）软件。非法 VoIP 软件可以在呼叫中改变主叫号码为其他电话用户的号码或不存在的号码。

2. VoIP 技术在 IP 电话业务、信息即时交互服务中被广泛运用，平常所说的互联网电话以及 QQ、微信语音通话（视频通话）都运用到了 VoIP 技术。但 VoIP 技术具有穿透性，可以将主叫号码改变成任意号码，因此被用于电信网络诈骗活动。

虚拟拨号

1. 虚拟拨号，是指用虚拟号码拨号。虚拟号码，是指虚拟的电话号码，通常比电信业务经营者发布的电话号码更长或更短，用于互联网电话中，具有和常规电话号码同样的功能。同时，可以利用呼叫转移等业务将虚拟号码与常规电话号码绑定。

2. 具有虚拟拨号功能的设备有 GOIP 网关（基于 IP 的信号传输，GSM Over Internet Protocol）。境外的不法分子可以远程操控 GOIP 网关，使用其插入或连接的多张电话卡（常见的 GOIP 网关可以同时插入 128 张移动电话卡），实现远程操控、人卡分离、批量拨打电话和收发短信的功能。GOIP 网关可以说是非法 VoIP 软件的升级版，其原理也是将电话的模拟信号转化为数字信号通过互联网与固定电话或移动电话通信。与非法 VoIP 软件不同的是，GOIP 网关不具有改号功能，主叫号码只能显示插入 GOIP 网关的电话卡的号码，但 GOIP 无需通过专用电信线路进入公用电信网。

3. GOIP 网关原本是为企业群发广告短信等作用而设计的，目前被大量的用于电信网络诈骗活动中。

互联网电话违规接入公用电信网络

1. 互联网电话，也称 IP 电话，其技术基础是 VoIP 技术。互联网电话分为由固定网或移动网（电信网）与互联网共同提供的电话业务以及由互联网提供的电话业务两种，在《电信业务分类目录》中，前者被称为 IP 电话业务；后者被称为信息即时交互服务。在实际中两者经常混用，但互联网电话违规接入公用电信网络的问题主要存在于 IP 电话业务中。

2. 根据《电信条例》，经营 IP 电话业务必须经过工业和信息化部批准并取得《基础电信业务经营许可证》；同时，国家对电信终端设备、无线电通信设备和涉及网间互联的设备实行进网许可制度，接入公用电信网的电信终端设备、无线电通信设备和涉及网间互联的设备，必须符合国家规定的标准并取得进网许可证。因此，具有互联网电话违规接入公用电信网络功能的设备、软件有未获得批准的 VoIP 软件、GOIP 网关。

批量账号、网络地址自动切换系统、批量接收提供短信验证、语音验证的平台

1. 批量账号、网络地址自动切换系统,是指利用计算机技术实现短时间内自动批量切换账号、IP 地址的设备、软件,以便绕过通过识别和限制账号、IP 地址设置的计算机安防保护措施。

2. 典型的网络地址自动切换系统有秒拨动态 IP 切换技术。IP 地址即网络地址,每台计算机在一定时间内 IP 地址固定,相当于计算机的身份证件。相关部门可以通过 IP 地址对电信网络诈骗活动进行溯源,抓捕不法分子,而秒拨动态 IP 切换技术可以在短时间内形成"IP 池",混淆用户的真实 IP 地址,使得相关部门很难通过 IP 地址定位到具体实施电信网络诈骗活动的不法分子。

3. 批量接收提供短信验证、语音验证的平台,是指利用计算机技术实现短时间内自动批量接收或提供短信验证、语音验证功能,并向平台用户提供相关服务的平台,以便绕过要求短信、语音验证的计算机安防保护措施。

【条文详解】

随着国内不断加大打击力度,电信网络诈骗活动已经从早期的"单打独斗型"向"产业型"转变,个人几乎无法单独实施诈骗活动,电话卡、物联网卡、银行账户、支付账户、电信业务、互联网服务用户实名制了对电信网络诈骗活动的可追责性,反诈宣传制度、预警劝阻制度、涉诈资金紧急止付和快速冻结制度以及涉诈异常电话卡、涉诈异常账户、涉诈异常信息、活动监测识别和处置措施等逐渐完善的反诈制度和措施也极大地增加了实施违法犯罪活动的成本。因此,电信网络诈骗活动加速产业化,由上下游违法犯罪活动为其提供设备、软件支持,如,提供手机恶意程序、木马病毒非法收集个人信息,用于实施精准诈骗或办理电话卡和银行卡、注册互联网账号、获取其他电信网络服务;提供"假基站"、非法 VoIP 软件、GOIP 网关用于改变主叫号码、批量拨打诈骗电话和收发诈骗短信;以及提供批量账号、网络地址自动切换系统,绕过通过识别和限制账号、IP 地址设置的计算机安防保护措施,即围绕电信网络诈骗活动形成所谓涉诈"灰黑产业"。打击治理电信网络诈骗活动,不仅应当从诈骗活动本身着手,还应当从涉诈"灰黑产业"着手,没有涉诈"灰黑产业"的支持,境内外不法分子很难成功完成诈骗活动,且在跨国执法司法渠道不通畅的情况下,打击涉诈"灰黑产业"是有效预防跨境电信网络诈骗活动的方法。

本条和本法第二十五条、第三十一条共同构成了打击涉诈"灰黑产业"的制度,其中,本条的打击对象是涉诈"灰黑产业"中用于实施电信网络诈骗等违法犯罪活动的设备、软件(以下简称"涉诈设备、软件"),规定了单位和个人不得非法制造、买卖、提供或者使用涉诈设备、软件的消极义务以及电信业务经营者、互联网服务提供者识别、阻断、报告涉诈设备、软件的责任,来应对不法分子利用层出不穷的新设备、新软件和新技术支持、帮助他人实施电信网络诈骗活动。

本条第一款规定的是单位和个人的消极义务,即任何单位和个人不得非法制造、买卖、提供或者使用涉诈设备、软件。单位和个人不履行消极义务的,应当根据本法第三十九条承担没收违法所得、罚款或拘留的行政责任,或根据《刑法》承担相应的刑事责任。值得注意的是,部分涉诈设备、软件虽然被广泛用于电信网络诈骗活动中,但也有其他合法用途,如具有改变主叫号码功能的软件——VoIP 软件。网络电话软件的基础技术——VoIP 技术,被广泛运用于 IP 电话业务、信息即时交互服务中,平常所说的互联网电话以及 QQ、微信语音通话(视频通话)都运用到了 VoIP 技术,而 VoIP 技术改变主叫号码的功能被用于电信网络诈骗活动中是因为不法分子利用了电信制度的漏洞。因此,单位和个人制造、买卖、提供或者使用涉诈设备、软件是否属于违法犯罪行为,取决于单位和个人是否具有相应资质,单位和个人违反法律关于批准、登记或其他限制的规定制造、买卖、提供或者使用涉诈设备、软件的,属于非法制造、买卖、提供或者使用涉诈设备、软件,是违法犯罪行为;单位和个人依照法律规定取得相应资质,制造、买卖、提供或者使用涉诈设备、软件的,是合法行为,如,没有获得批准向他人提供 VoIP 软件是违法犯罪行为,而取得许可证的企业可以正常开展 IP 电话业务。

本条第二款规定的是电信业务经营者、互联网服务提供者的识别、阻断和报告责任。电信业务经营者、互联网服务提供者应当采取技术措施和其他措施,识别、阻断涉诈设备、软件接入网络,并向公安机关和相关行业主管部门报告。目前,尚无具体的涉诈设备、软件识别、阻断、报告办法,有关部门可以根据反诈工作实际需要和对涉诈设备、软件的调研情况,制定具体的涉诈设备、软件识别、阻断、报告办法,明确涉诈设备、软件的范围,规范涉诈设备、软件的识别、阻断、报告程序,指导电信业务经营者、互联网服务提供者依法履行识别、阻断、报告责任,并在反诈工作实践中不断完善相应制度,以应对新设备、新软件被不断用于电信网络诈骗活动。

【参考规定】

1.《打击治理电信网络新型违法犯罪专项行动工作方案》①

切断电信网络新型违法犯罪产业链。各地在案件侦办过程中,要对上下游犯罪追根溯源,全链条侦查经营,彻底打击。对于提供电话线路落地、服务器租赁的非法线路商,要逐层追查到底,直至电信、联通、移动等基础运营商;对于提供银行卡服务的团伙,要顺线查清收集身份证、组织人员办理、邮寄、贩卖等每一个环节;对于提供手机恶意程序、木马病毒,公民个人信息,"伪基站"、窃听窃照专用器材、无线屏蔽器、"黑广播"等设备的团伙,要彻底查清非法编写、生产、销售和使用的各个环节。公安部要组织对电信网络新型违法犯罪产业链开展严厉打击,注意发现违规违法问题,对于涉嫌违法犯罪的,发现一个坚决查处一个,绝不姑息迁就、降格处理,坚决打深、打透、打彻底。工业和信息化部、人民银行、工商总局、银监会等行业主管部门要予以积极配合。

2.《防范治理电信网络新型违法犯罪工作机制》②

1. 打击治理"伪基站"违法犯罪工作制度(工信部牵头,公安部、中央网信办、工商总局、高法院、高检院配合)。工信部指导各地无线电管理机构进一步提升对"伪基站"的监测定位、逼近查找等技术支撑能力,负责及时发现"伪基站"违法犯罪活动,加强对"伪基站"设备技术参数的检测工作;三家基础电信企业要将掌握的相关证据及时通报公安机关;公安机关负责"伪基站"案件的侦查打击,捣毁窝点、查缴设备、抓获犯罪嫌疑人、依法移送起诉;工商部门积极配合相关部门,加强电子产品市场的监督检查,并对非法销售"伪基站"设备的行为,以及为非法销售"伪基站"设备提供广告设计、制作、代理、发布的行为予以依法查处,涉及犯罪的及时移送公安机关;高法院、高检院负责指导各级法院、检察院依法办理生产、销售、利用"伪基站"实施犯罪的案件,研究法律适用规定、意见;网信办负责督促各互联网网站及时发现、监测涉及

---

① 国务院打击治理电信网络新型违法犯罪工作部联席会议办公室发布,自 2015 年 11 月 4 日起开始实施,现行有效。

② 国务院打击治理电信网络新型违法犯罪工作部联席会议办公室发布,自 2016 年 3 月 20 日起开始实施,现行有效。

"伪基站"的广告信息,及时清理处置。(2016 年 5 月 1 日前完成)

2. 打击治理"黑广播"违法犯罪工作制度(联席办牵头,工信部、公安部、中央网信办、工商总局、质检总局、新闻出版广电总局、民航局、高法院、高检院配合)。无线电管理、民航、新闻出版广电等部门负责发现、监测、定位"黑广播",并及时通报公安机关;公安机关负责"黑广播"案件的侦查打击,及时捣毁窝点、查缴设备、抓获犯罪嫌疑人,依法移送起诉;工商部门积极配合对电子产品市场的监督检查,并根据相关部门提供的情况,对"黑广播"的生产、销售者依照行政法规进行查处;质检总局负责对未取得生产许可证的非法生产企业进行查处;高法院、高检院负责指导各级法院、检察院依法办理生产、销售、利用"黑广播"实施犯罪的案件,研究法律适用的规定、意见;中央网信办负责督促各互联网网站及时发现、监测涉及"黑广播"的广告信息,及时清理处置。(2016 年 5 月 1 日前完成)

3. 电信诈骗犯罪"灰产"及时通报、联合打击制度(联席办牵头,各成员单位配合)。各成员单位要利用部门和行业优势,主动发现为电信诈骗犯罪团伙提供服务的非法电信业务经营者、木马病毒制作者、非法买卖公民个人信息、非法开办和贩卖银行卡、改号电话软件开发商、非法交易软件开发商等各种"灰产"线索,涉及违法违规的,由行业主管部门依法严肃处理;涉及犯罪的,及时通报公安机关依法打击。

【参考案例】

唐雅琪等帮助信息网络犯罪活动案[①]

案件事实

被告人方航明知被告人唐雅琪向其购买 GOIP 无线网关是转售给他人实施电信网络诈骗犯罪,仍销售共 130 台 GOIP 无线网关给被告人唐雅琪。被告人唐雅琪明知他人向其购买 GOIP 无线网关是为了实施电信网络诈骗犯罪,为赚取差价,仍将从被告人方航处购得的 130 台 GOIP 无线网关转售给他人,并为其提供安装、调试及配置 VOS 系统等技术支持。其中,24 台 GOIP 无线网关被他人用于电信网络诈骗,使被害人遭受损失共 641789 元。

---

① 广西壮族自治区北海市中级人民法院(2021)桂 05 刑终 185 号。

法院判决

被告人唐雅琪经深圳市公安局大浪派出所公安民警告知其出售的 GOIP 无线网关被他人用作实施电信网络诈骗犯罪后,为赚取差价仍售卖 GOIP 无线网关,并为他人提供安装、调试及配置 VOS 系统等技术支持,以至出售的 GOIP 无线网关被用于实施电信网络诈骗犯罪。因此,被告人唐雅琪对售卖 GOIP 无线网关给他人用作实施电信网络诈骗犯罪使用存在主观放任的故意。根据《刑法》第二百八十七条之二第一款:明知他人利用信息网络实施犯罪,为其犯罪提供互联网接入、服务器托管、网络存储、通讯传输等技术支持,或者提供广告推广、支付结算等帮助,情节严重的,处三年以下有期徒刑或者拘役,并处或者单处罚金。被告人唐雅琪、原审被告人方航明知他人利用信息网络实施犯罪,仍为多人提供通讯传输等技术支持,情节严重,其行为均已构成帮助信息网络犯罪活动罪。

第三章　金融治理

本法第三章金融治理从第十五条至第二十条共计6个条文,未分节。本章是关于反电信网络诈骗工作中金融领域的治理规定,包括客户尽职调查制度(第十五条),开立银行账户、支付账户的异常识别与限制(第十六条),开立企业账户的风险防控、信息共享与配合制度(第十七条),银行账户、支付账户、支付结算服务的异常监测以及可疑交易、异常信息的收集及保密制度(第十八条),金融机构提供真实完整交易信息的义务(第十九条),涉案资金查询、止付、冻结、解冻和返还制度(第二十条)。

本章既规定了银行业金融机构、非银行支付机构等风险防控主体的责任,又规定了公安机关、中国人民银行、国务院银行业监督管理机构等监管部门的职责。

银行业金融机构、非银行支付机构在反电信网络诈骗工作中应当落实客户尽职调查制度,"了解你的客户";对于账户开户、使用过程中存在的异常情形进行有效识别;建立技术化的风险识别模型;提供真实完整交易信息;配合公安机关完成涉案资金查询、止付、冻结、解冻和返还。

各监管部门应当各司其职。中国人民银行、国务院银行业监督管理机构组织有关清算机构建立跨机构开户数量核验机制和风险信息共享机制,组织各金融机构进行有效信息共享。市场监督管理部门落实企业信息实名制,确保开户企业信息真实、完整、准确。公安部门充分发挥涉案资金查询、止付、冻结、解冻和返还制度中的决定性作用,指挥有关金融机构进行实际操作。

第十五条(客户尽职调查制度)

第十五条　银行业金融机构、非银行支付机构为客户开立银行账户、支付账户及提供支付结算服务,和与客户业务关系存续期间,应当建立客户尽职调查制度,依法识别受益所有人,采取相应风险管理措施,防范银行账户、支付账户等被用于电信网络诈骗活动。

【本条主旨】

本条是关于银行业金融机构、非银行支付机构建立客户尽职调查制度的规定。本条包括两方面的义务,一是金融机构为客户开立银行账户、支付账户等支付工具及提供支付结算服务时的义务,二是金融机构与客户业务关系存续期间的义务。

【核心概念】

银行业金融机构

银行业金融机构,是指在中华人民共和国境内设立的商业银行、城市信用合作社、农村信用合作社等吸收公众存款的金融机构以及政策性银行。中国银行保险监督管理委员会负责对全国银行业金融机构及其业务活动监督管理的工作。

非银行业支付机构

1. 非银行支付机构,是指在中华人民共和国境内依法设立并取得支付业务许可证,从事部分或者全部储值账户运营、支付交易处理业务的有限责任公司或者股份有限公司。

2. 储值账户运营是指通过开立支付账户或者提供预付价值,根据收款人或者付款人提交的电子支付指令,转移货币资金的行为。法人机构发行且仅在其内部使用的预付价值除外。支付交易处理是指在不开立支付账户或者不提供预付价值的情况下,根据收款人或者付款人提交的电子支付指令,转移货币资金的行为。

受益所有人

1. 受益所有人指最终拥有或实际控制公司、企业等市场主体,或者享有市场主体最终收益的自然人。换言之,任何一个市场主体,无论是金融机构还是非金融机构,还是国家机关、企事业单位、合伙组织等,其"受益所有人"必须是、也只能是一个或数个中国籍或外国籍的自然人。

2. 受益所有人概念来源于英美法系,是指拥有受益所有权的人。在我国,2007 年颁布的《金融机构客户身份识别和客户身份资料及交易记录保存管理办法》规定,金融机构应遵循"了解你的客户"的原则,了解实际控制客户的自然人和交易的实际受益人,但并未对受益所有人的概念和识别规则作进一步说明。2017 年 10 月,人民银行出台《中国人民银行关于加强反洗钱客户身份识别有关工作的通知》(以下简称"235 号文"),首次对加强非自然人受益所有人识别提出具体要求。2018 年 6 月,人民银行印发《中国人民银行关于进一步做好受益所有人身份识别工作有关问题的通知》(以下简称"164 号文"),进一步对受益所有人身份识别事项进行了规定。2021 年 6 月发布的《中华人民共和国反洗钱法(修订草案公开征求意见稿)》(以下简称"《征求意见稿》"),进一步从立法上明确了受益所有人定义、受益所有人信息的报送、受益所有人识别义务。

3. 关于受益所有人的识别标准,《征求意见稿》与当前金融机构遵循的 235 号文和 164 号文中基本保持了一致。即"市场主体"应根据其企业的具体组织形式,按照以下顺序依次识别并登记其受益所有人:(1)以是否存在持有 25% 的股权、股份或合伙权益的自然人,来判断识别公司、合伙企业的受益所有人;(2)如果不存在(1)中的自然人,则以"通过人事、财务等其他方式对公司、合伙企业进行控制的自然人"为受益所有人;(3)如果不存在(2)中的自然人,则以"负责日常经营管理的人员"为公司、合伙企业的受益所有人。外国公司分支机构的受益所有人为按照上述方法识别出的自然人及该分支机构在华高级管理人员,且外国公司在母国享受的受益所有人申报豁免标准不适用于中国。

4. 反洗钱义务机构在开展非自然人身份尽职调查中,受益所有人识别是一个重要的环节。反洗钱反恐融资义务主体(主要包括金融机构、互联网金融从业机构、特定非金融机构),在与客户建立业务关系时,必须进行尽职调查以识别客户的"受益所有人"。根据国家统计局的统计,目前我国在市场监督管理部门注册登记的市场主体总数已超过了 1.5 亿家,其中个人工商户总数近 1 亿,公司、合伙和外国公司分支机构总数近 4000 万。这意味着,一旦市场主体受益所有人信息登记成为具有强制力的监管要求,其覆盖范围之广,将对反洗钱反恐融资造成史无前例的影响。

【条文详解】

本条包含两方面义务,一是金融机构为客户开立银行账户、支付账户及提供支付结算服务时的义务,关键在于对客户进行尽职调查。二是金融机构与客户业务关系存续期间的义务,关键在于将相关制度落实到日常的业务经营中。

金融机构在勤勉尽责的基础上采取合理手段了解客户及其交易情况,以预防电信网络诈骗、洗钱及其他违法犯罪活动的发生。客户尽职调查是反洗钱和反诈骗工作的基础,是银行业金融机构和非银行支付机构的核心义务之一。客户尽职调查中的关键环节是客户身份识别制度,该制度与大额交易和可疑交易制度、客户身份资料和交易记录保存制度构成国际反洗钱标准和各国立法确认的洗钱预防措施的三项基本制度之一,其中,客户身份识别制度处于最基础的地位。

客户尽职调查长期以来未真正渗透到金融机构管理理念中,存在部分领域客户尽职调查要求缺失的现象。一方面,长期以来,身份识别主要停留在表面合规,如账户管理实名制、对身份证件简单核对等,并未触及真正了解客户、关注客户身份背景和交易目的、持续审查客户状况等客户尽职调查内在要求。另一方面,由于缺少有效的持续尽职调查,金融机构往往对客户在准入时就"无限额放开所有业务权限",给后期风险防控和监测带来较大难度,难以有效遏制非法集资、电信诈骗等金额巨大的非法交易,也造成已注销市场资格的虚假商户或空壳公司等客户的大量存在。

对于银行业金融机构和非银行支付机构来说,为客户开立银行账户、支付账户及提供支付结算服务时的尽职调查的具体措施包括:首先需要识别客户,通过可靠、独立的证明文件、数据或信息核实客户身份,最终目的是通过收集所有信息,形成一个客户的"风险图像",以便对客户的活动、交易规模和交易类型形成一个动态预期,并基于这些预期来判断客户后续交易活动是否属于可疑交易,体现了对客户全生命周期的管理。其次是基于风险的客户尽职调查措施。为体现"风险为本"的要求,客户尽职调查措施需要在范围和强度上做区分,分为强化、简化和无法完成三种形式,并且规定了适用情形和措施。同时要求金融机构开展风险评估工作,将评估结果作为实施尽职调查强度的依据。在银行金融机构和非银行支付机构无法完成客户尽职调查的情况下,应当拒绝与客户建立业务关系、中止业务关系、停止交易或者提交可疑交易报告。最后是特定领域的客户尽职调查。通过制定或修订专门的客户尽职调查制度,对涉及高风险国家(地区)、政治公众人物、代理行、新技术等特定客户和活动采取强化尽职调查措施,同时也有专门的基于特定业务的规定,主要是针对新技术,如在线识别、虚拟货币等。

银行业金融机构和非银行支付机构在业务关系存续期间,对客户采取持续的尽职调查措施,审查客户状况及其交易情况,以确认为客户提供的各类服务和交易符合金融机构对客户身份背景、业务需求、风险状况以及对其资金来源和用途等方面的认识。对于洗钱或者恐怖融资风险较高的情形,了解客户的资金来源和用途,并根据风险状况采取强化的尽职调查措施。对于客户为法人或者非法人组织的,识别并采取合理措施核实客户的受益所有人。

在存续期间,洗钱的风险是最需要防范的。洗钱是指将犯罪或其他非法违法行为所获得的违法收入,通过各种手段掩饰、隐瞒、转化,使其在形式上合法化的行为。《刑法》第一百九十一条规定了洗钱罪的构成要件:明知是毒品犯罪、黑社会性质的组织犯罪、恐怖活动犯罪、走私犯罪、贪污贿赂犯罪、破坏金融管理秩序犯罪、金融诈骗犯罪的所得及其产生的收益,为掩饰、隐瞒其来源和性质,有下列行为之一的……(一)提供资金账户的;(二)协助将财产转换为现金、金融票据、有价证券的;(三)通过转账或者其他结算方式协助资金转移的;(四)协助将资金汇往境外的;(五)以其他方法掩饰、隐瞒犯罪所得及其收益的来源和性质的。洗钱与电信网络诈骗之间存在关联。对于电信网络诈骗犯罪分子而言,获取经济利益是其犯罪的最终目的,而掩饰、隐瞒其犯罪所得及其收益是犯罪分子占有和享用经济利益的必经途径。由于电信网络诈骗犯罪已形成产业链,上下游关联犯罪分工精细,专门的诈骗洗钱团伙由此产生。一方面,现代高科技在支付领域的快速发展,为资金交易带来方便快捷的同时,也给了犯罪分子可乘之机;另一方面,诈骗犯罪案件资金交易账户多为网上购买或利用他人身份证件冒名开立的账户。诈骗犯罪活动的资金转移及洗钱活动依靠的是大量的银行账户进行资金循环转移。因此,打击电信网络诈骗应当同时加强对诈骗洗钱团伙的识别与打击。央行于2019年出台了《关于加强支付结算管理防范电信网络新型违法犯罪有关事项的通知》,限制了法人在同一家银行的开户数量与类型,为有效防范电信网络新型违法犯罪,切实保护人民群众财产安全和合法权益,有助于从源头上制止和堵截洗钱及诈骗犯罪活动。

综上,金融机构和非银行支付机构与电信网络诈骗犯罪资金的具体流转和使用密切相关。因此,客户尽职调查制度及其执行情况决定着整个金融反洗钱体系的有效性,是客户资金安全的重要屏障,也是电信网络诈骗犯罪治理中尤为重要的一环。

【参考规定】

1.《中华人民共和国反洗钱法(修订草案公开征求意见稿)》①

第六十二条 本法所称受益所有人,是指最终拥有或实际控制公司、企业等市场主体,或者享有市场主体最终收益的自然人。

2.《中国人民银行关于加强反洗钱客户身份识别有关工作的通知》②

(三)对非自然人客户受益所有人的追溯,义务机构应当逐层深入并最终明确为掌握控制权或者获取收益的自然人,判定标准如下:

1. 公司的受益所有人应当按照以下标准依次判定:直接或者间接拥有超过25%公司股权或者表决权的自然人;通过人事、财务等其他方式对公司进行控制的自然人;公司的高级管理人员。

2. 合伙企业的受益所有人是指拥有超过25%合伙权益的自然人。

3. 信托的受益所有人是指信托的委托人、受托人、受益人以及其他对信托实施最终有效控制的自然人。

4. 基金的受益所有人是指拥有超过25%权益份额或者其他对基金进行控制的自然人。

3.《中华人民共和国刑法》

第一百九十一条 【洗钱罪】为掩饰、隐瞒毒品犯罪、黑社会性质的组织犯罪、恐怖活动犯罪、走私犯罪、贪污贿赂犯罪、破坏金融管理秩序犯罪、金融诈骗犯罪的所得及其产生的收益的来源和性质,有下列行为之一的,没收实施以上犯罪的所得及其产生的收益,处五年以下有期徒刑或者拘役,并处或者单处罚金;情节严重的,处五年以上十年以下有期徒刑,并处罚金:

(一)提供资金帐户的;

---

① 中国人民银行于2021年6月1日发布。
② 中国人民银行于2017年10月20日发布,现行有效。

（二）将财产转换为现金、金融票据、有价证券的；

（三）通过转帐或者其他支付结算方式转移资金的；

（四）跨境转移资产的；

（五）以其他方法掩饰、隐瞒犯罪所得及其收益的来源和性质的。

单位犯前款罪的，对单位判处罚金，并对其直接负责的主管人员和其他直接责任人员，依照前款的规定处罚。

4.《金融机构客户尽职调查和客户身份资料及交易记录保存管理办法》①

第二章　客户尽职调查

第一节　一般规定

第七条　金融机构在与客户建立业务关系、办理规定金额以上一次性交易和业务关系存续期间，怀疑客户及其交易涉嫌洗钱或恐怖融资的，或者对先前获得的客户身份资料的真实性、有效性或完整性存疑的，应当开展客户尽职调查，采取以下尽职调查措施：

（一）识别客户身份，并通过来源可靠、独立的证明材料、数据或者信息核实客户身份；

（二）了解客户建立业务关系和交易的目的和性质，并根据风险状况获取相关信息；

（三）对于洗钱或者恐怖融资风险较高的情形，了解客户的资金来源和用途，并根据风险状况采取强化的尽职调查措施；

（四）在业务关系存续期间，对客户采取持续的尽职调查措施，审查客户状况及其交易情况，以确认为客户提供的各类服务和交易符合金融机构对客户身份背景、业务需求、风险状况以及对其资金来源和用途等方面的认识；

（五）对于客户为法人或者非法人组织的，识别并采取合理措施核实客户的受益所有人。

金融机构应当根据风险状况差异化确定客户尽职调查措施的程度和具体方式，不应采取与风险状况明显不符的尽职调查措施，把握好防范风险与优化服务的平衡。

---

① 中国人民银行、中国银行保险监督管理委员会、中国证券监督管理委员会于 2022 年 1 月 19 日发布，自 2022 年 3 月 1 日起生效，现行有效。

第八条 金融机构不得为身份不明的客户提供服务或者与其进行交易，不得为客户开立匿名账户或者假名账户，不得为冒用他人身份的客户开立账户。

第九条 开发性金融机构、政策性银行、商业银行、农村合作银行、农村信用合作社、村镇银行等金融机构和从事汇兑业务的机构在办理以下业务时，应当开展客户尽职调查，并登记客户身份基本信息，留存客户有效身份证件或者其他身份证明文件的复印件或者影印件：

（一）以开立账户或者通过其他协议约定等方式与客户建立业务关系的；

（二）为不在本机构开立账户的客户提供现金汇款、现钞兑换、票据兑付、实物贵金属买卖、销售各类金融产品等一次性交易且交易金额单笔人民币5万元以上或者外币等值1万美元以上的。

第十条 商业银行、农村合作银行、农村信用合作社、村镇银行等金融机构为自然人客户办理人民币单笔5万元以上或者外币等值1万美元以上现金存取业务的，应当识别并核实客户身份，了解并登记资金的来源或者用途。

……

第十七条 非银行支付机构在办理以下业务时，应当开展客户尽职调查，并登记客户身份基本信息，留存客户有效身份证件或者其他身份证明文件的复印件或者影印件：

（一）以开立支付账户等方式与客户建立业务关系，以及向客户出售记名预付卡或者一次性出售不记名预付卡人民币1万元以上的；

（二）通过签约或者绑卡等方式为不在本机构开立支付账户的客户提供支付交易处理且交易金额为单笔人民币1万元以上或者外币等值1000美元以上，或者30天内资金双边收付金额累计人民币5万元以上或者外币等值1万美元以上的；

（三）中国人民银行规定的其他情形。

第十八条 银行、非银行支付机构为特约商户提供收单服务，应当对特约商户开展客户尽职调查，并登记特约商户及其法定代表人或者负责人身份基本信息，留存特约商户及其法定代表人或者负责人有效身份证件或者其他身份证明文件的复印件或者影印件。

【参考案例】

利用疫情防控实施电信诈骗、洗钱案①

某市两名持卡人先后接到一位自称为当地某医院院长的电话,声称因疫情原因,医院亟需一批消毒液等防护物资,其可以介绍持卡人去某防疫站购买上述物资并获得相关回扣。持卡人通过手机银行向"院长"介绍的某防疫站站长的账户进行转账汇款,共计 50 余万元。此后,犯罪分子通过银行 B2C 网银业务将非法所得从对公账户归集转移至个人银行卡账户,继而持银行卡在新加坡收单机构"Aleta Planet"的某商户进行大额消费。

第十六条（开立银行账户、支付账户的异常识别与限制）

第十六条　开立银行账户、支付账户不得超出国家有关规定限制的数量。

对经识别存在异常开户情形的,银行业金融机构、非银行支付机构有权加强核查或者拒绝开户。

中国人民银行、国务院银行业监督管理机构组织有关清算机构建立跨机构开户数量核验机制和风险信息共享机制,并为客户提供查询名下银行账户、支付账户的便捷渠道。银行业金融机构、非银行支付机构应当按照国家有关规定提供开户情况和有关风险信息。相关信息不得用于反电信网络诈骗以外的其他用途。

【本条主旨】

本条是关于对开立银行账户、支付账户的治理的规定。本条有三款,第一款是关于开立银行账户、支付账户的数量限制。第二款是关于金融机构对异常开户情形的处理权力,第三款要求中国人民银行、国务院银行业监督管理机构等有关部门建立跨机构开户核验机制和风险共享机制。

---

① 中国互联网金融协会微信公众号,2020 年 7 月 22 日。

【核心概念】

异常开户情形

异常开户情形是指开立银行账户、支付账户时不配合客户身份识别、有组织同时或分批开户、开户理由不合理、开立业务与客户身份不相符、有明显理由怀疑客户开立账户存在开卡倒卖或从事违法犯罪活动等情形。

个人存款账户实名制

1. 个人存款账户,是指个人在金融机构开立的人民币、外币存款账户,包括活期存款账户、定期存款账户、定活两便存款账户、通知存款账户以及其他形式的个人存款账户。实名,是指符合法律、行政法规和国家有关规定的身份证件上使用的姓名。

2,实名证件包括:居住在境内的中国公民,为居民身份证或者临时居民身份证;居住在境内的 16 周岁以下的中国公民,为户口簿;中国人民解放军军人,为军人身份证件;中国人民武装警察,为武装警察身份证件;香港、澳门居民,为港澳居民往来内地通行证;台湾居民,为台湾居民来往大陆通行证或者其他有效旅行证件;外国公民,为护照。

【条文详解】

随着现在支付手段越来越丰富,在提升便利度的同时,也出现了各种利用买卖账户或第三方支付等形式为电信诈骗转移赃款、洗钱等违法行为。电信网络诈骗活动依赖银行账户、支付账户实现违法资金的流转,因此有效查明银行账户、支付账户的异常开户情形有助于从源头上破坏电信网络诈骗活动的资金链条。为了更为有效地查明异常开户情形,中国人民银行、国务院银行业监督管理机构等有关部门应当建立跨机构开户核验机制和风险共享机制,实现各机构之间在开户场景下的信息流通共享。

本条第一款规定了开立银行账户、支付账户的数量限制,肯定了实践中已有的关于开立银行账户、支付账户的数量限制的做法。各银行业金融机构要严格执行《个人存款账户实名制规定》(国务院令第 285 号),充分利用身份证联网核查等技术手段,认真审核办理人身份证件,坚决杜绝违规代开卡、乱开卡、批量开卡等问题。国家有关规定限制了一般情形下开立银行账户、支付账户的数量。自 2016 年 1 月 1 日起同一客户在同一机构开立的借记卡原则上不超过 4 张(不含社保类卡)。同时,同一代理人在同一商业银行代理开卡原则上不得超过 3 张。

本条第二款规定了金融机构对异常开户情形的处理权力。银行业金融机构、非银行支付机构对异常开户情形进行重点识别,针对异常或合理怀疑是异常的情形,有权延长办理期限或者拒绝开户。一直以来,银行业金融机构承担未落实监管责任导致电信网络诈骗发生的问责。《中国人民银行关于加强支付结算管理防范电信网络新型违法犯罪有关事项的通知》第(二十)条规定:"凡是发生电信网络新型违法犯罪案件的,应当倒查银行、支付机构的责任落实情况。银行和支付机构违反相关制度以及本通知规定的,应当按照有关规定进行处罚;情节严重的,人民银行依据《中华人民共和国中国人民银行法》第四十六条的规定予以处罚,并可采取暂停 1 个月至 6 个月新开立账户和办理支付业务的监管措施。"本法针对开户问题赋予金融机构新的权力,有利于帮助监管主体进一步落实相关职责。金融机构在行使此项权力时,需要对异常开户情形进行精准识别,不然将容易为普通开卡、开户的用户带来不便与困扰。这就需要银行业金融机构、非银行支付机构全面整合开户人信息,有效识别一切潜在风险并进行安全预警。

本条第三款要求中国人民银行、国务院银行业监督管理机构等有关部门建立跨机构开户核验机制和风险共享机制。跨机构开户核验机制和风险共享机制是指在中国人民银行、国务院银行业监督管理机构指导下,建立跨机构工作机制以实现银行在开户环节查询个人在全国范围内的银行账户开立情况,监测个人跨行大量开户行为。目前,跨机构开户核验机制和风险共享机制已经有相关实践。2021 年 9 月,中国人民银行发布《关于做好流动就业群体等个人银行账户服务工作的指导意见》,要求建立跨行开户核验机制:"中国银联组织各银行探索提出跨行开户数量查询核验方案,牵头建立行业风险监测机制,实现银行在开户环节查询个人在全国范围内的银行账户情况,监测个人跨行大量开户行为。"同时,为贯彻落实党中央、国务院关于打击治理电信网络诈骗和跨境赌博的指示精神,根据中国人民银行办公厅、公安部办公厅关于印发《电信网络诈骗和跨境赌博"资金链"治理工作方案》的通知要求,中国银联牵头组织建立跨行风险监测及银行卡核验机制,实现查询个人在全国范围内开立账户和银行卡情况。在人民银行指导下,跨行风险监测与账户核验平台通过实时汇聚各银行机构报送的数据信息,整合并提供实时服务调用。该机制的建立有助于各银行业金融机构、非银行支付机构在开户环节进行信息共享与风险提示,为提高异常开户情形识别准确度提供了有利的技术支持与信息基础,彰显了精准防治的工作原则。该共享机制下,大量的银行用户信息会被收集和分享,一方面应当为客户提供查询其名下银行账户、支付账户的便捷渠道,以便保障其正常的知晓权利。另一方面,这些信息往往包含敏感或重要个人信息,所以本条规定银行业金融机构、非银行支付机构应当按照国家有关规定提供开户情况和有关风险信息,而不得随意公开这些信息,以保障客户的个人信息权益。同时本条还要求相关信息不得用于反电信网络诈骗以外的其他用途,以限制所收集的个人信息的使用目的,以便符合个人信息保护法律法规中目的限制的要求。

【参考规定】

1.《企业银行结算账户管理办法》①

第十二条 企业存在异常开户情形的,银行应当按照反洗钱等规定采取延长开户审查期限、强化客户尽职调查等措施必要时应当拒绝开户。

2.《中国人民银行关于加强支付结算管理防范电信网络新型违法犯罪有关事项的通知》②(银发〔2016〕261号)

(二十)严格处罚,实行责任追究。人民银行分支机构、银行和支付机构应当履职尽责,确保打击治理电信网络新型违法犯罪工作取得实效。

凡是发生电信网络新型违法犯罪案件的,应当倒查银行、支付机构的责任落实情况。银行和支付机构违反相关制度以及本通知规定的,应当按照有关规定进行处罚;情节严重的,人民银行依据《中华人民共和国中国人民银行法》第四十六条的规定予以处罚,并可采取暂停1个月至6个月新开立账户和办理支付业务的监管措施。

凡是人民银行分支机构监管责任不落实,导致辖区内银行和支付机构未有效履职尽责,公众在电信网络新型违法犯罪活动中遭受严重资金损失,产生恶劣社会影响的,应当对人民银行分支机构进行问责。

---

① 中国人民银行发布,于2019年2月25日开始执行,现行有效。

② 中国人民银行于2016年9月30日发布,2016年12月1日开始实施,现行有效。

3.《中国人民银行关于加强开户管理及可疑交易报告后续控制措施的通知》(银发〔2017〕117号)①

(二)严格审查异常开户情形,必要时应当拒绝开户。

对于不配合客户身份识别、有组织同时或分批开户、开户理由不合理、开立业务与客户身份不相符、有明显理由怀疑客户开立账户存在开卡倒卖或从事违法犯罪活动等情形,各银行业金融机构和支付机构有权拒绝开户。根据客户及其申请业务的风险状况,可采取延长开户审查期限、加大客户尽职调查力度等措施,必要时应当拒绝开户。

【参考案例】

杭州22家银行网点被暂停开户②

2020年5月,人民银行杭州中心支行召开全省金融机构打击治理电信网络新型违法犯罪暨跨境赌博工作推进会,对违规银行通报批评、暂停开户资格、追责相关机构和人员、降级。对管理不善,存在重大违规行为的4家银行予以通报批评,并约见其行领导进行监管谈话。暂停4家银行网点3个月的新开立单位银行账户业务,暂停18家银行网点1个月的新开立单位银行账户业务。责令各涉案银行省内最高管辖行内部严肃追究相关机构和人员责任。责令严肃追究开户网点主要负责人、分管负责人、客户经理以及负责开户审核、非柜面业务管理、交易监测、对账管理、实名制动态复核等的相关机构和人员责任。

第十七条(开立企业账户的风险防控、
信息共享与配合制度)

第十七条　银行业金融机构、非银行支付机构应当建立开立企业账户异常情形的风险防控机制。金融、电信、市场监管、税务等有关部门建立开立企业账户相关信息共享查询系统,提供联网核查服务。

---

① 中国人民银行于2017年5月12日发布,现行有效。
② 中国人民银行杭州支行网,2020年5月15日,http://huhehaote.pbc.gov.cn/hangzhou/125264/4024199/index.html。

市场主体登记机关应当依法对企业实名登记履行身份信息核验职责;依照规定对登记事项进行监督检查,对可能存在虚假登记、涉诈异常的企业重点监督检查,依法撤销登记的,依照前款的规定及时共享信息;为银行业金融机构、非银行支付机构进行客户尽职调查和依法识别受益所有人提供便利。

【本条主旨】

本条是关于对开立企业账户的治理的规定。本条共两款,第一款是金融机构的义务和金融、电信、市场监管、税务等有关部门的职责,第二款是市场监管部门的职责。

【核心概念】

开立企业账户异常情形:

开立企业账户异常情形是指企业开立银行账户、支付账户时不配合客户身份识别、有组织同时或分批开户、开户理由不合理、开立业务与客户身份不相符、有明显理由怀疑客户开立账户存在开卡倒卖或从事违法犯罪活动等情形。

风险防控机制

1. 风险防控机制是指银行业金融机构、非银行支付机构为履行客户身份识别义务,进一步加强客户尽职调查,落实账户实名制,利用多种手段识别开户企业账户异常情形,并且按照反洗钱等规定采取延长开户审查期限,必要时应当拒绝开户。

2. 具体而言,通过实行企业法定代表人面签和银行工作人员上门核实、定期登录企业信用信息公示系统查询等方式,全面核验企业经营场所和注册地址的真实性、预留手机号码的可用性,掌握企业经营状况和开立账户的真实意图,综合判断企业开户的合理性,切实做到"了解你的客户"。严禁为身份不明的企业提供开户服务,把好账户开立关,防止蓄意开立和买卖银行账户。加强科技研发,运用生物识别技术,通过指纹和人脸识别等科技手段代替传统的 U 盾转账控制方式,从根本上解决银行账户"实名不实人"问题。同时,开户银行要根据电信网络诈骗的典型特征,对存量账户全面开展风险排查,并确定风险等级。运用企业信息联网核查系统,采取拨打企业开户时留存的电话、实地上门查访、定期对账等措施,进行企业信息核实比对,持续识别客户身份。对不同等级的风险账户采取针对性、差异化的管控措施,切实化解存量账户风险。

共享查询系统

1. 共享查询系统是指搭建统一的线上查询平台系统,由金融、电信、市场监管、税务等有关部门共享开户企业有关信息,提供联网核查服务,帮助获取风险提示信息。为有效整合资源,形成监管合力,提升电信网络诈骗治理成效,需要切实加强行业对接合作,提高金融、电信、市场监管、税务等有关主管部门之间整治电信网络诈骗违法行为工作协调能力。

企业实名登记

1. 企业实名登记是指相关身份信息管理对象在办理工商登记时,按照现行法律法规和实名登记制度要求,使用国家有关部门和登记机关提供的信息技术手段等,证明自身身份真实性,确保"人证一致性"的过程。

2. 县级以上人民政府市场监督管理部门负责中国境内设立企业的企业名称登记管理。国务院市场监督管理部门主管全国企业名称登记管理工作,负责制定企业名称登记管理的具体规范。省、自治区、直辖市人民政府市场监督管理部门负责建立本行政区域统一的企业名称申报系统和企业名称数据库,并向社会开放。

【条文详解】

本条第一款规定了企业开户场景下,金融机构的义务和监管部门的职责。当金融机构对开户企业进行尽职调查时,发现企业开立银行账户、支付账户时不配合客户身份识别、有组织同时或分批开户、开户理由不合理、开立业务与客户身份不相符、有明显理由怀疑客户开立账户存在开卡倒卖或从事违法犯罪活动等情形时,应当延迟或拒绝开户。近年来,随着电信网络诈骗手法趋于技术化,各金融机构在进行客户尽职调查时也采用了科学手段精准识别风险。例如通过大数据 AI 技术使用近百个数据特征对客户"画像",用"客观数据"还原开立银行账户、资金交易的真正意图,撕开不法分子设立"空壳公司"、开立并买卖"账户"的画皮,斩断跨境赌博、电信网络新型违法犯罪资金链。在此基础上,为进一步确保金融机构能够获得全面、有效的开户企业信息,应当建立健全金融、电信、市场监管、税务等有关部门的共享查询系统,既实现信息的流通,又能够便利地进行联网核查,减轻各部门工作成本,从而帮助金融机构更好地作出决策。

本条第二款规定了市场主体登记机关在企业实名登记中的职责。企业实名登记信息是银行业金融机构、非银行支付机构进行客户尽职调查时重要的依据。因此,市场主体登记机关披露的企业信息时具有重要的地位与作用。市场主体登记机关,即市场监督管理部门。《中华人民共和国市场主体登记管理条例》第五条规定:"国务院市场监督管理部门主管全国市场主体登记管理工作。"具体而言,市场监督管理部门的监督管理职责包括,根据市场主体的信用风险状况实施分级分类监管;采取随机抽取检查对象、随机选派执法检查人员的方式,对市场主体登记事项进行监督检查,并及时向社会公开监督检查结果。在前端有效防范虚假注册,提供真实准确的企业登记信息,有助于金融机构开展有效的尽职调查,识别开户企业的异常情形,从源头上降低银行账户涉诈风险,实现源头治理与综合治理。本款特别强调了,市场主体登记机关对可能存在虚假登记、涉诈异常的企业进行重点监督检查的职责,并且明确要求其在依法撤销登记时,通过第一款建立的共享查询系统及时与银行业金融机构、非银行支付机构共享信息,以便金融机构及时更新相关客户的信息,处理相关客户的金融账户。同时,第二款还要求市场主体登记机关采取一些合理的机制和手段,为金融机构进行客户尽职调查和依法识别受益所有人所需的资料和核验工作提供帮助和便利。

【参考规定】

1.《企业银行结算账户管理办法》①

第十二条　企业存在异常开户情形的,银行应当按照反洗钱等规定采取延长开户审查期限、强化客户尽职调查等措施必要时应当拒绝开户。

2.《中国人民银行关于加强支付结算管理防范电信网络新型违法犯罪有关事项的通知》②(银发〔2016〕261号)

(六)加强对异常开户行为的审核。有下列情形之一的,银行和支付机构有权拒绝开户:

---

① 中国人民银行发布,于2019年2月25日开始执行,现行有效。
② 中国人民银行于2016年9月30日发布,2016年12月1日生效,现行有效。

1. 对单位和个人身份信息存在疑义,要求出示辅助证件,单位和个人拒绝出示的。

2. 单位和个人组织他人同时或者分批开立账户的。

3. 有明显理由怀疑开立账户从事违法犯罪活动的。

3.《关于进一步加强支付结算管理防范电信网络新型违法犯罪有关事项的通知》①(银发〔2019〕85 号)

(三)加强单位支付账户开户审核。单位存在异常开户情形的,支付机构应当按照反洗钱等规定采取延长开户审核期限、强化客户尽职调查等措施,必要时应当拒绝开户。

(四)开展存量单位支付账户核实。核实中发现单位支付账户未落实实名制要求或者无法核实实名制落实情况的,应当中止其支付账户所有业务,且不得为其新开立支付账户。

4.《中华人民共和国市场主体登记管理条例》②

第五条　国务院市场监督管理部门主管全国市场主体登记管理工作。

县级以上地方人民政府市场监督管理部门主管本辖区市场主体登记管理工作,加强统筹指导和监督管理。

第三十八条　登记机关应当根据市场主体的信用风险状况实施分级分类监管。

登记机关应当采取随机抽取检查对象、随机选派执法检查人员的方式,对市场主体登记事项进行监督检查,并及时向社会公开监督检查结果。

第三十九条　登记机关对市场主体涉嫌违反本条例规定的行为进行查处,可以行使下列职权:

(一)进入市场主体的经营场所实施现场检查;

(二)查阅、复制、收集与市场主体经营活动有关的合同、票据、账簿以及其他资料;

(三)向与市场主体经营活动有关的单位和个人调查了解情况;

(四)依法责令市场主体停止相关经营活动;

(五)依法查询涉嫌违法的市场主体的银行账户;

---

① 中国人民银行于 2019 年 3 月 22 日发布,现行有效。

② 国务院于 2021 年 7 月 27 日发布,2022 年 3 月 1 日生效,现行有效。

（六）法律、行政法规规定的其他职权。

登记机关行使前款第四项、第五项规定的职权的，应当经登记机关主要负责人批准。

第四十条　提交虚假材料或者采取其他欺诈手段隐瞒重要事实取得市场主体登记的，受虚假市场主体登记影响的自然人、法人和其他组织可以向登记机关提出撤销市场主体登记的申请。

登记机关受理申请后，应当及时开展调查。经调查认定存在虚假市场主体登记情形的，登记机关应当撤销市场主体登记。相关市场主体和人员无法联系或者拒不配合的，登记机关可以将相关市场主体的登记时间、登记事项等通过国家企业信用信息公示系统向社会公示，公示期为 45 日。相关市场主体及其利害关系人在公示期内没有提出异议的，登记机关可以撤销市场主体登记。

因虚假市场主体登记被撤销的市场主体，其直接责任人自市场主体登记被撤销之日起 3 年内不得再次申请市场主体登记。登记机关应当通过国家企业信用信息公示系统予以公示。

【参考案例】

银行识别空壳公司异常开户情形①

某商贸公司在某银行北京分行办理开户业务，经该行人员现场和上门审核，经营证照齐全且经营场所正常，"法定代表人"亲自表达了开户意愿，并对经营情况对答如流。但在后续的几日内，该行的风险监控中心却连续发出预警，该公司背后存在团伙疑似通过租赁经营地，注册多家"空壳公司"开立账户用于买卖，这些人员再次开户被拒，已开账户被管控。随后，这些"空壳公司"被列入当地公安部门疑似涉嫌电信网络新型违法犯罪清单。

第十八条（银行账户、支付账户、支付结算服务的异常监测以及可疑交易、异常信息的收集及保密制度）

第十八条　银行业金融机构、非银行支付机构应当对银行账户、支付账户及支付结算服务加强监测，建立完善符合电信网络

---

①　中国银行保险报网，2020 年 7 月 31 日，http://xw.cbimc.cn/2020-07/31/content_356159.htm。

诈骗活动特征的异常账户和可疑交易监测机制。

中国人民银行统筹建立跨银行业金融机构、非银行支付机构的反洗钱统一监测系统，会同国务院公安部门完善与电信网络诈骗犯罪资金流转特点相适应的反洗钱可疑交易报告制度。

对监测识别的异常账户和可疑交易，银行业金融机构、非银行支付机构应当根据风险情况，采取核实交易情况、重新核验身份、延迟支付结算、限制或者中止有关业务等必要的防范措施。

银行业金融机构、非银行支付机构依照第一款规定开展异常账户和可疑交易监测时，可以收集异常客户互联网协议地址、网卡地址、支付受理终端信息等必要的交易信息、设备位置信息。上述信息未经客户授权，不得用于反电信网络诈骗以外的其他用途。

【本条主旨】

本条是关于对使用银行账户、支付账户的治理的规定。本条有四款，第一款是金融机构的义务。第二款是中国人民银行、国务院公安部门的职责。第三款是金融机构对异常账户、可疑交易的防范措施。第四款是关于金融机构监测所需信息收集的权力和责任规定。

【核心概念】

异常账户监测模型

1. 异常账户监测模型是指以"资金查控"为核心，梳理、查明资金去向，关注交易全要素、全过程的智能监测模型。一是要对交易账户的身份信息，交易流水的规模、频率、规律，交易行为，交易背景进行全要素审查。二是要对"资金流"（资金支取、转移、交付的过程和结果）实施调查和控制。

2. 异常账户监测模型可以参考金融机构交易监测标准，包括并不限于客户的身份、行为，交易的资金来源、金额、频率、流向、性质等存在异常的情形，并应当参考以下因素：（一）中国人民银行及其分支机构发布的反洗钱、反恐怖融资规定及指引、风险提示、洗钱类型分析报告和风险评估报告。（二）公安机关、司法机关发布的犯罪形势分析、风险提示、犯罪类型报告和工作报告。

（三）本机构的资产规模、地域分布、业务特点、客户群体、交易特征，洗钱和恐怖融资风险评估结论。（四）中国人民银行及其分支机构出具的反洗钱监管意见。

反洗钱统一监测系统

1. 反洗钱统一监测系统是指在范围上实现跨银行业金融机构和非银行支付机构，对于资金账户的信息实施统一监测，各金融机构共享账户交易信息与账户行为等金融情报，以帮助准确、高效地识别洗钱异常账户。

2. 反洗钱统一监测系统围绕开户、交易特点、行为异常三个重点展开对涉及洗钱的交易活动的监测与分析。第一要分析开户资料、确定异常账户。对于自然人账户，要着重从开户时间、姓名、地址、身份证号、联系方式、代理开户人信息、是否异地开户等角度分析涉案账户之间的关系及特点，具体包括年龄、户籍、常住地、联系方式、职业等内容。对于对公账户，需要重点关注的信息包括法定代表人的户籍地、年龄；主体的名称、地址、注册及开户时间、经营范围、注册资本、联系电话、企业关联人、开户行以及互联网可查询的相关信息；对多个关联对公账户进行分析时，还需要注意多个对公账户的开户代理人的情况。第二要分析交易特点。对于交易规模，要分析交易金额和频率，与主体身份综合比对，确认是否超规模交易。对于交易规律，要分析资金划转规律、交易日期和时间、交易金额、交易方式、非面对面交易的设备代码、交易对手（第三方支付）、交易备注（投资、理财款、第几期理财）、账户余额、跨地区交易情况。常见的异常交易特征包括交易模式呈结构式交易特征，快进快出，不留余额，单笔交易金额具有规律性等。第三要分析行为异常。常见异常行为包括开户方式规避柜面客户身份识别工作，交易量大、频繁但又不愿办理 VIP 卡以获得优惠，拒绝向银行透露过多个人资料，又如不愿透露存款原因，用手遮挡面部，避免被监控，不配合尽职调查和回访等。

反洗钱可疑交易报告制度

1. 反洗钱可疑交易报告制度是指当金融机构按照中国人民银行规定的有关指标，或者金融机构经判断认为与其进行交易客户的款项可能来自洗钱犯罪活动时，必须迅速向中国人民银行或者国家外汇管理局报告的制度。

2.《金融机构大额交易和可疑交易报告管理办法》第十一条确定了以合理怀疑为基础的可疑交易报告工作机制："金融机构发现或者有合理理由怀疑客户、客户的资金或者其他资产、客户的交易或者试图进行的交易与洗钱、恐怖融资等犯罪活动相关的,不论所涉资金金额或者资产价值大小,应当提交可疑交易报告。"

3. 交易报告制度是当前国际社会公认的一国反洗钱体系的核心制度,它和客户身份识别制度、客户身份资料和交易记录保存制度并称为金融机构反洗钱工作的三大制度。交易报告制度是指强制性要求金融机构和有关行业向指定的主管部门报告和披露规定范围内的金融交易情况,指定主管部门接收信息后,对其进行分析、处理,得到相应的金融情报的一系列标准和规范。交易报告制度包括大额交易报告制度与可疑交易报告制度。随着交易报告制度的发展,为提升交易报告信息的收集和分析的专业化水平,加强反洗钱组织之间的协调,金融情报中心随之成立,其主要的职责是收集分析、监测和提供反洗钱情报。此外,国际上还建立了专门的反洗钱组织金融行动特别工作组(FATF),它是目前最具影响力和权威性的反洗钱组织。

必要的交易信息、设备位置信息

必要的交易信息、设备位置信息,是指能够帮助识别异常客户涉诈、涉洗钱风险的有效账户信息,包括异常客户互联网协议地址、网卡地址、支付受理终端信息等。互联网协议地址,又称 IP 地址,是 IP 协议提供的一种统一的地址格式,它为互联网上的每一个网络和每一台主机分配一个逻辑地址,以此来屏蔽物理地址的差异。网卡地址,又称网卡物理地址,是网卡物理地址存储器中存储单元对应实际地址,与逻辑地址相对应。网卡的物理地址通常是由网卡生产厂家写入网卡的 EPROM(一种闪存芯片,通常可以通过程序擦写),它存储的是传输数据时真正赖以标识发出数据的电脑和接收数据的主机的地址。支付受理终端,主要是对各类线下支付工具的统称。按照央行要求,支付受理终端均拥有对应的序列号。通过序列号,可以对支付受理终端进行管理,包括收单机构代码、特约商户编码、特约商户统一社会信用代码、特约商户收单结算账户以及支付受理终端布放地理位置具体信息。在银行卡受理终端中,POS 机是最常用的支付器具之一。

【条文详解】

本条第一款规定了金融机构的反洗钱监测职责,银行业金融机构、非银行支付机构应当落实符合电信网络诈骗活动特征的账户异常监测责任,在实践中不断测试与完善异常账户和可疑交易监测模型,辅助账户监测责任的履行。

反洗钱调查是《反洗钱法》赋予中国人民银行及其省一级派出机构的职权,并随着修订《反洗钱法》可能扩大到设区的市一级派出机构。反洗钱调查主要内容是对涉嫌洗钱、恐怖主义融资的可疑交易活动或者违反反洗钱法的其他行为开展调查与核实。反洗钱调查制度最核心的是交易报告制度,反洗钱调查工作需要依赖大额交易及可疑交易的识别、分析和报告为其提供的有效的金融情报。因此,一方面,各机构应当开展对异常账户监测模型的训练,通过智能监测模型不断提高异常账户行为的识别速度与准确度。另一方面,为获取更为全面有效的金融情报,应当建立健全跨机构的反洗钱统一监测系统,为各机构提供全面的开户人账户信息,降低各机构之间协同配合的时间成本。

本条第二款规定了中国人民银行以及国务院公安部门的职责。中国人民银行作为金融主管部门应当统筹建立反洗钱统一监测系统,并会同国务院公安部门完善与电信网络诈骗犯罪资金流转特点相适应的反洗钱可疑交易报告制度。针对实践中不断变化更新的犯罪手法,金融机构会同公安部门要切实加强电信网络诈骗洗钱犯罪可疑交易报告工作,不断更新可疑交易模型,加强对虚拟货币洗钱模型的建构,提升金融行政监管部门与公安机关、检察机关在电信网络诈骗犯罪情报支持方面的合作质效。反洗钱主管部门发现或者接收涉嫌洗钱电信网络诈骗犯罪可疑交易报告或举报的,应及时将犯罪线索移送。对于重大的电信网络诈骗案件,要加强反洗钱调查的案件协查力度,通过资金协查为进一步核查电信网络诈骗可疑交易活动,提高资金追踪、分析、处置质效。

本条第三款规定了金融机构对异常账户和可疑交易的防范措施。根据风险等级的不同,采取核实交易情况、重新核验身份、延迟支付结算、限制或者中止有关业务等必要的防范措施。须明确,金融机构以反洗钱可疑交易处置为由所可以采取的防范措施是有限度的,例如冻结金融资产等手段不符合法律规定。除了作为刑事强制措施、民事强制措施或者行政强制措施而使用外,金融机构、支付机构在反洗钱工作中,以反洗钱可疑交易处置为由冻结资金没有法律依据。符合法律规定的做法是,依据权限报告中国人民银行,由中国人民银行依据《反洗钱法》采取临时冻结措施,金融机构、支付机构擅自冻结的行为违反了法律规定。

在此之前,中国人民银行颁布的与可疑交易处置措施有关的主要规定如下。（1）《非金融机构支付服务管理办法》第三十一条第二款规定："支付机构明知或应知客户利用其支付业务实施违法犯罪活动的，应当停止为其办理支付业务。"（2）《银行卡收单业务管理办法》第三十四条规定："收单机构发现特约商户发生疑似银行卡套现、洗钱、欺诈、移机、留存或泄漏持卡人账户信息等风险事件的，应当对特约商户采取延迟资金结算、暂停银行卡交易或收回受理终端（关闭网络支付接口）等措施，并承担因未采取措施导致的风险损失责任；发现涉嫌违法犯罪活动的，应当及时向公安机关报案。"（3）《中国人民银行关于加强支付结算管理防范电信网络新型违法犯罪有关事项的通知》第十六条规定，对于列入可疑交易的账户，银行和支付机构应当与相关单位或者个人核实交易情况；经核实后银行和支付机构仍然认定账户可疑的，银行应当暂停账户非柜面业务，支付机构应当暂停账户所有业务，并按照规定报送可疑交易报告或者重点可疑交易报告。

中国人民银行没有行政强制措施的设定权，上述文件中的停止业务、延迟资金结算、暂停业务等规定，应理解为不包括资金冻结措施。延迟结算可以作为一种风险管理措施，在短时间内使用，但金融机构具体该如何实现延迟结算在实践中存在争议，仍需进一步完善相关规定。目前有学者认为应以《银行卡收单业务管理办法》第三十条规定的 30 天为宜，但是如果延迟资金结算超过了合理的限度，金融机构仍然有承担民事责任的风险。

本条第四款规定了金融机构监测所需信息收集的权力和责任规定。在识别到可能存在异常情形的客户后，金融机构有权获取异常账户的交易信息以及地理位置信息。该款的规定以法律授权的方式，给予了金融机构处理异常客户个人信息甚至是敏感个人信息的权力。一般而言，金融机构无正当理由不得对用户的支付信息、地理位置信息进行信息处理活动。在确有必要的情形下，即需要通过以上信息对用户异常状态进行确认时，金融机构可以通过该款授权的权力处理相应用户的个人信息。本条第三款可以视为《个人信息保护法》第十三条第七款规定的"法律、行政法规规定的其他情形"，作为金融机构处理个人信息的合法性基础。除此之外，本款着重强调处理上述个人信息的金融机构，未经客户授权，不得用于反电信网络诈骗以外的其他用途。该表述与《个人信息保护法》所强调的目的限制原则相一致，即个人信息的处理目的、处理方式和处理的个人信息种类不得超过合法授权的范畴，如果金融机构将用户的交易信息、地理位置信息用于反电信网络诈骗以外的情形，且未得到用户同意的,有关金融机构应当根据《个人信息保护法》的规定承担相应的责任。

【参考规定】

1.《金融机构大额交易和可疑交易报告管理办法》①

第十一条　金融机构发现或者有合理理由怀疑客户、客户的资金或者其他资产、客户的交易或者试图进行的交易与洗钱、恐怖融资等犯罪活动相关的,不论所涉资金金额或者资产价值大小,应当提交可疑交易报告。

第十二条　金融机构应当制定本机构的交易监测标准,并对其有效性负责。交易监测标准包括并不限于客户的身份、行为,交易的资金来源、金额、频率、流向、性质等存在异常的情形,并应当参考以下因素:

(一)中国人民银行及其分支机构发布的反洗钱、反恐怖融资规定及指引、风险提示、洗钱类型分析报告和风险评估报告。

(二)公安机关、司法机关发布的犯罪形势分析、风险提示、犯罪类型报告和工作报告。

(三)本机构的资产规模、地域分布、业务特点、客户群体、交易特征,洗钱和恐怖融资风险评估结论。

(四)中国人民银行及其分支机构出具的反洗钱监管意见。

(五)中国人民银行要求关注的其他因素。

第十三条　金融机构应当定期对交易监测标准进行评估,并根据评估结果完善交易监测标准。如发生突发情况或者应当关注的情况的,金融机构应当及时评估和完善交易监测标准。

第十四条　金融机构应当对通过交易监测标准筛选出的交易进行人工分析、识别,并记录分析过程;不作为可疑交易报告的,应当记录分析排除的合理理由;确认为可疑交易的,应当在可疑交易报告理由中完整记录对客户身份特征、交易特征或行为特征的分析过程。

第二十一条　金融机构应当建立健全大额交易和可疑交易监测系统,以客户为基本单位开展资金交易的监测分析,全面、完整、准确地采集各业务系统的客户身份信息和交易信息,保障大额交易和可疑交易监测分析的

---

① 中国人民银行于 2018 年 7 月 26 日发布修改决定,现行有效。

数据需求。

2.《非金融机构支付服务管理办法》①

第三十一条第二款　支付机构明知或应知客户利用其支付业务实施违法犯罪活动的,应当停止为其办理支付业务。

3.《银行卡收单业务管理办法》②

第三十四条　收单机构发现特约商户发生疑似银行卡套现、洗钱、欺诈、移机、留存或泄漏持卡人账户信息等风险事件的,应当对特约商户采取延迟资金结算、暂停银行卡交易或收回受理终端(关闭网络支付接口)等措施,并承担因未采取措施导致的风险损失责任;发现涉嫌违法犯罪活动的,应当及时向公安机关报案。

4.《中国人民银行关于加强支付结算管理防范电信网络新型违法犯罪有关事项的通知》③(银发〔2016〕261号)

第十六条　对于列入可疑交易的账户,银行和支付机构应当与相关单位或者个人核实交易情况;经核实后银行和支付机构仍然认定账户可疑的,银行应当暂停账户非柜面业务,支付机构应当暂停账户所有业务,并按照规定报送可疑交易报告或者重点可疑交易报告。

【参考案例】

2021年我国拒绝涉诈可疑交易1.3亿笔④

国务院新闻办公室4月14日举行打击治理电信网络诈骗犯罪工作进展情况新闻发布会。人民银行支付结算司司长温信祥在回答第一财经记者提问时表示,央行全面落实金融行业打防管控各项措施,织密金融行业风险防控网,牢牢守护人民群众"钱袋子"。金融系统识别拦截资金能力明显上升,成功避免大量群众受骗,2021年月均涉诈单位银行账户数量降幅92%,个人银行账户户均涉诈金额下降21.7%。

温信祥介绍,在诈骗犯罪多发的中缅边境地区,人民银行会同公安部门探

---

① 中国人民银行于2010年6月14日发布,2010年9月1日生效,现行有效。
② 中国人民银行于2013年7月5日发布,现行有效。
③ 中国人民银行于2016年9月30日发布,2016年12月1日生效,现行有效。
④ 新华社,2022年4月14日,http://www.gov.cn/xinwen/2022-04/14/content_5685268.htm。

索运用新技术协助锁定 1768 名跨境资金转移"背包客"。2021 年,人民银行支付结算部门会同反洗钱、外汇管理部门向公安机关移送涉诈可疑账户 430 万户、新建监测模型 1.3 万个,拒绝涉诈可疑交易 1.3 亿笔。

第十九条（金融机构提供真实完整交易信息的义务）

第十九条 银行业金融机构、非银行支付机构应当按照国家有关规定,完整、准确传输直接提供商品或者服务的商户名称、收付款客户名称及账号等交易信息,保证交易信息的真实、完整和支付全流程中的一致性。

【本条主旨】

本条是关于银行金融机构、非银行支付机构保证交易信息真实、完整、一致的义务。

【核心概念】

交易信息:是指能够用以关联、识别交易双方的信息,包括商户名称、账户所有人信息、支付账号、交易金额、交易时间等信息。

【条文详解】

本条为《反电信网络诈骗法》(草案二次审议稿)新增条文,聚焦于银行金融机构、非银行支付机构支付业务的信息真实完整以及全流程一致性。首先,确保交易信息的真实性,从支付端显示完整的商户名称以及收付款客户名称,可以提示使用支付功能的用户转账方的真实信息,有效打击电信网络诈骗中谎称国家机关或者有关部门工作人员对反诈意识薄弱的公民进行诈骗。为了达到交易信息的真实性,金融机构应当充分进行用户尽职调查,获取真实的商户信息与转账方信息。其次,确保交易信息的完整性,要求金融机构在用户决定支付之前获取转账方完整的交易信息,每一类信息都应当呈现在支付页面,包括商户名称、账户所有人信息、支付账号等能够帮助用户识别、判断被转账方的有效信息。针对交易信息不明确、不完整的账户,金融机构应当进一步查漏补缺,确保每一笔交易都有效显示真实信息。最后,保证支付全流程一致性,可以避免用户在决定支付后金钱流向出现跳转,确保所支付金额不受干扰地流向目标账户。通常而言,一笔支付金额需要经由多个机构,例如收单机构、商户结算行、发卡机构、清算机构、银联等,在支付的每一环节都应当确保交易信息的一致性,中途不应出现跳转、更改交易信息的情况。在大多数情况下,用户对于交易中各环节缺乏控制能力,因而需要金融机构来主导确保支付全流程信息的一致性。为了达到交易信息真实、完整、一致,金融机构应当进一步建立相应的信息收集共享机制,例如不同的发卡行、第三方支付机构应当共享其用户的基础交易信息,实现跨行、跨机构交易的信息透明。同时,也可以针对特定的国家机关、企事业单位,应当确认其有效的支付账户名单,其他组织和个人不得建立与其名称相同、相仿的账户,对于试图假冒、混淆的账户予以注销,对于异常账户进行风险提示。

在本法出台以前,对支付业务全流程一致性的要求可以视为是支付行业的基本要求。例如,中国人民银行发布的《银行卡收单业务管理办法》第二十五条,强调针对收单业务的信息真实一致要求:"收单机构应当根据特约商户受理银行卡交易的真实场景,按照相关银行卡清算机构和发卡银行的业务规则和管理要求,正确选用交易类型,准确标识交易信息并完整发送,确保交易信息的完整性、真实性和可追溯性。"又如,中国人民银行发布的《非银行支付机构网络支付业务管理办法》第十四条:"支付机构应当确保交易信息的真实性、完整性、可追溯性以及在支付全流程中的一致性,不得篡改或者隐匿交易信息。交易信息包括但不限于下列内容:(一)交易渠道、交易终端或接口类型、交易类型、交易金额、交易时间,以及直接向客户提供商品或者服务的特约商户名称、编码和按照国家与金融行业标准设置的商户类别码;(二)收付款客户名称,收付款支付账户账号或者银行账户的开户银行名称及账号;(三)付款客户的身份验证和交易授权信息;(四)有效追溯交易的标识;(五)单位客户单笔超过 5 万元的转账业务的付款用途和事由。"

虽然在此前已经针对金融机构收单业务、非银行支付业务的支付全流程一致性进行了部门规章层面的规定,但是本法第十九条的规定则是将该义务上升至法律层面,这是出于现实层面的考虑作出的升级打击。诈骗团伙需要借助电话、互联网等通讯工具与被害人联系;完成联络后,他们还要通过刷卡、取现、转账等金融行为实现资金的非法占有。因此,有效准确地识别涉诈资金流向依赖于金融支付行业的稳定。目前我国的支付行业本身仍然存在诸多违规、潜在风险的业态,才使得被电信诈骗产业链利用,这与本法出台以前有关规范的打击力度不高存在一定的关联。在法律层面上加强对支付行业的监管力度有利于倒逼银行金融机构、非银行支付机构切实履行责任,打击虚假商户,虚假交易,套现业务中的跳码、套码、商户随机乱象,真正做到交易信息真实准确,交易商户切实存在。以套现业务为例,其对我国金融领域的威胁是显著的:我国对于金融机构有严格的准入制度,对金融机构资金的流入流出都有一系列严格的规定予以监控。不法分子联合商户通过虚拟 POS 机刷卡消费等不真实交易,变相从事信用卡取现业务却游离在法律的框架之外,违反了国家关于金融业务特许经营的法律规定,背离了人民银行对现金管理的有关规定,还可能为"洗钱"等不法行为提供便利条件,这无疑给我国整体金融秩序埋下了不稳定因素,也使得电信网络诈骗分子有了可乘之机。此前市场上甚至出现了一些可以复制周边商户信息的 POS 机,实施套现时能够不停地改变自己商户的信息和类别,这些高技术套现手段让识别恶意套现的行为变得更加困难。

在本法二审稿出台以后,2022 年 7 月,中国银保监会、中国人民银行《关于进一步促进信用卡业务规范健康发展的通知》也从发卡机构的视角强调了对套现背后的跳码、套码、商户随机匹配等乱象进行监管强化。本法对于银行金融机构、非银行支付机构课以确保支付全流程一致性以及支付信息真实完整的义务,要求完整、准确传输直接提供商品或者服务的商户名称、收付款客户名称及账号等交易信息,有利于在法律层面打击支付中存在许多模糊交易背景的业务,对支付行业中长期存在的虚假商户、虚假交易问题予以回应和打击,有效提示使用支付功能的用户被转账方真实交易信息,从源头上降低公民涉诈风险,帮助提高甄别能力。

【参考规定】

1.《关于进一步促进信用卡业务规范健康发展的通知》①

收单机构应当按照相关法律法规和规则要求准确标识交易信息,向清算机构完整上送并传输至发卡银行业金融机构,便利发卡银行业金融机构识别与判断风险,保障信用卡交易安全。银行业金融机构应当根据可得交易信息,向客户完整、准确展示交易信息,收到的交易信息不符合相关规定的,应当审

---

① 中国银保监会、中国人民银行于 2022 年 7 月 7 日发布,现行有效。

慎评估并采取必要风险防范措施。清算机构应当按规定制定完善跨机构支付业务报文规则，并对存在漏报、错报、伪造交易信息等行为的成员机构采取必要措施。交易信息包括但不限于交易时间、交易国别、境内外交易标识、交易地点(包括网络交易平台名称)、交易金额、交易类型和商户名称及类别等真实反映交易场景的必要信息。涉及个人敏感信息的,应当采取脱敏等方式进行个人信息保护。

2. 中国人民银行《非银行支付机构网络支付业务管理办法》①

第十四条　支付机构应当确保交易信息的真实性、完整性、可追溯性以及在支付全流程中的一致性,不得篡改或者隐匿交易信息。交易信息包括但不限于下列内容:(一)交易渠道、交易终端或接口类型、交易类型、交易金额、交易时间,以及直接向客户提供商品或者服务的特约商户名称、编码和按照国家与金融行业标准设置的商户类别码;(二)收付款客户名称,收付款支付账户账号或者银行账户的开户银行名称及账号;(三)付款客户的身份验证和交易授权信息;(四)有效追溯交易的标识;(五)单位客户单笔超过 5 万元的转账业务的付款用途和事由。

3. 中国人民银行《银行卡收单业务管理办法》②

第二十五条　收单机构应当根据特约商户受理银行卡交易的真实场景,按照相关银行卡清算机构和发卡银行的业务规则和管理要求,正确选用交易类型,准确标识交易信息并完整发送,确保交易信息的完整性、真实性和可追溯性。

【参考案例】

第三方支付机构因违反支付全流程一致性遭到罚款③

央行营业管理部近日披露的罚单显示,2021 年 5 月 8 日,畅捷通支付广西分公司因存在未准确标识并完整发送交易信息,以确保交易信息真实、完整、可追溯以及在支付全流程中的一致性;特约商户收单银行结算账户管理不到位两项违法行为,被罚款 4 万元;时隔两月后的 7 月 14 日,畅捷通支付因存

---

① 中国人民银行于 2015 年 12 月 28 日发布,2016 年 7 月 1 日生效,现行有效。

② 中国人民银行于 2013 年 7 月 5 日发布,现行有效。

③ 国际金融网,2021 年 7 月 27 日,http://www.ifnews.com/news.html? aid=182827。

在支付交易信息不符合真实性、完整性、可追溯性的要求,违规开展代收业务,未落实特约商户检查责任等违法行为,合计被罚没 389.50 万元。可见,反洗钱已成为央行对非银支付机构的处罚重点,且处罚力度有所加强。

第二十条(涉案资金查询、止付、冻结、解冻和返还制度)

第二十条 国务院公安部门会同有关部门建立完善电信网络诈骗涉案资金即时查询、紧急止付、快速冻结、及时解冻和资金返还制度,明确有关条件、程序和救济措施。

公安机关依法决定采取上述措施的,银行业金融机构、非银行支付机构应当予以配合。

【本条主旨】

本条是关于涉案资金即时查询、紧急止付、快速冻结、及时解冻和资金返还制度的规定。

【核心概念】

即时查询

当被害人发现诈骗事实后,通过报警的方式联系公安部门或者金融机构的,公安部门与金融机构应当利用共享的管理平台,由金融机构即刻查询被害人提供账户的资金支付详情,包括汇出账户、收款人开户行名称、收款人账户、汇出金额、汇出时间等。公安部门通过比对被害人提供信息与实际交易信息,快速锁定涉诈交易,对于涉诈事实快速作出初步判断。在不排除有涉诈可能性的基础上,进一步作出后续紧急止付的决定。

紧急止付

包括被害人申请紧急止付和紧急止付实施。

在申请阶段,被害人被骗后,可拨打报警电话(110),直接向公安机关报案;也可向开户行所在地同一法人银行的任一网点举报。涉案账户为支付账户的向公安机关报案。被害人向银行举报的,应出示本人有效身份证件,填写《中国人民银行、工业和信息化部、公安部、国家工商行政管理总局关于建立电信网络新型违法犯罪涉案账户紧急止付和快速冻结机制的通知》(以下简称"银发〔2016〕86 号文")要求的《紧急止付申请表》,详细说明资金汇出账户、收款人开户行名称、收款人账户（以下简称止付账户）、汇出金额、汇出时间、汇出渠道、疑似诈骗电话或短信内容等，承诺承担相关的法律责任并签名确认。同时，银行应当告知被害人拨打当地 110 报警电话。公安机关 110 报警服务台应立即指定辖区内的公安机关受理并告知被害人。被害人将 110 指定的受案公安机关名称告知银行。银行应当立即将《紧急止付申请表》以及被害人身份证件扫描件，通过管理平台发送至受案公安机关。

之后，公安机关应将加盖电子签章的紧急止付指令，以报文形式通过管理平台发送至止付账户开户行总行或支付机构，止付账户开户行总行或支付机构通过本单位业务系统，对相关账户的户名、账号、汇款金额和交易时间进行核对。核对一致的，立即进行止付操作，止付期限为自止付时点起 48 小时；核对不一致的，不得进行止付操作。止付银行或支付机构完成相关操作后，立即通过管理平台发送"紧急止付结果反馈报文"。公安机关可根据办案需要对同一账户再次止付，但止付次数以两次为限。

快速冻结

公安机关应当在止付期限内，对被害人报案事项的真实性进行审查。报案事项属实的，经公安机关负责人批准，予以立案，并通过管理平台向止付账户开户行总行或支付机构发送"协助冻结财产通知报文"。银行或支付机构收到"协助冻结财产通知报文"后，对相应账户进行冻结。在止付期限内，未收到公安机关"协助冻结财产通知报文"的，止付期满后账户自动解除止付。

及时解冻

公安机关负责查清被害人资金流向，及时通知被害人，并作出解冻资金并返还资金的决定；银行业监督管理机构负责督促、检查辖区内银行业金融机构协助解冻工作，并就执行中的问题与公安机关进行协调。冻结公安机关应当对被害人的申请进行审核，经查明冻结资金确属被害人的合法财产，权属明确无争议的，制作《电信网络新型违法犯罪涉案资金流向表》和《呈请返还资金报告书》，由设区的市一级以上公安机关批准并出具《电信网络新型违法犯罪冻结资金返还决定书》。相应的金融机构在收到公安机关决定后应当尽快解冻冻结资金。

冻结资金返还

对电信网络新型违法犯罪案件，公安机关冻结涉案资金后，应当主动告知被害人。被害人向冻结公安机关或者受理案件地公安机关提出冻结涉案资金返还请求的,应当填写《关于印发电信网络新型违法犯罪案件冻结资金返还若干规定的通知》(以下简称"银监发〔2016〕41号文")要求的《电信网络新型违法犯罪涉案资金返还申请表》。冻结公安机关应当对被害人的申请进行审核,经查明冻结资金确属被害人的合法财产,权属明确无争议的,由设区的市一级以上公安机关批准。冻结资金以溯源返还为原则,由公安机关区分不同情况按银监发〔2016〕41号文规定的方式返还。

涉案资金即时查询、紧急止付、快速冻结、及时解冻和资金返还制度

该制度运行分为涉案资金即时查询、疑被骗人员申请紧急止付、紧急止付、冻结账户、及时解冻和冻结资金返还六个部分。银行业金融机构、非银行支付机构、公安机关通过接口方式与电信网络新型违法犯罪交易风险事件管理平台连接,利用线上紧急止付平台实现对涉案账户的紧急止付、快速冻结、信息共享和快速查询功能。现有的规章制度包括由中国人民银行、工业和信息化部、公安部、工商总局发布的银发〔2016〕86号文、中国银监会公安部发布的银监发〔2016〕41号文。

【条文详解】

为提高公安机关冻结诈骗资金效率,切实保护社会公众财产安全,人民银行、公安机关、电信主管部门、工商行政管理部门和银行、支付机构应加强沟通、密切配合,积极推进信息共享,建立高效运转的紧急止付和快速冻结工作机制,推动紧急止付、快速冻结和资金返还顺利实施,最大限度挽回社会公众的财产损失。在职责分配上,公安机关负责做出紧急止付、快速冻结和资金返还的决定,银行业金融机构、非银行支付机构作为协助方,依照公安机关的指令具体实施止付、冻结账户以及资金返还的操作。

首先,公安机关在涉案资金即时查询、紧急止付、快速冻结、及时解冻和资金返还制度中享有决定权。第一,公安机关有权作出是否止付冻结的决定。被害人报案事项应当通过公安局的真实性审查,公安机关在认为确有必要的基础上通知相应的止付账户开户行总行或支付机构对相应账户进行冻结,出示加盖电子签章的紧急止付指令。公安机关可根据办案需要对同一账户再次止付,但止付次数以两次为限。第二,公安机关有权作出解冻以及返还冻结资金的决定。被害人向冻结公安机关或者受理案件地公安机关提出解冻账户和冻结涉案资金返还请求的,冻结公安机关应当对被害人的申请进行审核,确保冻结账户和资金确属被害人的合法财产且权属明确无争议,及时解除冻结和返还资金。具体而言,公安机关制作《电信网络新型违法犯罪涉案资金流向表》和《呈请返还资金报告书》,由设区的市一级以上公安机关批准并出具《电信网络新型违法犯罪冻结资金返还决定书》。

其次,银行业金融机构、非银行支付机构需要履行配合义务。第一,在止付环节,公安机关应将加盖电子签章的紧急止付指令,以报文形式通过管理平台发送至止付账户开户行总行或支付机构,止付账户开户行总行或支付机构通过本单位业务系统,对相关账户的户名、账号、汇款金额和交易时间进行核对。核对一致的,立即进行止付操作,止付期限为自止付时点起48小时;核对不一致的,不得进行止付操作。止付银行或支付机构完成相关操作后,立即通过管理平台发送"紧急止付结果反馈报文"。第二,在解冻与返还资金环节,公安机关依托线上紧急止付平台向银行、非银行支付机构发送指令,出具《电信网络新型违法犯罪冻结资金返还决定书》。接收到指令的金融机构应当按照指令要求及时对冻结账户采取解冻措施,返还被害人资金。

最后,涉案资金紧急止付、快速冻结、及时解冻和资金返还制度还应建立配套的救济措施。一方面,针对恶意举报所造成的损失,应当由报案人承担责任。银发〔2016〕86号文规定,客户恶意举报或因客户恶意举报采取的紧急止付措施对开户银行、开户支付机构、止付银行、止付支付机构以及止付账户户主等相关当事人造成损失和涉及法律责任的,应依法追究报案人责任。另一方面,由于公安机关违法做出决定的,银行业金融机构、非银行支付机构违反协助公安机关义务的,应当追究相应机构和人员的责任。银发〔2016〕86号文第十四条规定:"公安机关违法办理资金返还,造成当事人合法权益损失的,依法承担法律责任。"《银行业金融机构协助人民检察院公安机关国家安全机关查询冻结工作规定》第二十八条规定:"银行业金融机构在协助人民检察院、公安机关、国家安全机关查询、冻结工作中有下列行为之一的,由银行业监督管理机构责令改正,并责令银行业金融机构对直接负责的主管人员和其他直接责任人员依法给予处分;必要时,予以通报批评;构成犯罪的,依法追究刑事责任:(一)向被查询、冻结单位、个人或者第三方通风报信,伪造、隐匿、毁灭相关证据材料,帮助隐匿或者转移财产;(二)擅自转移或解冻已冻结的存款;(三)故意推诿、拖延,造成应被冻结的财产被转移的;(四)其他无正当理由拒绝协助配合、造成严重后果的。"

本条是对现有规章制度中有紧急止付、冻结账户规则的认可,以法律的形式提高其位阶,并且进行了完善,强调了及时查询和及时解冻的重要性,以便保障相关人员正常的经济社会生活的开展。现有的规章制度规定位阶较低,以法律的形式加以认可能够帮助在全国范围内全面展开相应的制度建设。此外,目前的规章制度在救济措施方面并未建立起统一的机制,在本法出台以后,有关部门应当围绕涉诈当事人、公安机关、金融机构的多主体规定各自应当承担的义务与责任,以及相应的惩罚与救济措施。

【参考规定】

1.《中国人民银行、工业和信息化部、公安部、国家工商行政管理总局关于建立电信网络新型违法犯罪涉案账户紧急止付和快速冻结机制的通知》①(银发〔2016〕86号)

一、开通管理平台紧急止付、快速冻结功能

自2016年6月1日起,各银行业金融机构(以下简称银行)、公安机关通过接口方式与电信网络新型违法犯罪交易风险事件管理平台(以下简称管理平台)连接,实现对涉案账户的紧急止付、快速冻结、信息共享和快速查询功能。获得网络支付业务许可的非银行支付机构(以下简称支付机构)应于2016年12月31日前,通过接口方式与管理平台连接,实现上述功能。

二、规范紧急止付、快速冻结业务流程

公安机关、银行、支付机构依托管理平台收发电子报文,对涉案账户采取紧急止付、快速冻结措施。

(一)止付流程。

1.被害人申请紧急止付。被害人被骗后,可拨打报警电话(110),直接向公安机关报案;也可向开户行所在地同一法人银行的任一网点举报。涉案账户为支付账户的向公安机关报案。

被害人向银行举报的,应出示本人有效身份证件,填写《紧急止付申请表》(见附件),详细说明资金汇出账户、收款人开户行名称、收款人账户(以下简称止付账户)、汇出金额、汇出时间、汇出渠道、疑似诈骗电话或短信内容

---

① 中国人民银行、工业和信息化部、公安部、国家工商行政管理总局于2016年3月18日发布,现行有效。

等,承诺承担相关的法律责任并签名确认。同时,银行应当告知被害人拨打当地 110 报警电话。公安机关 110 报警服务台应立即指定辖区内的公安机关受理并告知被害人。被害人将 110 指定的受案公安机关名称告知银行。银行应当立即将《紧急止付申请表》以及被害人身份证件扫描件,通过管理平台发送至受案公安机关。

2. 紧急止付。公安机关应将加盖电子签章的紧急止付指令,以报文形式通过管理平台发送至止付账户开户行总行或支付机构,止付账户开户行总行或支付机构通过本单位业务系统,对相关账户的户名、账号、汇款金额和交易时间进行核对。核对一致的,立即进行止付操作,止付期限为自止付时点起48 小时;核对不一致的,不得进行止付操作。止付银行或支付机构完成相关操作后,立即通过管理平台发送"紧急止付结果反馈报文"。公安机关可根据办案需要对同一账户再次止付,但止付次数以两次为限。

3. 冻结账户。公安机关应当在止付期限内,对被害人报案事项的真实性进行审查。报案事项属实的,经公安机关负责人批准,予以立案,并通过管理平台向止付账户开户行总行或支付机构发送"协助冻结财产通知报文"。银行或支付机构收到"协助冻结财产通知报文"后,对相应账户进行冻结。在止付期限内,未收到公安机关"协助冻结财产通知报文"的,止付期满后账户自动解除止付。

4. 同一法人银行特殊情形处理。如被害人开户行和止付账户开户行属于同一法人银行的,在情况紧急时,止付账户开户行可先行采取紧急止付,同时告知被害人立即报案,公安机关应在 24 小时内将紧急止付指令通过管理平台补送到止付银行。

2.《银监会、公安部关于印发电信网络新型违法犯罪案件冻结资金返还若干规定的通知》①(银监发〔2016〕41 号)

第八条　冻结资金以溯源返还为原则,由公安机关区分不同情况按以下方式返还:

(一)冻结账户内仅有单笔汇(存)款记录,可直接溯源被害人的,直接返还被害人;

(二)冻结账户内有多笔汇(存)款记录,按照时间戳记载可以直接溯源被

---

① 中国银监会、公安部于 2016 年 8 月 4 日发布,现行有效。

害人的,直接返还被害人;

(三)冻结账户内有多笔汇(存)款记录,按照时间戳记载无法直接溯源被害人的,按照被害人被骗(盗)金额占冻结在案资金总额的比例返还(返还计算公式见附件4)。

按比例返还的,公安机关应当发出公告,公告期为30日,公告期间内被害人、其他利害关系人可就返还冻结提出异议,公安机关依法进行审核。

冻结账户返还后剩余资金在原冻结期内继续冻结;公安机关根据办案需要可以在冻结期满前依法办理续冻手续。如查清新的被害人,公安机关可以按照本规定启动新的返还程序。

3.《银行业金融机构协助人民检察院公安机关国家安全机关查询冻结工作规定》[①]

第二十八条　银行业金融机构在协助人民检察院、公安机关、国家安全机关查询、冻结工作中有下列行为之一的,由银行业监督管理机构责令改正,并责令银行业金融机构对直接负责的主管人员和其他直接责任人员依法给予处分;必要时,予以通报批评;构成犯罪的,依法追究刑事责任:

(一)向被查询、冻结单位、个人或者第三方通风报信,伪造、隐匿、毁灭相关证据材料,帮助隐匿或者转移财产;

(二)擅自转移或解冻已冻结的存款;

(三)故意推诿、拖延,造成应被冻结的财产被转移的;

(四)其他无正当理由拒绝协助配合、造成严重后果的。

【参考案例】

2021年全国共紧急止付群众被骗款3291亿元[②]

全国公安机关始终把追赃挽损作为反诈工作的重中之重。近年来,公安机关会同人民银行、银保监会等部门采取了一系列工作措施,坚决追缴返还电信网络诈骗受害人被骗资金,切实保护人民群众财产安全。

[①]　中国银监会、最高人民检察院、公安部、国家安全部于2014年12月29日发布,2015年1月1日生效,现行有效。

[②]　《中国证券报》2022年4月14日,https://www.cs.com.cn/xwzx/hg/202204/t20220414_6260045.html。

一是建立快速止付冻结机制。不断优化升级平台系统,尽可能多地止付冻结受害人被骗资金。2021 年,共紧急止付群众被骗款 3291 亿元,正在打款的 150 万名受害群众免于被骗。二是依法及时返还被骗资金。公安部会同银保监会制定出台了《电信网络新型违法犯罪案件冻结资金返还若干规定》及实施细则,对权属明确、符合返还条件的涉案冻结资金,依法及时返还被骗群众。2021 年,全国公安机关共追缴返还人民群众被骗资金 120 亿元。

第四章　互联网治理

　　本法第四章互联网治理从第二十一条到第二十六条共计 6 个条文,未分节。本章是关于反电信网络诈骗工作中互联网治理的规定,包括电信业务、互联网服务用户真实身份信息登记制度(第二十一条),互联网账号的异常识别与处置(第二十二条),移动互联网应用程序的许可、备案、核验和监测(第二十三条),域名解析、域名跳转、网址链接转换服务提供者的核验、记录责任(第二十四条),禁止支持或者帮助他人实施电信网络诈骗活动以及电信业务、互联网服务的监测识别和处置制度(第二十五条),互联网服务提供者对涉诈证据和线索的支持、移送义务(第二十六条)。

　　本章主要规定了电信业务经营者和互联网服务提供者的风险防控责任,电信、网信、公安等部门的职责以及单位、个人的义务。

　　在反诈工作中,电信业务经营者应当落实电信业务用户实名制;对利用电信业务从事涉诈支持、帮助活动进行监测识别和处置。

　　在反诈工作中,互联网服务提供者应当落实互联网服务用户实名制;建立涉诈异常账号模型对互联网账号异常使用情形进行监测识别;提供应用程序封装、分发服务的,应当登记并核验应用程序开发运营者的身份信息,核验应用程序的功能、用途;提供域名解析、域名跳转、网址链接转换服务的,应当核验域名注册、解析信息和互联网协议地址的真实性、准确性,记录并留存所提供相应服务的日志信息;对利用互联网服务从事涉诈支持、帮助活动进行监测识别和处置;为公安机关办理电信网络诈骗案件依法调取证据及时提供技术支持和协助;将监测涉诈异常信息、活动时所发现的涉诈违法犯罪线索、风险信息移送公安、金融、电信、网信等部门。

　　在反诈工作中,公安、电信、网信等部门承担对分发平台以外途径下载传播的涉诈应用程序的监测、处置职责。

在反诈工作中,单位和个人承担不得从事涉诈"灰黑产业",不得为他人实施电信网络诈骗活动提供支持或者帮助的消极义务。

第二十一条（电信业务、互联网服务用户
真实身份信息登记制度）

第二十一条　电信业务经营者、互联网服务提供者为用户提供下列服务,在与用户签订协议或者确认提供服务时,应当依法要求用户提供真实身份信息,用户不提供真实身份信息的,不得提供服务:

(一)提供互联网接入服务;

(二)提供网络代理等网络地址转换服务;

(三)提供互联网域名注册、服务器托管、空间租用、云服务、内容分发服务;

(四)提供信息、软件发布服务,或者提供即时通讯、网络交易、网络游戏、网络直播发布、广告推广服务。

【本条主旨】

本条是关于电信业务、互联网服务用户真实身份信息登记制度(以下简称"电信网络服务用户实名制")的规定。

【核心概念】

互联网接入服务

互联网接入服务,是指利用接入服务器和相应的软硬件资源建立业务节点,并利用公用通信基础设施将业务节点与互联网骨干网相连接,为各类用户提供接入互联网的服务。用户可以利用公用通信网或其他接入手段连接到其业务节点,并通过该节点接入互联网。根据《电信条例》,提供互联网接入服务的,需要取得增值电信业务经营许可证—互联网接入服务业务(简称ISP许可证)。

网络代理等网络地址转换服务

1. 网络代理服务,即代理上网,是指用户接入代理服务器,由代理服务器代理用户获得互联网信息的服务。网络代理的主要作用是在互联网无法正常

访问时或者用户想要更改 IP 地址时,通过网络代理访问互联网或者更改 IP 地址。

2. 网络地址转换服务(Network Address Translation, NAT),也称网络掩蔽、IP 掩蔽,是指改变 IP 地址的技术服务。

互联网域名注册服务

互联网域名注册服务,是指向用户提供互联网域名注册服务、转让服务、变更服务以及续费服务等。根据《互联网域名管理办法》,互联网域名注册服务由域名注册服务机构提供,域名注册机构由域名管理机构(中国互联网络信息中心,CNNIC)监管。域名,指互联网上识别和定位计算机的层次结构式的字符标识,与该计算机的 IP 地址相对应。

服务器托管、空间租用服务

1. 服务器托管服务,也称主机托管,是指用户将购买的服务器托管到互联网数据中心的专业机房和相应的配套设施中,由互联网数据中心提供放置、代理维护、系统配置及管理服务。

2. 空间租用,是指将一台运行在互联网上的物理服务器划分成多个虚拟服务器,并将虚拟服务器出租的服务。

3. 根据《电信业务分类目录》,服务器托管服务、空间租用服务是互联网数据中心业务的一种形式。互联网数据中心业务是指利用相应的机房设施,以外包出租的方式为用户的服务器等互联网或其他网络相关设备提供放置、代理维护、系统配置及管理服务,以及提供数据库系统或服务器等设备的出租及其存储空间的出租、通信线路和出口带宽的代理租用和其他应用服务。根据《电信条例》,提供服务器托管服务、空间租用服务等互联网数据中心业务,需要取得增值电信业务经营许可证—互联网数据中心业务(简称 IDC 许可证)。

利用相应的机房设施,以外包出租的方式为用户的服务器等互联网或其他网络相关设备提供放置、代理维护、系统配置及管理服务,以及提供数据库系统或服务器等设备的出租及其存储空间的出租、通信线路和出口带宽的代理租用和其他应用服务。

云服务

1. 云服务,是指通过互联网根据需求随时获得储存、计算等服务。

2. 根据《电信业务分类目录》,云服务是互联网资源协作服务的一种形式。互联网资源协作服务是指利用架设在数据中心之上的设备和资源,通过互联网或其他网络以随时获取、按需使用、随时扩展、协作共享等方式,为用户提供的数据存储、互联网应用开发环境、互联网应用部署和运行管理等服务。根据《电信条例》,提供云服务的,需要取得值电信业务经营许可证—互联网数据中心业务(仅限互联网资源协作服务)(简称云牌照)。

内容分发服务

内容分发服务,是指利用分布在不同区域的节点服务器群组成流量分配管理网络平台,为用户提供内容的分散存储和高速缓存,并根据网络动态流量和负载状况,将内容分发到快速、稳定的缓存服务器上,提高用户内容的访问响应速度和服务的可用性。根据《电信条例》,提供内容分发服务的,需要取得增值电信业务经营许可证—内容分发网络业务(简称 CDN 许可证)。

信息、软件发布服务,即时通讯、网络游戏、网络直播发布、广告推广服务

1. 信息、软件发布服务,是指为用户发布文本、图片、音视频等信息和软件提供渠道或平台的服务。

2. 即时通讯服务(Instant Messaging,IM),是指一种可以让使用者在网络上建立某种私人聊天室(chatroom)的实时通讯服务。即时通讯服务是信息即时交互服务的一种。信息即时交互服务,是指利用公用通信网或互联网,并通过运行在计算机、智能终端等的客户端软件、浏览器等,为用户提供即时发送和接收消息(包括文本、图片、音视频)、文件等信息的服务。

3. 网络游戏服务,是指通过互联网向用户提供网络游戏产品的服务。

4. 网络直播发布服务,是指为网络直播发布者提供网络直播发布渠道或平台的服务。网络直播,是指基于互联网,以视频、音频、图文等形式向公众持续发布实时信息的活动。

5. 广告推广服务,是指通过广告宣传用户产品或服务的服务。

6. 根据《电信条例》,提供信息、应用和软件发布服务,以及即时通讯、网络游戏、网络直播发布、广告推广服务的,需要取得增值电信业务经营许可证—信息服务业务(仅限互联网信息服务)(简称 ICP 许可证)。

网络交易服务

1. 网络交易服务,是指为网络交易经营者与消费者开展网络交易活动提供渠道或平台的服务。网络交易活动,是指通过互联网等信息网络销售、购买商品或者提供、接受服务的活动。

2. 根据《电信条例》,提供网络交易服务的,需要取得增值电信业务经营许可证—在线数据处理与交易处理业务(简称 EDI 许可证)。

【条文详解】

本条是关于电信网络服务用户实名制的规定。电信网络服务用户实名制在电信、互联网反诈制度和措施中起到基础作用。如,电信业务经营者、互联网服务提供者对涉案电话卡、涉诈异常电话卡所关联注册的互联网账号采取限制功能、暂停服务等处置措施必须以电信网络服务用户实名制为基础。又如,电信网络服务用户实名制支持有关部门在电信网络诈骗活动实际发生后及时采取紧急止付、快速冻结等止损措施并开展追责工作。

本条主要内容有两点:一是电信业务经营者、互联网服务提供者的登记责任。电信业务经营者、互联网服务提供者在与用户签订协议或者确认提供服务时,应当依法要求用户提供真实身份信息,用户不提供真实身份信息的,不得提供相应的电信业务、互联网服务;二是登记范围,本条要求电信业务经营者、互联网服务提供者在提供互联网接入服务;网络代理等网络地址转换服务;互联网域名注册、服务器托管、空间租用、云服务、内容分发服务;信息、软件发布服务,以及即时通讯、网络交易、网络游戏、网络直播发布、广告推广服务时应当依法要求用户提供真实身份信息。值得注意的是,本条应当理解为对目前涉诈风险较高、需要进行实名制登记的电信业务、互联网服务的列举,而不是对登记范围的穷尽列举,凡是涉诈风险较高的电信业务、互联网服务都属于登记范围,其中,本条第一款列举的是互联网接入服务;本条第二款列举的是网络地址转换服务;本条第三款列举的是互联网数据中心业务和内容分发网络业务;本条第四款列举的是在线数据处理与交易处理业务和互联网信息服务业务。有关部门可以在评估某一类电信业务、互联网服务的涉诈风险基础上,根据反诈工作实际需要要求该类电信业务、互联网服务的经营者、提供者承担登记责任。

目前,法律法规没有就电信网络服务用户实名制的具体内容专门做出详细规定,该制度的部分内容散见于对各类电信业务、互联网服务的单项规定中,主要表现形式是电信业务经营者、互联网服务提供者的登记责任,如,《工业和信息化部关于规范互联网信息服务使用域名的通知》第二条规定"互联网接入服务提供者应当按照《反恐怖主义法》《网络安全法》的要求,对互联网信息服务提供者的身份进行查验。互联网信息服务提供者不提供真实身份信息的,互联网接入服务提供者不得为其提供服务";又如,《互联网域名管理办法》第三十条第一款规定:"域名注册服务机构提供域名注册服务,应当要求域名注册申请者提供域名持有者真实、准确、完整的身份信息等域名注册信息。"

缺乏具体内容支撑可能导致电信网络服务用户实名制流于形式,无法起到打击治理电信网络诈骗活动的作用。是否以及如何核验用户提供的身份信息是电信业务经营者、互联网服务提供者承担登记责任的关键,决定电信网络服务用户实名制的实际效果,需要法律法规做出明确规定。根据《电话用户真实身份信息登记规定》第九条以及工业和信息化部发布的其他法律文件,电信业务经营者应当利用二代身份证识别设备、联网核验等措施验证电话用户提供的身份信息,有关部门和电信业务经营者通过上述核验措施可以确保电话用户提供的身份信息的真实性,更进一步确保电话用户实名制确实有效。而本条列举的不同电信业务、互联网服务之间的差异较大,部分电信业务、互联网服务的经营者、提供者和用户之间甚至没有线下接触,是否应当要求电信业务经营者、互联网服务提供者核验用户提供的身份信息以及应当如何核验身份信息、对身份信息的核验应当达到何种程度等问题都需要法律法规的明确指引。此外,还存在电信业务经营者、互联网服务提供者如何承担用户身份信息的保密管理责任的问题。尽管《电信和互联网用户个人信息保护规定》对电信业务经营者、互联网信息服务提供者收集和使用其用户的身份信息做出了相应规定,但《个人信息保护法》对个人信息、敏感个人信息的收集、使用和保护提出了更高、更完善的要求,电信业务经营者、互联网服务提供者如何在个人信息保护规则日益完善、严格的情况下收集、使用和保护用户提供的身份信息也是落实电信网络服务用户实名制应当考虑的问题。

因此,有关部门应当尽快制定实施细则落实电信网络服务用户实名制。考虑到《新疆维吾尔自治区电话和互联网用户真实身份信息登记管理条例》和《广东省人民代表大会常务委员会关于落实电信用户真实身份信息登记制度的决定》等地方性法规将电话用户实名制和电信网络服务用户实名制视为高度相似的制度,在实施细则出台前,电信业务经营者、互联网服务提供者可以参照《电话用户真实身份信息登记规定》、《电信和互联网用户个人信息保护规定》和《个人信息保护法》的规定履行登记责任,有关部门也可以参照这些法律法规并结合各类电信业务、互联网服务的特点制定符合反诈工作需要和《个人信息保护法》要求的实施细则。

【参考规定】

1.《新疆维吾尔自治区电话和互联网用户真实身份信息登记管理条例》①

第三条 本条例电话用户和互联网用户分为单位用户(含公司、企业、事业单位、机关、团体等)和个人用户(以下统称用户)。

本条例所称电话用户是指办理固定电话(含互联网宽带)装机、移机、过户、变更和移动电话(含无线上网卡)开户、过户等电信业务的单位及个人;其身份信息登记是指在办理上述电信业务时,电话用户应当向电信业务经营者提供有效证件,电信业务经营者如实登记用户提供的身份信息的活动。

本条例所称互联网用户是指在自治区行政区域内办理域名注册、IP 地址申请、网站登记备案以及使用网站提供的即时通信、电子邮件、电子公告、网络游戏、网络交易等互联网业务的单位和个人;其身份登记是指办理或者注册使用上述互联网业务时,互联网用户应当向互联网服务提供者提供有效证件,互联网服务提供者如实登记用户提供的身份信息的活动。

用户提供的有效证件包括组织机构代码证、营业执照或者行政、事业单位法人证书、社会团体法人登记证书、个人身份证件等。

本条例所称电信业务经营者和互联网服务提供者(含互联网接入服务提供者、互联网信息服务提供者、互联网域名注册管理机构、互联网域名注册服务机构等)分别指依法取得电信业务、互联网业务行政许可或者备案,并按行政许可或者备案的范围从事电信业务、互联网业务经营活动的企业。

第七条 电信业务经营者、互联网服务提供者在提供电话和网络公共服务时,应当如实登记用户的真实身份信息。

2.《广东省人民代表大会常务委员会关于落实电信用户真实身份信息登记制度的决定》②

一、电信业务经营者为电信用户办理固定电话、移动电话(含无线上网

---

① 新疆维吾尔自治区人大常委会于 2016 年 9 月 29 日发布,2016 年 10 月 1 日开始实施,现行有效。

② 广东省人大常委会于 2021 年 12 月 1 日发布,现行有效。

卡)、物联网卡、互联网宽带等业务入网或者过户手续,以及提供服务器托管、主机租用、网络接入等业务,应当要求电信用户出示有效证件,查验并登记或者补登记电信用户的证件类别以及证件上所记载的姓名(名称)、号码、住址等真实身份信息。

电信用户应当配合办理真实身份信息登记。电信用户不提供真实身份信息的,电信业务经营者不得为其提供相关服务。

办理第一款规定的电信用户真实身份信息登记不得收取费用。

【参考案例】

周江平等帮助信息网络犯罪活动案①

案件事实

2019 年上半年起,被告人周江平在网上获悉他人求购宽带账号的信息后,向被告人施慧青提出购买需求。施慧青利用负责面向在校学生的"办理手机卡加 1 元即可办理校园宽带"服务的工作便利,在学生申请手机卡后,私自出资 1 元利用申请手机卡的学生信息办理校园宽带账号 500 余个,以每个宽带账号人民币 200 元的价格出售给周江平,周江平联系买家出售。同时,周江平和施慧青还违规帮助上游买家架设服务器,改变宽带账号的真实 IP 地址,并对服务器进行日常维护。周江平和施慧青分别从中获利人民币计 8 万余元和 10 余万元。经查,二人出售的一个校园宽带账号被他人用于电信网络诈骗,致一被害人被骗人民币 158 万余元。

法院判决

周江平和施慧青作为电信行业从业人员,明知宽带账号不能私下买卖,且买卖后极有可能被用于电信网络诈骗等犯罪,仍私下办理并出售给上游买家。根据《刑法》第二百八十七条之二第一款:明知他人利用信息网络实施犯罪,为其犯罪提供互联网接入、服务器托管、网络存储、通讯传输等技术支持,或者提供广告推广、支付结算等帮助,情节严重的,处三年以下有期徒刑或者拘役,并处或者单处罚金。被告人周江平和施慧青的行为构成帮助信息网

---

① 上海市闵行区人民法院(2021)沪 0112 刑初 1165 号刑事判决书。

络犯罪活动罪。

第二十二条（互联网账号的异常识别与处置）

第二十二条 互联网服务提供者对监测识别的涉诈异常账号应当重新核验，根据国家有关规定采取限制功能、暂停服务等处置措施。

互联网服务提供者应当根据公安机关、电信主管部门要求，对涉案电话卡、涉诈异常电话卡所关联注册的有关互联网账号进行核验，根据风险情况，采取限期改正、限制功能、暂停使用、关闭账号、禁止重新注册等处置措施。

【本条主旨】

本条是关于对互联网账号的异常识别与处置的规定。本条有两款，第一款是互联网服务提供者对涉诈异常账号的监测识别和处置责任；第二款是互联网服务提供者对涉案电话卡、涉诈异常电话卡所关联注册的互联网账号的配合处置责任。

【核心概念】

互联网账号

互联网账号，即互联网用户账号，是指互联网服务用户的身份凭证，互联网服务提供者通过互联网账号向其用户提供服务，其用户通过互联网账号接受服务。

限制功能

1. 限制功能，是指限制互联网账号的功能。

2. 互联网账号功能，是指互联网账号对用户的作用、能满足用户需要之处，本质是通过互联网账号提供的互联网服务的功能。

3. 同一种互联网服务有多种功能。体现在互联网账号层面，是同一种互联网服务对应多种互联网账号功能。参考《常见类型移动互联网应用程序必要个人信息范围规定》，互联网信息服务有"定位和导航"、"提供文字、图片、语音、视频等网络即时通信服务"、"博客、论坛、社区等话题讨论、信息分享和关注互动"、"婚恋相亲"、"个人房源信息发布、房屋出租或买卖"等数十种功能。

　　涉案电话卡

　　涉案电话卡,是指公安机关等部门在办理刑事案件或行政案件过程中,依法扣押的与所办案件有关的电话卡。这里的行政案件、刑事案件,是指电信网络诈骗活动的实行行为和帮助行为所涉及的行政案件、刑事案件,包括诈骗罪案件、洗钱罪案件、非法经营罪案件、非法利用信息网络罪案件、侵犯公民个人信息罪案件、帮助信息网络犯罪活动罪案件、掩饰、隐瞒犯罪所得、犯罪所得收益罪案件等刑事案件以及违反本法和相关行政法的行政案件。

　　关联注册

　　关联注册,是指注册互联网账号时提供的电话号码是涉案电话卡、涉诈异常电话卡的电话号码或注册互联网账号时提供的身份信息与涉案电话卡、涉诈异常电话卡所有者的身份信息指向同一个人或单位。

【条文详解】

一、互联网服务提供者的监测识别和处置责任

　　本条第一款规定了互联网服务提供者对涉诈异常账号的监测识别和处置责任。参考《关于纵深推进防范打击通讯信息诈骗工作的通知》第四条,互联网服务提供者的监测识别和处置责任有两方面内容:一是互联网服务提供者应当利用技术措施和其他必要措施监测识别涉诈异常账号,如,建立电信网络诈骗风险分析模型和网上巡查处置机制,监测识别特征符合涉诈风险分析模型的互联网账号;又如,建立用户举报投诉受理、处理和反馈机制,通过接受用户举报投诉监测识别涉诈异常账号。二是互联网服务提供者应当根据监测识别结果采取相应处置措施。参考本法第十一条有关涉诈异常电话卡的处置,监测识别结果一般表现为互联网账号的涉诈风险等级。互联网服务提供者应当通知涉诈异常账号用户在规定期限内重新进行实名核验,在规定期限内,涉诈异常账号用户未按照通知重新进行实名核验或未通过实名核验的,互联网服务提供者应当根据涉诈风险等级采取限制账号功能、暂停服务和终止服务等处置措施。

　　值得注意的是,部分互联网服务提供者在履行监测识别和处置责任时存在一定困难,尤其是小型互联网服务提供者不具备利用自动化决策技术监测识别涉诈异常账号的能力,可能导致互联网服务提供者逃避法律责任或过度限制用户的情况发生。目前,尚无具体的监测识别和处置办法。因此,有关部

门可以参考《常见类型移动互联网应用程序必要个人信息范围规定》,以互联网账号的基本功能为基础划分互联网服务提供者的类型,为不同类型的互联网服务提供者如何承担监测识别和处置责任提供具体指引,并为小型互联网服务提供者提供技术支持和帮助,以降低反诈工作和反诈责任对互联网服务提供者和其用户的影响。

二、互联网服务提供者的配合处置责任

本条第二款规定了互联网服务提供者对涉案电话卡、涉诈异常电话卡所关联注册的互联网账号的配合处置责任。互联网服务提供者的配合处置责任具有被动性,即互联网服务提供者不得主动采取配合处置措施。互联网服务提供者应当根据公安机关、电信主管部门提供的电话号码或身份信息,通知以该电话号码或身份信息注册的互联网账号用户在规定期限内重新进行实名核验,在规定期限内,该互联网账号用户未按照通知重新进行实名核验或未通过实名核验的,互联网服务提供者应当根据涉诈风险情况,采取限期改正、限制功能、暂停使用、关闭账号、禁止重新注册等处置措施。参考《工业和信息化部、公安部关于依法清理整治涉诈电话卡、物联网卡以及关联互联网账号的通告》,这里的互联网账号包括微信、QQ、支付宝、淘宝等,不排除未来将其他互联网账号纳入本条第二款规制范围的可能。

三、对处置措施的限制

对互联网账号的处置措施可能影响公民的基本权利,如通信自由权和通信秘密权、财产权,也可能影响民事主体之间基于意思自治订立的合同,给互联网服务提供者带来涉诉风险。因此,限制处置措施的范围、规范处置措施的程序具有重要意义。其中,明确涉诈异常电话卡、涉案电话卡的范围和公安机关、电信主管部门要求互联网服务提供者配合采取处置措施的程序是限制处置措施的关键。

涉诈异常电话卡,是指有较高可能性涉及电信网络诈骗活动的电话卡。涉诈异常电话卡属于反诈预防工作的范畴,涉案电话卡属于追责工作的范畴,两者对程序提出了不同要求。

(一) 涉诈异常电话卡的范围及相关程序

目前,涉诈异常电话卡这一概念的内涵和外延尚不明确,仅《工业和信

息化部、公安部关于依法清理整治涉诈电话卡、物联网卡以及关联互联网账号的通告》列举出涉诈异常电话卡的表现形式,除去"涉诈电话卡"是指"涉案电话卡"外,涉诈异常电话卡的表现形式包括"一证(身份证)多卡"、"睡眠卡"、"静默卡"、境外诈骗高发地卡、频繁触发预警模型的电话卡等。同时,公安机关、电信主管部门要求互联网服务提供者配合采取处置措施的程序尚不明确,但公安机关、电信主管部门至少应当向互联网服务提供者提供涉诈异常电话卡的电话号码或其所有者的身份信息。有关部门应当尽快制定认定涉诈异常电话卡的标准和要求互联网服务提供者配合采取处置措施的程序。

(二) 涉案件电话卡的范围及相关程序

(1)涉刑事案件电话卡。

涉刑事案件电话卡属于刑事案件涉案财物,由《刑法》、《刑事诉讼法》、《刑事诉讼法解释》、《人民检察院刑事诉讼规则》、《公安机关办理刑事案件适用查封、冻结措施有关规定》、《人民检察院刑事诉讼涉案财物管理规定》等法律和司法解释规范。根据《刑法》第六十四条、《刑事诉讼法》第一百四十一条,涉案财物是指公安机关、人民检察院在刑事诉讼过程中依法查封、扣押、冻结的可用以证明犯罪嫌疑人有罪或者无罪的各种财物、文件,包括犯罪嫌疑人的违法所得及其孳息、供犯罪所用的财物、非法持有的违禁品等。因此,涉刑事案件电话卡是指公安机关在刑事诉讼过程中依法扣押的可用以证明犯罪嫌疑人有罪或者无罪的电话卡。公安机关在立案后扣押电话卡的,可以要求互联网服务提供者对涉案电话卡所关联注册的互联网账号采取重新核验、限制功能、暂停服务等暂时性的处置措施,防止损害扩大。由于扣押电话卡的活动一般发生在立案之后,所以公安机关应当提供立案告知书等刑事诉讼文书以及涉案电话卡的电话号码或其所有者的身份信息。

根据《刑法》第六十四条、《刑事诉讼法解释》第二百四十五条,人民法院作出的判决生效以后,有关部门应当根据判决对查封、扣押、冻结的财物及其孳息进行处理,对查封、扣押、冻结的赃款赃物及其孳息,除依法返还被害人的以外,一律上缴国库。因此,如果犯罪嫌疑人被判有罪,公安机关应当将扣押的电话卡上缴国库,此时,公安机关应当要求互联网服务提供者及时关停涉案电话卡所关联注册的互联网账号,终止提供服务,并提供法院生效判决书以及涉案电话卡的电话号码或其所有者的身份信息。

（2）涉行政案件电话卡。

涉行政案件电话卡属于行政案件涉案财物，由《行政强制法》、《行政处罚法》、《治安管理处罚法》、《公安机关办理行政案件程序规定》等法律规范。根据《治安管理处罚法》第十一条，治安案件涉案财物包括办理治安案件所查获的违禁品、直接用于实施违反治安管理行为的本人所有的工具以及违反治安管理所得的财物。因此，行政案件涉案财物的定义和刑事案件涉案财物的定义相似，是指行政机关在办理行政案件过程中依法查封、扣押、冻结的可用以证明行政相对人是否违法的各种财物。而涉行政案件电话卡，是指公安机关、电信主管部门在办理行政案件过程中依法扣押可用以证明行政相对人是否违法的电话卡。根据《行政强制法》第二条、第二十七条，公安机关、电信主管部门处理涉行政案件电话卡需要经过两个阶段：一是公安机关、电信主管部门扣押电话卡。此时公安机关、电信主管部门对电话卡实施的是暂时性控制行为，可以要求互联网服务提供者对涉案电话卡所关联注册的互联网账号采取暂时性的处置措施。二是公安机关、电信主管部门查清违法事实后，依法对电话卡予以没收。此时，公安机关、电信主管部门应当要求互联网服务提供者及时关停涉案电话卡所关联注册的互联网账号，终止提供服务，并提供相应程序的法律文书以及涉案电话卡的电话号码或其所有者的身份信息。

（三）对电话卡所涉案件范围的限制

理论上，涉案财物这一概念存在于所有行政案件、刑事案件中，但考虑到本法的目的是打击治理电信网络诈骗活动，因此，本条所指的行政案件、刑事案件是电信网络诈骗活动的实行行为和帮助行为所涉及的行政案件、刑事案件，包括诈骗罪案件，洗钱罪案件，非法经营罪案件，非法利用信息网络罪案件，侵犯公民个人信息罪案件，帮助信息网络犯罪活动罪案件，掩饰、隐瞒犯罪所得，犯罪所得收益罪案件等刑事案件以及违反本法和相关行政法的行政案件。

【参考规定】

1.《关于纵深推进防范打击通讯信息诈骗工作的通知》①

四是依法开展网上诈骗信息治理，着力压缩诈骗信息传播渠道。即时通

---

① 工业和信息化部于 2018 年 5 月 18 日发布，现行有效。

信、网络社交、搜索引擎、电子商务等重点平台企业要建立完善本企业网络诈骗风险分析模型和网上巡查处置机制,对涉嫌传播诈骗信息的账户依法关停;要将有关责任落实情况纳入本企业电信业务经营信息年报。互联网接入企业要强化对涉诈骗网站和平台等的巡查处置。基础电信企业要进一步加强对端口类短信业务管理等。

2.《工业和信息化部、公安部关于依法清理整治涉诈电话卡、物联网卡以及关联互联网账号的通告》①

五、互联网企业应根据公安机关、电信主管部门有关要求,对涉案电话卡、涉诈高风险电话卡所关联注册的微信、QQ、支付宝、淘宝等互联网账号依法依规进行实名核验,对违法违规账号及时采取关停等处置措施。

【参考案例】

国家网信办曝光一批涉未成年人电信网络诈骗典型案例②

记者 8 月 9 日从国家网信办获悉,针对暑假期间未成年人上网时间增多的情况,国家网信办会同公安部,深入清理网上涉诈有害信息,精准提示潜在受骗群众,从严从重打击不法分子,维护未成年人财产安全和身心健康。2022年以来,已处置涉未成年人电信网络诈骗案件 1.2 万余起。

暑假期间,国家网信办反诈中心监测发现多起针对未成年人的电信网络诈骗事件。不法分子经常以加入“明星粉丝 QQ 群”为诱饵,声称完成任务可领取礼品或明星签名,诱导未成年人进行转账或刷单;有的宣称免费赠送游戏装备,再通过“激活费、认证费、验证费”骗取未成年人钱财,严重危害未成年人身心健康。

国家网信办有关负责同志表示,网站平台积极履行信息内容管理主体责任,在处置涉诈有害信息、整治电信网络诈骗方面发挥了作用。同时也要看到,一些网站平台还存在责任认识不到位、制度机制不完善等问题。QQ、快手等社交类平台、短视频平台要落实信息内容管理要求,持续排查处置涉诈信息、群圈、账号;建立完善账号监测预警机制,及时发现和处置异常账号,落实

---

① 工业和信息化部、公安部于 2021 年 6 月 2 日发布,现行有效。
② 法治网,2022 年 8 月 9 日,http://www.legaldaily.com.cn/index/content/2022-08-09/content_8765846.htm。

账号实名登记制度;建立完善涉诈举报机制,及时处置和反馈网民涉诈举报;对现有应用、业务、技术进行安全评估,对不符合要求的进行整改。对相关企业未履行风险控制责任致使群众受骗的,有关部门将依法追究责任。希望社会各界共同努力,积极引导未成年人,提高防范电信网络诈骗意识,不给犯罪分子可乘之机。

第二十三条(移动互联网应用程序的许可、备案、核验和监测)

第二十三条 设立移动互联网应用程序应当按照国家有关规定向电信主管部门办理许可或者备案手续。

为应用程序提供封装、分发服务的,应当登记并核验应用程序开发运营者的真实身份信息,核验应用程序的功能、用途。

公安、电信、网信等部门和电信业务经营者、互联网服务提供者应当加强对分发平台以外途径下载传播的涉诈应用程序重点监测、及时处置。

【本条主旨】

本条是关于移动互联网应用程序的许可、备案、核验和监测的规定。本条有三款,第一款是关于移动互联网应用程序许可、备案机制的规定;第二款是应用程序封装、分发服务提供者的登记、核验责任;第三款是公安、电信、网信等部门和电信业务经营者、互联网服务提供者对分发平台以外途径下载传播的涉诈应用程序的监测、处置职责。

【核心概念】

互联网应用程序

1. 应用程序(application, application program),简称 APP,在日常用语中被等同于应用软件(application software),是指满足用户需要的计算机程序(计算机指令)。应用软件是计算机指令和数据的集合(program + date = software),与系统软件相对应。

2. 移动互联网应用程序,也称移动智能终端应用软件,是指运行在移动智能终端上向用户提供互联网服务的应用程序。移动智能终端是指接入公众移动通信网络、具有操作系统、可由用户自行安装和卸载应用程序的移动通信终端产品。移动互联网应用程序属于应用程序的一种,其他应用程序有 web 应用程序、计算机应用软件等。在本条中,应用程序是指移动互联网应用程序。

3. 移动互联网应用程序包括移动智能终端预置应用程序以及可以通过移动互联网应用程序分发平台等途径下载、安装、升级的应用程序。移动智能终端预置应用程序是指由移动智能终端生产企业自行或与互联网信息服务提供者合作在移动智能终端出厂前安装的应用程序。

4. 涉诈应用程序,是指专门或者主要用于实施电信网络诈骗等违法犯罪活动的应用程序。

封装、分发服务

1. 封装,也称信息隐藏,是指隐藏应用程序的代码、数据,使其构成一个不可分割的独立实体,仅对外提供访问接口,用户只能根据外部接口进行被允许的操作。封装的作用是保护或防止应用程序的代码、数据在传输、使用过程中被损坏。

2. 分发服务,即移动互联网应用程序分发服务,是指通过互联网提供应用程序发布、下载、动态加载等服务的活动。根据《电信条例》《移动互联网应用程序信息服务管理规定》,从事移动互联网应用程序分发服务,应当依法取得 ICP 许可证并在上线运营三十日内向所在地省、自治区、直辖市网信部门备案。

分发平台

1. 分发平台,即移动互联网应用程序分发平台,是指提供移动互联网应用程序发布、下载、动态加载等服务的互联网信息服务提供者,包括应用商店、快应用中心、互联网小程序平台、浏览器插件平台等类型。

2. 分发平台以外途径,包括移动智能终端生产企业自行或与互联网信息服务提供者合作在移动智能终端出厂前安装应用程序,通过网络链接、二维码直接下载应用程序。

【条文详解】

一、移动互联网应用程序许可、备案机制

本条第一款是关于移动互联网应用程序许可、备案机制的规定。移动互联网应用程序许可、备案机制,本质是电信业务许可制。电信业务许可制,是指国家对电信业务经营按照电信业务分类,实行许可制度;经营电信业务,必须依照《电信条例》的规定取得国务院信息产业主管部门或者省、自治区、直辖市电信管理机构颁发的电信业务经营许可证;未取得电信业务经营许可证,任何组织或者个人不得从事电信业务经营活动。《电信条例》将电信业务分为基础电信业务和增值电信业务,经营基础电信业务的,应当取得《基础电信业务经营许可证》;经营增值电信业务的,应当取得 IDC 许可证、CDN 许可证、IP-VPN 许可证、ISP 许可证、EDI 许可证、ICP 许可证、SP 许可证等《增值电信业务经营许可证》(详见第二十一条),而常见的互联网服务就是《电信条例》中的增值电信业务。因此,移动互联网应用程序运行在移动智能终端上,向用户提供互联网服务,应当依照《电信条例》的规定取得相应电信业务经营许可证。以设立提供互联网信息服务的移动互联网应用程序为例,应用程序提供者(即应用程序所有者或者运营者)需要取得多重许可、备案。首先,应用程序提供者提供非经营性互联网信息服务的,应当依照《互联网信息服务管理办法》的规定向省、自治区、直辖市电信管理机构或者国务院信息产业主管部门办理备案手续,未履行备案手续的,不得提供非经营性互联网信息服务。其次,应用程序提供者提供经营性互联网信息服务的,应当依照《电信条例》和《互联网信息服务管理办法》的规定,向省、自治区、直辖市电信管理机构或者国务院信息产业主管部门申请办理 ICP 许可证,未取得许可证的,不得提供经营性互联网信息服务。最后,应用程序提供者提供新闻、出版、教育、医疗保健、药品和医疗器械等特殊类型互联网信息服务的,无论该互联网信息服务是非经营性互联网信息服务还是经营性互联网信息服务,依照法律、行政法规以及国家有关规定应当经有关主管部门审核同意或者取得相关许可的,经有关主管部门审核同意或者取得相关许可后方可提供相应互联网信息服务,不得未经许可或者超越许可范围提供相应互联网信息服务。

二、应用程序封装、分发服务提供者的登记、核验责任

本条第二款是关于应用程序封装、分发服务提供者的登记、核验责任的规定。目前,法律法规仅对应用程序分发平台有登记、核验要求,应用程序封装服务提供者和其他应用程序分发服务提供者可以参考这些规定。

应用程序封装、分发服务提供者承担登记、核验应用程序开发运营者真实

身份信息的责任。参考《移动智能终端应用软件预置和分发管理暂行规定》第八条第一款、《移动互联网应用程序信息服务管理规定》第十九条,应用程序封装、分发服务提供者应当登记申请上架和更新的应用程序的开发运营者的身份信息、联系方式等信息,同时,采取复合验证等措施核验应用程序开发运营者的身份信息。复合验证措施,是指对被核验者进行基于移动电话号码、身份证件号码或者统一社会信用代码等多种方式相结合的真实身份信息认证。应用程序封装、分发服务提供者可以通过国家提供的网络身份认证公共服务核验应用程序开发运营者的身份信息(详见第三十三条)。

应用程序封装、分发服务提供者承担核验应用程序的功能、用途的责任。法律对应用程序分发平台的核验责任提出了较高要求,根据《移动智能终端应用软件预置和分发管理暂行规定》第八条和《移动互联网应用程序信息服务管理规定》第二十条,应用程序分发平台应当审核申请上架和更新的应用程序的名称、图标、简介等外观以及应用程序的内容、开发运营者身份信息、业务类型、许可或备案情况、安全评估情况、数据安全和个人信息处理情况、收费计费情况等实质内容。应用程序封装服务提供者和其他应用程序分发服务提供者是否承担相似标准的核验责任尚不清楚,考虑到本法打击治理电信网络诈骗活动的立法目的,应用程序封装、分发服务提供者主要核验应用程序是否属于本法第十四条规定的涉诈软件(详见第十四条),即应用程序封装、分发服务提供者应当重点核验应用程序开发运营者的许可或备案情况,未履行备案手续或没有取得许可证的,不得提供服务。同时,应用程序封装、分发服务提供者也应当核验应用程序是否存在违规使用党和国家形象标识或者假冒国家机关名义等情况。如果其他法律法规对应用程序封装、分发服务提供者的核验责任有更高要求或有其他要求,应用程序封装、分发服务提供者不得以满足本法核验要求为理由逃避其他核验责任。

三、对分发平台以外途径下载传播的涉诈应用程序的监测、处置职责

应用程序主要通过应用程序分发平台为其用户提供发布、下载、安装、升级服务,涉诈应用程序也可以通过应用程序分发平台传播,但应用程序分发平台对申请上架和更新的应用程序进行较严格的登记、核验,阻碍了涉诈应用程序的传播。本条第三款规定了公安、电信、网信等部门和电信业务经营者、互联网服务提供者对分发平台以外途径下载传播的涉诈应用程序的监测、处置

职责,其目的是配合本条第一款、第二款的规定从各方面、各途径彻底阻断涉诈应用程序的传播。

分发平台以外途径,包括移动智能终端生产企业自行或与互联网信息服务提供者合作在移动智能终端出厂前安装应用程序,通过网络链接、二维码直接下载应用程序等。根据《移动智能终端应用软件预置和分发管理暂行规定》,移动智能终端预置应用程序承担的责任与应用程序分发平台承担的责任基本一致,因此,有关部门和单位需要加强对网络链接、二维码直接下载应用程序等情况的重点监测、及时处置。具体作法可以参考《工业和信息化部办公厅关于进一步清理整治网上改号软件的通知》,包括通过技术手段和用户举报机制监测识别涉诈应用程序,通过屏蔽有关涉诈应用程序的关键词,删除涉诈应用程序推广、售卖、下载和使用信息以及下载涉诈应用程序的网络链接和二维码、封停传播涉诈应用程序的互联网账号等手段阻断涉诈应用程序的网上发布、搜索、传播、销售、宣传渠道。

【参考规定】

1.《移动智能终端应用软件预置和分发管理暂行规定》①

第八条 从事应用商店等移动应用分发平台服务的互联网信息服务提供者,以及在移动智能终端中预置了移动应用分发平台的生产企业对所提供的应用软件负有以下管理责任:

(一)应登记应用软件提供者、运营者、开发者的真实身份、联系方式等信息。

(二)应建立应用软件管理机制,对应用软件进行审核及安全、服务等相关检测,对审核和检测中发现的恶意应用软件等违法违规软件,不得向用户提供;对所提供应用软件进行跟踪监测,及时处理违法违规软件,建立完善用户举报投诉处置措施等。

(三)应要求应用软件提供者在提交应用软件时声明其获取的用户终端权限及用途,并将上述信息向软件下载用户明示。

(四)应留存所提供应用软件,以及该软件有关版本、上线时间、功能简介、用途、MD5(消息摘要算法5)等校验值、服务器接入等信息以备追溯检测,

---

① 工业和信息化部于2016年12月16日发布,2017年7月1日开始实施,现行有效。

相关信息的留存时间不短于 60 日。

（五）对于违反本规定第四条要求的应用软件，以及在通信主管部门监督检查中发现的恶意应用软件，相关企业应予以及时下架。

（六）应加强网络安全防护以及对相关人员的教育培训，保障自身系统安全和用户个人信息安全。

2.《移动互联网应用程序信息服务管理规定》①

第七条　应用程序提供者通过应用程序提供互联网新闻信息服务的，应当取得互联网新闻信息服务许可，禁止未经许可或者超越许可范围开展互联网新闻信息服务活动。

应用程序提供者提供其他互联网信息服务，依法须经有关主管部门审核同意或者取得相关许可的，经有关主管部门审核同意或者取得相关许可后方可提供服务。

第十八条　应用程序分发平台应当建立分类管理制度，对上架的应用程序实施分类管理，并按类别向其所在地省、自治区、直辖市网信部门备案应用程序。

第十九条　应用程序分发平台应当采取复合验证等措施，对申请上架的应用程序提供者进行基于移动电话号码、身份证件号码或者统一社会信用代码等多种方式相结合的真实身份信息认证。根据应用程序提供者的不同主体性质，公示提供者名称、统一社会信用代码等信息，方便社会监督查询。

第二十条　应用程序分发平台应当建立健全管理机制和技术手段，建立完善上架审核、日常管理、应急处置等管理措施。

应用程序分发平台应当对申请上架和更新的应用程序进行审核，发现应用程序名称、图标、简介存在违法和不良信息，与注册主体真实身份信息不相符，业务类型存在违法违规等情况的，不得为其提供服务。

应用程序提供的信息服务属于本规定第七条规定范围的，应用程序分发平台应当对相关许可等情况进行核验；属于本规定第十四条规定范围的，应用程序分发平台应当对安全评估情况进行核验。

应用程序分发平台应当加强对在架应用程序的日常管理，对含有违法和

①　国家互联网信息办公室发布，2022 年 8 月 1 日开始实施，现行有效。

不良信息,下载量、评价指标等数据造假,存在数据安全风险隐患,违法违规收集使用个人信息,损害他人合法权益等的,不得为其提供服务。

【参考案例】

吕能超帮助信息网络犯罪活动罪①

案件事实

2020 年 3 月 22 日,被告人吕某某通过网络 QQ 群招揽客户,先后为 QQ 昵称是"鱼某某"、"库某某"、"小张""小新"等人搭建了"安逸花"、"蚂蚁借呗"、"宜人贷"、"人人贷"等非法贷款 APP 用于犯罪。吕能超通过上述人员提供的贷款源代码进行修改搭建非法贷款 APP,帮助客户购买域名,制作与合法正规贷款软件相似的推广网络链接,并负责这些非法贷款网站后期维护和数据存储。吕能超制作的诈骗网络链接可以在后台更改贷款申请人的信息资料,诈骗团伙以卡号输入错误、批款被冻结,需要解冻手续费等借口,实施诈骗等非法犯罪活动。吕能超为诈骗团伙提供网络技术支持先后获利 10 万余元。

法院判决

被告人吕能超明知他人利用信息网络实施犯罪,仍为他人犯罪提供技术支持,情节严重,其行为已触犯《中华人民共和国刑法》第二百八十七条之二的规定,构成帮助信息网络犯罪活动罪。

第二十四条(域名解析、域名跳转、网址链接转换服务提供者的核验、记录责任)

第二十四条 提供域名解析、域名跳转、网址链接转换服务的,应当按照国家有关规定,核验域名注册、解析信息和互联网协议地址的真实性、准确性,规范域名跳转,记录并留存所提供相应服务的日志信息,支持实现对解析、跳转、转换记录的溯源。

---

① 陕西省西安市长安区人民法院(2020)陕 0116 刑初 766 号刑事判决书。

【本条主旨】

本条是关于对域名解析、域名跳转、网址链接转换服务的核验、记录的规定。

【核心概念】

域名解析

1. 域名解析服务,是指在互联网上通过架设域名解析服务器和相应软件,实现互联网域名和互联网协议地址的对应关系转换的服务。

2. 互联网协议地址,即 IP 地址,是由互联网协议(IP 协议)为互联网上每台计算机分配唯一的编号、地址。每台计算机在一定时间内 IP 地址固定,通过 IP 地址可以定位到计算机。

3. 域名,也称网域,是指互联网上识别和定位计算机的层次结构式的字符标识。为了解决计算机 IP 地址不方便记忆的问题,人们设计了域名,并通过网域名称系统(DNS,Domain Name System)将域名和网站的 IP 地址相互映射,使访问者可以通过域名直接访问网站。域名解析是实现互联网域名和 IP 地址相互对应关系的过程。

4. 域名注册、域名解析服务由域名注册服务机构提供,由域名注册管理机构、工业和信息化部监管。

域名跳转

域名跳转,指对某一域名的访问跳转至该域名绑定或者指向的其他域名、IP 地址或者网络信息服务等。

网址链接转换

网址链接转换,是指将网址链接从某种形式转换为另外一种形式,常见的包括:从长链接转换为短链接,从长链接转换为图片、文字等。网址链接、链接(uniform resource locator,URL),即统一资源定位系统,用简单字符串指明网站地址的方式。注册域名并完成域名解析后,域名可以作为链接使用。

【条文详解】

参考《公共互联网网络安全威胁监测与处置办法》,恶意 IP 地址、恶意域名、恶意 URL、恶意电子信息,包括木马和僵尸网络控制端,钓鱼网站,钓鱼电子邮件、短信/彩信、即时通信等,经常被用于实施网络攻击。这些恶意 IP 地址、恶意域名、恶意 URL、恶意电子信息诱导用户访问伪装成国家机关、国际组织、知名社会组织或公司网站的虚假网站,或伪装成股票、机票、虚拟货币等交易平台的网站,骗取用户信任、获取用户银行账户信息等个人信息甚至直接劫持用户主机,为进一步实施电信网络诈骗活动提供便利条件。如,在羊大记诈骗罪案中,被告人羊大记伙同他人开设虚假代购机票网站"航空票务",当被害人上网搜索到该网站并拨打电话联系时,羊大记以"代购机票机器故障"或"票号不对,未办理成功"等为由,诱骗被害人转账汇款。又如,在林炎、胡明浪诈骗罪案中,被告人林炎、胡明浪利用杨东昊提供的伪基站冒充"95533、10086、95588"等客服号码向他人发送含钓鱼网站链接的短信三万余条,通过诱导他人访问钓鱼网站并填写银行账户信息骗取财物。

本条的目的不是直接治理恶意 IP 地址、恶意域名、恶意 URL、恶意电子信息,而是防止不法分子利用域名解析、域名跳转、网址链接转换服务使用户在访问正常网站或利用链接跳转至正常网站过程中跳转至恶意网站。如,利用域名解析服务修改正常网站 IP 指向,使用户在访问该网站时被连接至恶意网站。在李丙龙破坏计算机信息系统罪案中,被告人李丙龙利用域名解析服务修改东方网子域名的 IP 指向至赌博网站广告发布页面。又如,利用网址链接转换服务将长链接转换为短链接或将长链接转换为图片、文字,降低用户的警惕性,以便进一步实施电信网络诈骗活动。如,在耿伟、蔡宇杰诈骗罪案中,被告人耿伟、蔡宇杰将 iPhoneXR 手机的支付链接转换为短连接,以此链接为刷单链接为由,将链接发给被害人、诱骗被害人付款。

本条规定了域名解析、域名跳转、网址链接转换服务提供者的核验、记录责任,目的是减小用户在访问正常网站过程中被连接到恶意网站的风险,支持有关部门在用户被连接至恶意网站后,通过记录和留存的日志信息溯源违法犯罪活动发生的过程,追究相关人员的责任。目前,部门规章、规范性文件已对域名解析、域名跳转服务提供者的核验、记录责任作出规定,本条将这些行之有效的做法上升为法律,在此基础上促进相关制度进一步发展完善,至于网址链接转换服务提供者的核验、记录责任,可以参考域名解析、域名跳转服务提供者的核验、记录责任。

域名解析、域名跳转、网址链接转换服务提供者的核验责任是指域名解析、域名跳转、网址链接转换服务提供者应当核验域名持有者的身份信息、域名和 IP 地址的对应关系以及网站备案情况等信息,确保域名注册、解析信息和 IP 地址的真实性、准确性,域名和 IP 地址相对应且接入的网站已备案,不得为域名注册信息不准确、不完整的用户提供服务,不得为篡改域名和 IP 地址对应关系的用户提供服务,也不得为网站没有备案的用户提供服务。域名解析、域名跳转、网址链接转换服务提供者应当通过域名管理系统等信息管理系统以及工业和信息化部 ICP/IP 地址/域名信息备案管理系统(以下简称备案系统)核验上述信息。其中,域名管理系统包括注册管理系统、注册数据库、域名解析系统、域名信息查询系统、身份信息核验系统等,域名解析、域名跳转、网址链接转换服务提供者应当通过域名管理系统等信息管理系统核验域名注册、解析信息等信息。而备案系统是单位或个人判断互联网信息服务提供者是否合法的重要依据,有 ICP 备案和非经营性互联网信息服务提供者备案两种备案形式。根据《互联网信息服务管理办法》《电信条例》,经营性互联网信息服务提供者应当取得 ICP 许可证,并在备案系统中进行 ICP 备案;非经营性互联网信息服务提供者应当在备案系统中备案,未经备案不得从事非经营性互联网信息服务。域名解析、域名跳转、网址链接转换服务提供者应当通过该系统核验用户资质。值得注意的是,根据《工业和信息化部关于开展互联网基础管理专项行动的通知》和《工业和信息化部关于规范互联网信息服务使用域名的通知》,域名管理系统等信息管理系统与备案系统已进行对接,实现域名与网站管理联动,域名解析、域名跳转、网址链接转换服务提供者应当做好企业系统与"备案系统"的对接和联调工作,以便顺利开展核验工作。

参考《互联网域名管理办法》第三十六条、第四十六条,域名解析、域名跳转、网址链接转换服务提供者的记录责任是指依法记录并留存域名解析日志、域名跳转日志、网址链接转换日志等日志和记录,支持电信管理机构等部门根据上述日志和记录开展监督检查和追责工作。

【参考规定】

1.《工业和信息化部关于开展互联网基础管理专项行动的通知》[①]

(六)规范域名注册和解析服务市场

部信息通信管理局负责对"备案系统"中配置的可备案顶级域进行梳理,

[①]　工业和信息化部于 2016 年 11 月 28 日发布,现行有效。

清理不符合相关管理要求的顶级域。

(六)域名注册和解析服务企业,应严格执行境内接入网站域名"未备案,不解析",即对境内接入的未备案网站域名不予解析(含跳转),不得对列入黑名单的域名提供注册和解析服务,配合各地通信管理局停止违法违规网站域名解析。

各地通信管理局应依据《电信业务分类目录(2015年版)》,开展互联网域名解析服务增值电信业务许可管理工作,逐步清理互联网域名解析服务市场。

(七)开展域名注册信息采集

域名注册管理机构、域名注册服务机构应按照《工业和信息化部ICP/IP地址/域名信息备案管理系统企业系统接口规范(3.1版)》的要求,完成与部"备案系统"的对接和联调。2017年3月起向部级系统报备域名注册信息,并实现与本单位域名注册业务信息及时、真实、准确的同步动态更新,以实现域名与网站管理联动,提升备案信息的准确性。

各地通信管理局指导属地域名注册服务机构做好企业系统与部"备案系统"的对接和联调工作,保证域名注册信息报送工作的顺利开展。

2.《互联网域名管理办法》①

第三十条　域名注册服务机构提供域名注册服务,应当要求域名注册申请者提供域名持有者真实、准确、完整的身份信息等域名注册信息。

域名注册管理机构和域名注册服务机构应当对域名注册信息的真实性、完整性进行核验。域名注册申请者提供的域名注册信息不准确、不完整的,域名注册服务机构应当要求其予以补正。

申请者不补正或者提供不真实的域名注册信息的,域名注册服务机构不得为其提供域名注册服务。

第三十六条　提供域名解析服务,应当遵守有关法律、法规、标准,具备相应的技术、服务和网络与信息安全保障能力,落实网络与信息安全保障措施,依法记录并留存域名解析日志、维护日志和变更记录,保障解析服务质量和解析系统安全。涉及经营电信业务的,应当依法取得电信业务经营许可。

三十七条　提供域名解析服务,不得擅自篡改解析信息。

---

① 工业和信息化部于2017年8月24日发布,2017年11月1日开始实施,现行有效。

任何组织或者个人不得恶意将域名解析指向他人的 IP 地址。

3.《工业和信息化部关于规范互联网信息服务使用域名的通知》①

第三条 域名注册管理机构、域名注册服务机构应当按照《互联网域名管理办法》和电信主管部门的要求,建设相应的信息管理系统,与"工业和信息化部 ICP/IP 地址/域名信息备案管理系统"(以下简称备案系统)进行对接,报送域名注册相关信息。

第四条 域名注册管理机构、域名注册服务机构应当进一步加强域名真实身份信息注册管理,不得为未提供真实身份信息的域名提供解析服务。

【参考案例】

海南省儋州市羊大记开设虚假机票网站诈骗案②

案件事实

2014 年 7 月起,被告人羊大记伙同他人开设虚假的代购机票网站"航空票务",以实施网络诈骗。当被害人上网搜索到虚假的代购机票网站,并拨打电话 4008928000 联系时,即以"代购机票机器故障"或"票号不对,未办理成功"等为由,诱骗被害人到自动取款机进行操作,转账汇款至被告人指定的账号,羊大记负责取款。羊大记等人用此种手段诈骗 2 起,骗得金额共计 49573 元。

法院判决

法院认为,被告人羊大记以非法占有为目的,伙同他人用虚构事实的方法,通过互联网骗取被害人钱财,数额较大,其行为已构成诈骗罪。

林炎、胡明浪诈骗案③

案件事实

2015 年 10 月 18 日至 21 日,被告人林炎、胡明浪和杨东昊(另案处理)经

---

① 工业和信息化部于 2017 年 11 月 27 日发布,2018 年 1 月 1 日开始实施,现行有效。
② 最高人民法院发布 9 起电信网络诈骗犯罪典型案例,2016 年 3 月 6 日。
③ 最高人民法院发布六起惩治电信诈骗犯罪典型案例,2016 年 9 月 30 日。

事先共谋,由杨东昊提供伪基站并事先编辑好诈骗短信,指使被告人林炎、胡明浪在福州市鼓楼区、台江区、仓山区、闽侯县上街镇等地使用伪基站,屏蔽干扰以该伪基站为中心一定范围内的通讯运营商信号,搜取屏蔽范围内用户手机卡信息,冒充"95533、10086、95588"等相关客服号码向手机用户发送虚假短信30801条,企图骗取手机用户的信任,点击短信中的钓鱼网站、填写相关银行账户信息,以达到骗取手机用户钱款的目的。

法院判决

被告人林炎、胡明浪以非法占有为目的,伙同他人利用电信技术手段发送虚假短信,对不特定多数人实施诈骗,情节严重,其行为已构成诈骗罪。

第二十五条(禁止支持或者帮助他人实施电信网络诈骗活动以及电信业务、互联网服务的监测识别和处置制度)

第二十五条 任何单位和个人不得为他人实施电信网络诈骗活动提供下列支持或者帮助:

(一)出售、提供个人信息;

(二)帮助他人通过虚拟货币交易等方式洗钱;

(三)其他为电信网络诈骗活动提供支持或者帮助的行为。

电信业务经营者、互联网服务提供者应当依照国家有关规定,履行合理注意义务,对利用下列业务从事涉诈支持、帮助活动进行监测识别和处置:

(一)提供互联网接入、服务器托管、网络存储、通讯传输、线路出租、域名解析等网络资源服务;

(二)提供信息发布或者搜索、广告推广、引流推广等网络推广服务;

(三)提供应用程序、网站等网络技术、产品的制作、维护服务;

(四)提供支付结算服务。

【本条主旨】

本条是关于禁止支持或者帮助他人实施电信网络诈骗活动以及电信业务、互联网服务的监测识别和处置制度的规定。本条有两款,第一款是单位和个人不得支持或者帮助他人实施电信网络诈骗活动的消极义务;第二款是电信业务经营者、互联网服务提供者对利用电信业务、互联网服务从事涉诈支持、帮助活动的监测识别和处置责任。

【核心概念】

个人信息

个人信息,是以电子或者其他方式记录的与已识别或者可识别的自然人有关的各种信息,不包括匿名化处理后的信息。

洗钱

洗钱,是指将毒品犯罪、黑社会性质的组织犯罪、恐怖活动犯罪、走私犯罪、贪污贿赂犯罪、破坏金融管理秩序犯罪、金融诈骗犯罪的所得及其产生的收益,通过各种手段掩饰、隐瞒其来源和性质,使其在形式上合法化的行为。(具体可参考本书第十八条释义)

涉诈支持、帮助活动

涉诈支持、帮助活动,是指为他人实施电信网络诈骗活动提供卡、账户、账号、设备、软件、电信业务、互联网服务等各类支持或者帮助。

网络资源服务

1. 网络资源服务,是指为他人实施电信网络诈骗活动提供互联网接入、服务器托管、网络存储、通讯传输、线路出租、域名解析等网络资源服务。

2. 互联网接入服务,是指利用接入服务器和相应的软硬件资源建立业务节点,并利用公用通信基础设施将业务节点与互联网骨干网相连接,为各类用户提供接入互联网的服务。用户可以利用公用通信网或其他接入手段连接到其业务节点,并通过该节点接入互联网。

3. 服务器托管服务,也称主机托管,是指用户将购买的服务器托管到互联网数据中心的专业机房和相应的配套设施中,由互联网数据中心提供放置、代理维护、系统配置及管理服务。

4. 网络存储服务,是指通过互联网为用户提供数据的异地存储、访问等服务。

5. 通讯传输服务,是指为用户提供信息、数据交流和传递的服务,如固化通信业务、蜂窝移动通信业务。

6. 线路出租业务,是指电信业务经营者将公用电信网中的电话电路、电报电路、宽频带电路和数字电路等电信线路出租给用户专用的业务。

7. 域名解析服务,是指在互联网上通过架设域名解析服务器和相应软件,实现互联网域名和互联网协议地址的对应关系转换的服务。

网络推广服务

1. 网络推广服务,是指为他人实施电信网络诈骗活动提供传播涉诈信息的服务。

2. 信息发布服务,是指通过信息发布平台或者其他技术手段将涉诈信息发布给不特定多数人的服务。

3. 信息搜索服务,是指根据用户需求,利用技术从互联网上获取相关信息,并对信息进行一定处理后反馈给用户的服务。这里是指利用信息搜索服务将涉诈信息传播给不特定多数人的服务。

4. 广告推广服务,是指利用广告传播涉诈信息的服务。

5. 引流推广服务,是指利用链接、截屏、二维码、访问账号密码及其他指引访问服务传播涉诈信息的服务。

支付结算服务

支付结算服务,是指为他人实施电信网络诈骗活动提供货币给付及其资金清算。

【条文详解】

随着国内不断加大打击力度,电信网络诈骗活动已经从早期的"单打独斗型"向"产业型"转变,个人几乎无法单独完成诈骗活动,电话卡、物联网卡、银行账户、支付账户、电信业务、互联网服务用户实名制确保了对电信网络诈骗活动的可追责性,反诈宣传制度、预警劝阻制度、涉诈资金紧急止付和快速冻结制度以及涉诈异常电话卡、涉诈异常账户、涉诈异常账号、涉诈异常信息、活动监测识别和处置措施等逐渐完善的反诈制度和措施也极大地增加了实施违法犯罪活动的成本。因此,电信网络诈骗活动加速产业化,由上下游违法犯罪活动为其提供个人信息、洗钱、网络资源服务、网络推广服务、网络技术、产品的制作、维护服务、支付结算服务等各类支持或帮助,用于实施诈骗、逃避监管和处罚以及掩饰、隐瞒、转移赃款,即围绕电信网络诈骗活动形成所谓涉诈"灰黑产业"。打击治理电信网络诈骗活动,不仅应当从诈骗活动本身着手,还应当从涉诈"灰黑产业"着手,没有涉诈"灰黑产业"的支持,境内外不法分子很难成功完成诈骗活动,且在跨国执法司法渠道不通畅的情况下,打击涉诈"灰黑产业"是有效预防跨境电信网络诈骗活动的方法。

本条和本法第十四条、第三十一条共同构成了打击涉诈"灰黑产业"的制度,其中,本条的打击对象是"灰黑产业"中涉诈支持、帮助活动,规定了单位、个人不得为他人实施电信网络诈骗活动提供支持或帮助的消极义务以及电信业务经营者、互联网服务提供者对利用电信业务、互联网服务从事涉诈支持、帮助活动的监测识别和处置责任,目的是全链条全方位打击治理电信网络诈骗活动的上下游关联违法犯罪活动,从而有效地遏制电信网络诈骗活动。

一、单位和个人不得支持或者帮助他人实施电信网络诈骗活动的消极义务

本条第一款规定了单位和个人不得支持或者帮助他人实施电信网络诈骗活动的消极义务,单位、个人不履行消极义务的,应当根据本法第四十二条承担没收违法所得、罚款或拘留的行政责任,或根据《刑法》承担相应的刑事责任。值得注意的是,与刑法中帮助信息网络犯罪活动罪不同,本条第一款对单位、个人主观上的"明知"没有要求,即无论单位、个人是否明知他人实施电信网络诈骗活动,只要为他人实施电信网络诈骗活动提供本条第一款规定的各类支持或者帮助,就属于违反消极义务的行为。这表明立法机关对这些涉诈支持、帮助活动性质的特殊认定,反映了国家对这些涉诈支持、帮助活动在电信网络诈骗活动中起到关键作用的判断。

本条第一款也列举了在电信网络诈骗活动中起到关键作用的涉诈支持、帮助活动:一是出售、提供个人信息。不法分子可能利用非法获取的个人信息办理电话卡或银行卡、注册互联网账号以及获取其他电信网络服务作为实施电信网络诈骗活动的工具,或利用非法获取的个人信息对被害人进行画像实施精准诈骗。如,在徐某等6人侵犯公民个人信息罪案中,被告人通过购买和非法采集的方式获取他人身份证信息和人脸识别信息用于注册和实名认证电话卡,其中有55张电话卡被不法分子用于电信网络诈骗活动,涉及68起诈骗

罪案件,涉案金额284万余元。为了打击治理涉诈"灰黑产业"中个人信息相关产业,本条第一款规定了单位、个人不得出售、提供个人信息的义务,本法第二十九条规定了个人信息处理者规范个人信息处理活动的义务,加强个人信息保护、建立个人信息被用于电信网络诈骗活动的防范机制的义务以及履行个人信息保护职责的部门、单位对涉诈个人信息实施重点监管和保护的职责,目的是防范个人信息被用于电信网络诈骗活动。

二是提供洗钱帮助。洗钱是电信网络诈骗活动的下游违法犯罪活动,为不法分子掩饰、隐瞒违法犯罪所得及其收益提供帮助。如,在罗某杰诈骗罪二审案中,被告人罗某杰与犯罪分子事前通谋,通过虚拟货币商和地下钱庄以将赃款兑换成虚拟货币"泰达币",又将"泰达币"变现的方式向境外转移赃款。为了治理涉诈"灰黑产业"中洗钱相关产业,本法第三章专门规定了金融治理制度和措施,本条第一款从消极不作为角度规定了单位、个人不得提供洗钱帮助的义务,目的是斩断电信网络诈骗活动的资金链。

三是提供其他各类支持或者帮助。如前所述,本条第一款对单位、个人主观上的"明知"没有要求,只要为他人实施电信网络诈骗活动提供本条第一款规定的各类支持或者帮助,就是违反消极义务的行为。相应地,并非所有为他人实施电信网络诈骗活动提供支持或者帮助的活动都属于本条第一款第三项规定的兜底情形,只有那些在电信网络诈骗活动中起到关键作用,并形成规模以上的"产业",因而本身具有一定社会危害性的支持或帮助活动才属于本条第一款第三项规定的兜底情形。参考《最高人民法院、最高人民检察院、公安部关于关于办理电信网络诈骗等刑事案件适用法律若干问题的意见》《最高人民法院、最高人民检察院、公安部关于关于办理电信网络诈骗等刑事案件适用法律若干问题的意见(二)》等司法解释,本条第一款第三项规定的兜底情形主要有制作、销售、提供"木马"程序和"钓鱼软件"等恶意程序;提供"伪基站"、"黑广播"设备或相关服务;收购、出售、出租信用卡、银行账户、非银行支付账户、具有支付结算功能的互联网账号密码、网络支付接口、网上银行数字证书;以及收购、出售、出租手机卡、流量卡、物联网卡等。

二、电信业务经营者、互联网服务提供者的监测识别和处置责任

本条第二款规定了电信业务经营者、互联网服务提供者对利用电信业务、互联网服务从事涉诈支持、帮助活动的监测识别和处置责任。电信业务经营

者、互联网服务提供者应当建立监测识别和处置机制,采取技术措施和其他必要措施,如,建立电信业务、互联网服务涉诈风险分析模型和网上巡查处置机制,或建立用户举报投诉受理、处理和反馈机制,监测识别和处置不法分子利用网络资源服务、网络推广服务、网络技术、产品的制作、维护服务和支付结算服务从事涉诈支持、帮助活动。

本条第二款也完全列举出电信业务经营者、互联网服务提供者需要监测识别的对象:

一是网络资源服务。电信网络诈骗活动具有技术性、远程性、非接触性的特点,互联网接入、服务器托管、网络存储、通讯传输、线路出租、域名解析等网络资源服务是不法分子远程、非接触地连接被害人的工具。如,在周某平、施某青帮助信息网络犯罪活动罪案中,不法分子利用被告人提供的宽带账号实施电信网络诈骗犯罪活动,致使被害人被骗 158 万余元。为了治理涉诈"灰黑产业"中网络资源服务相关产业,本法第二十一条提出了电信网络服务用户实名制的监管要求,本条第二款则规定了电信业务经营者、互联网服务提供者对利用网络资源服务从事涉诈支持、帮助活动的监测识别和处置责任,目的是确保网络资源服务的可溯源性,挤压不法分子在互联网上的活动空间。

二是网络推广服务。信息发布或者搜索、广告推广、引流推广等网络推广服务主要起到传播涉诈信息的作用,不法分子通过互联网发布虚假信息构建骗局,传播涉诈设备、软件的下载、售卖、使用信息,销售电话卡、银行账户、互联网账号等犯罪工具,传授犯罪方法甚至发布招聘犯罪集团成员的公告,严重破坏互联网生态和秩序。如,在李某某、彭某某等 6 人帮助信息网络犯罪活动罪案中,被告人与境外电信网络诈骗团伙勾结,通过某短视频平台的账号发布兼职广告,向不特定多数人推广该账号,致使多人被诈骗。为了治理涉诈"灰黑产业"中网络推广服务相关产业,本法第二十一条提出了电信网络服务用户实名制的监管要求,本条第二款则规定了电信业务经营者、互联网服务提供者对利用网络推广服务从事涉诈支持、帮助活动的监测识别和处置责任,目的是阻断涉诈信息向不特定多数人传播的渠道。

三是网络技术、产品的制作、维护服务。电信网络技术的更新迭代加速了违法犯罪手段的变化,一些前沿电信网络技术也流向了涉诈"灰黑产业",不法分子利用这些前沿技术手段构建新型电信网络诈骗方式,对抗监管部门不断更新换代的电信网络诈骗反制技术措施和公民不断提高的电信网络诈骗防范意识。如,在练某某帮助信息网络犯罪活动罪案中,被告人练某某帮助不法分子封装多个虚假投资理财APP,这些APP被用于实施电信网络诈骗犯罪活动,致使3名受害人被骗共计70余万元。类似的利用软件封装等技术构建虚假投资软件、虚假炒股软件、虚假借贷软件的电信网络诈骗案件受害人数众多、涉案金额巨大,受到有关部门的高度重视。针对这种情况,本法第二十三条和第二十四条从应用程序封装、分发服务提供者和域名解析、域名跳转、网址链接转换服务提供者的角度规范网络技术的应用,本条第二款则规定了电信业务经营者、互联网服务提供者对利用网络技术、产品的制作、维护服务从事涉诈支持、帮助活动的监测识别和处置责任,目的是遏制网络技术、产品流向涉诈"灰黑产业",保障反诈工作的技术优势。

四是支付结算服务。向不法分子提供支付结算服务为其在实施诈骗后转移赃款提供了渠道。如,在王某某等七人帮助信息网络犯罪活动案中,王某某等7人在明知上游用户可能从事电信网络诈骗、网络赌博等犯罪活动的情况下,仍向其提供支付接口,导致被害人刘某某、房某某被他人以网络炒股名义骗取的599948元最终流向上游用户指定的账户。为了治理涉诈"灰黑产业"中互联网支付结算服务相关产业,本法第三章专门规定了金融治理制度和措施,本条第二款则规定了电信业务经营者、互联网服务提供者对利用支付结算服务从事涉诈支持、帮助活动的监测识别和处置责任,目的是斩断电信网络诈骗活动的资金链。

【参考规定】

1.《中华人民共和国刑法》

第二百八十七条之二【帮助信息网络犯罪活动罪】明知他人利用信息网络实施犯罪,为其犯罪提供互联网接入、服务器托管、网络存储、通讯传输等技术支持,或者提供广告推广、支付结算等帮助,情节严重的,处三年以下有期徒刑或者拘役,并处或者单处罚金。

单位犯前款罪的,对单位判处罚金,并对其直接负责的主管人员和其他直接责任人员,依照第一款的规定处罚。

有前两款行为,同时构成其他犯罪的,依照处罚较重的规定定罪处罚。

2.《最高人民法院、最高人民检察院、公安部关于办理电信网络诈骗等刑事案件适用法律若干问题的意见》①

三、全面惩处关联犯罪

（五）明知是电信网络诈骗犯罪所得及其产生的收益，以下列方式之一予以转账、套现、取现的，依照刑法第三百一十二条第一款的规定，以掩饰、隐瞒犯罪所得、犯罪所得收益罪追究刑事责任。但有证据证明确实不知道的除外：

1. 通过使用销售点终端机具（POS 机）刷卡套现等非法途径，协助转换或者转移财物的；

2. 帮助他人将巨额现金散存于多个银行账户，或在不同银行账户之间频繁划转的；

3. 多次使用或者使用多个非本人身份证明开设的信用卡、资金支付结算账户或者多次采用遮蔽摄像头、伪装等异常手段，帮助他人转账、套现、取现的；

4. 为他人提供非本人身份证明开设的信用卡、资金支付结算账户后，又帮助他人转账、套现、取现的；

5. 以明显异于市场的价格，通过手机充值、交易游戏点卡等方式套现的。

实施上述行为，事前通谋的，以共同犯罪论处。

实施上述行为，电信网络诈骗犯罪嫌疑人尚未到案或案件尚未依法裁判，但现有证据足以证明该犯罪行为确实存在的，不影响掩饰、隐瞒犯罪所得、犯罪所得收益罪的认定。

实施上述行为，同时构成其他犯罪的，依照处罚较重的规定定罪处罚。法律和司法解释另有规定的除外。

四、准确认定共同犯罪与主观故意

（三）明知他人实施电信网络诈骗犯罪，具有下列情形之一的，以共同犯罪论处，但法律和司法解释另有规定的除外：

1. 提供信用卡、资金支付结算账户、手机卡、通讯工具的；

2. 非法获取、出售、提供公民个人信息的；

3. 制作、销售、提供"木马"程序和"钓鱼软件"等恶意程序的；

4. 提供"伪基站"设备或相关服务的；

---

① 最高人民法院、最高人民检察院、公安部于 2016 年 12 月 19 日发布，2016 年 12 月 20 日开始实施，现行有效。

5. 提供互联网接入、服务器托管、网络存储、通讯传输等技术支持,或者提供支付结算等帮助的;

6. 在提供改号软件、通话线路等技术服务时,发现主叫号码被修改为国内党政机关、司法机关、公共服务部门号码,或者境外用户改为境内号码,仍提供服务的;

7. 提供资金、场所、交通、生活保障等帮助的;

8. 帮助转移诈骗犯罪所得及其产生的收益,套现、取现的。

上述规定的"明知他人实施电信网络诈骗犯罪",应当结合被告人的认知能力,既往经历,行为次数和手段,与他人关系,获利情况,是否曾因电信网络诈骗受过处罚,是否故意规避调查等主客观因素进行综合分析认定。

3.《最高人民法院、最高人民检察院、公安部关于办理电信网络诈骗等刑事案件适用法律若干问题的意见(二)》[①]

七、为他人利用信息网络实施犯罪而实施下列行为,可以认定为刑法第二百八十七条之二规定的"帮助"行为:

(一)收购、出售、出租信用卡、银行账户、非银行支付账户、具有支付结算功能的互联网账号密码、网络支付接口、网上银行数字证书的;

(二)收购、出售、出租他人手机卡、流量卡、物联网卡的。

十、电商平台预付卡、虚拟货币、手机充值卡、游戏点卡、游戏装备等经销商,在公安机关调查案件过程中,被明确告知其交易对象涉嫌电信网络诈骗犯罪,仍与其继续交易,符合刑法第二百八十七条之二规定的,以帮助信息网络犯罪活动罪追究刑事责任。同时构成其他犯罪的,依照处罚较重的规定定罪处罚。

十一、明知是电信网络诈骗犯罪所得及其产生的收益,以下列方式之一予以转账、套现、取现,符合刑法第三百一十二条第一款规定的,以掩饰、隐瞒犯罪所得、犯罪所得收益罪追究刑事责任。但有证据证明确实不知道的除外。

(一)多次使用或者使用多个非本人身份证明开设的收款码、网络支付接口等,帮助他人转账、套现、取现的;

(二)以明显异于市场的价格,通过电商平台预付卡、虚拟货币、手机充值卡、游戏点卡、游戏装备等转换财物、套现的;

---

① 最高人民法院、最高人民检察院、公安部于 2021 年 6 月 17 日发布,现行有效。

（三）协助转换或者转移财物，收取明显高于市场的"手续费"的。

实施上述行为，事前通谋的，以共同犯罪论处；同时构成其他犯罪的，依照处罚较重的规定定罪处罚。法律和司法解释另有规定的除外。

【参考案例】

赵瑞帮助信息网络案[①]

案件事实

被告人赵瑞明知申请网络支付账号需要提供营业执照、法人身份证等企业五证信息和备案域名，且明知非法代理的网络支付账号可能被用于犯罪资金走账和洗钱，仍通过事先购买的企业五证信息和虚假备案域名在第三方公司申请网络支付账号，并将申请的网络支付账号转卖给他人收取接口费和分润，致使犯罪分子通过其代理的网络支付账号转移涉诈资金。

法院判决

被告人赵瑞明知他人利用信息网络实施犯罪，为其犯罪提供支付结算的帮助，其行为已构成帮助信息网络犯罪活动罪。

第二十六条（互联网服务提供者对涉诈
证据和线索的支持、移送义务）

第二十六条　公安机关办理电信网络诈骗案件依法调取证据的，互联网服务提供者应当及时提供技术支持和协助。

互联网服务提供者依照本法规定对有关涉诈信息、活动进行监测时，发现涉诈违法犯罪线索、风险信息的，应当依照国家有关规定，根据涉诈风险类型、程度情况移送公安、金融、电信、网信等部门。有关部门应当建立完善反馈机制，将相关情况及时告知移送单位。

---

① 浙江省义乌市人民法院（2017）浙 0782 刑初 1563 号刑事判决书。

【本条主旨】

本条是关于互联网服务提供者对涉诈证据和线索的支持、移送义务的规定。本条有两款,第一款是互联网服务提供者对公安机关的支持和协助义务;第二款是互联网服务提供者对涉诈线索的移送义务。

【核心概念】

涉诈信息、活动

涉诈信息、活动,又称涉诈异常信息、活动,是指电信网络上一切可能与电信网络诈骗活动有关的信息、活动,包括涉诈设备、软件接入网络(见第十四条);互联网账号异常使用情形(第二十二条);利用互联网服务从事涉诈支持、帮助活动(第二十五条)等。

涉诈违法犯罪线索、风险信息(以下简称"涉诈线索")

1. 涉诈违法犯罪线索,是指互联网服务提供者依照本法规定对有关涉诈信息、活动进行监测时,发现的与电信网络诈骗活动和涉诈"灰黑产业"有关联的人、事、物。

2. 涉诈风险信息,是指互联网服务提供者依照本法规定对有关涉诈信息、活动进行监测时,根据一定标准确定的有关信息、活动存在异常,有涉电信网络诈骗活动可能及可能性大小的信息。

【条文详解】

本条第一款规定的是互联网服务提供者对公安机关的支持和协助义务。根据《刑事诉讼法》第五十四条第一款,人民法院、人民检察院和公安机关有权向有关单位和个人收集、调取证据,有关单位和个人应当如实提供证据,即对于任何刑事案件,有关单位和个人都有如实提供证据支持司法机关的义务。本条第一款规定的互联网服务提供者的支持和协助义务,是《刑事诉讼法》规定的单位和个人的普遍性支持义务在反诈领域的体现,具体表现为公安机关在办理电信网络诈骗犯罪案件时,有权向互联网服务提供者收集、调取证据,互联网服务提供者应当提供技术支持和协助。同时,公安机关调取证据的行为,应当符合《刑事诉讼法》《刑事诉讼法解释》的规定,对在调取证据过程中知悉的国家秘密、商业秘密、个人隐私应当予以保密,不得泄露、隐匿、篡改、伪造或毁损,也不得出售或者非法向他人提供。

值得注意的是,这里的电信网络诈骗案件不宜狭义理解为诈骗罪案件,应当理解为电信网络诈骗犯罪活动的实行行为和帮助行为涉及的行政案件、刑事案件,包括诈骗罪案件,洗钱罪案件,非法经营罪案件,非法利用信息网络罪案件,侵犯公民个人信息罪案件,帮助信息网络犯罪活动罪案件,掩饰、隐瞒犯罪所得,犯罪所得收益罪案件等刑事案件以及违反本法和相关行政法的行政案件。

本条第二款规定的是互联网服务提供者对涉诈线索的移送义务。互联网服务提供者依照本法规定对涉诈设备、软件接入网络、互联网账号异常使用情形和利用互联网服务从事涉诈支持、帮助活动等涉诈信息、活动进行监测时,发现与电信网络诈骗活动和涉诈"灰黑产业"有关联的人、事、物,或者以一定标准确定监测的信息、活动存在异常,有涉嫌电信网络诈骗活动可能的,应当依照国家有关规定,根据涉诈线索所属行业领域移送有管辖权的公安、金融、电信、网信等部门,涉嫌犯罪的,应当移送公安机关。一般来说,单位和个人向有关部门举报并提供相应违法犯罪线索、证据是单位和个人的权利,即使《刑事诉讼法》第一百一十条规定单位和个人有向公安机关、人民检察院或人民法院举报犯罪事实或者犯罪嫌疑人的权利和义务,但该义务没有对应的行政责任或刑事责任,应当被理解成一种呼吁、倡议。然而考虑到电信网络诈骗活动形势的严峻性,本条第二款加重了网络服务提供者的举报义务,规定了不履行义务的行政责任,使之从道德义务转变为法定移送义务,来督促网络服务提供者将监测获取的涉诈线索移送至有关部门,遏制互联网上频繁的电信网络诈骗活动。目前,互联网服务提供者如何向公安、金融、电信、网信等部门移送涉诈线索尚不清楚,有待进一步明确,互联网服务提供者可以参照《中国银保监会关于印发银行保险机构涉刑案件管理办法(试行)的通知》和《中国银保监会办公厅关于银行保险机构涉刑案件信息报送管理有关事项的通知》移送涉诈线索。本款还规定了公安等有关部门对移送的涉诈线索相关的处置向移送单位进行反馈的责任,敦促有关部门建立完善反馈机制,将移送的涉诈线索的处置情况及时告知移送单位。

本条第二款也可以视为对互联网服务提供者的一种保护,能有效降低其经营成本和经营风险。互联网服务提供者对电信网络上信息、活动采取的处置措施是建立在评估其涉诈风险基础之上的,这种评估必定会有误差,而互联网服务提供者基于误差错误地采取处置措施,会影响到其用户的权利和相互之间签订的互联网服务合同,带来一定的经营成本和经营风险。这种经营成本和经营风险是无法避免的,当互联网服务提供者降低采取处置措施的标准时,即在涉诈风险等级较低时采取处置措施,虽然可以更好地保护其用户不受电信网络诈骗活动的侵害,但更容易将无辜者误判为不法分子,侵害无辜者的合同权利,导致合同纠纷增多;当互联网服务提供者提高采取处置措施的标准时,即在涉诈风险等级较高时采取处置措施,虽然降低了误判的可能性,但在这种情况下其用户将更容易遭受电信网络诈骗活动的侵害,可能导致连带侵权纠纷,甚至导致怠于履行风险防控责任的行政处罚;至于提高涉诈风险评估的准确性,也意味着经营成本的增加,从长远来看不利于互联网服务行业的发展。而本条第二款规定的互联网服务提供者对涉诈线索的移送义务,实际上将一部分成本和风险转移给公安、金融、电信、网信等部门,即互联网服务提供者只做初步筛查,公安、金融、电信、网信等部门做进一步调查,互联网服务提供者根据调查结果解除处置措施或采取更严厉的处置措施,在反诈工作与经济社会秩序之间起到润滑作用。

【参考规定】

1.《中华人民共和国刑事诉讼法》

第五十四条 人民法院、人民检察院和公安机关有权向有关单位和个人收集、调取证据。有关单位和个人应当如实提供证据。

行政机关在行政执法和查办案件过程中收集的物证、书证、视听资料、电子数据等证据材料,在刑事诉讼中可以作为证据使用。

对涉及国家秘密、商业秘密、个人隐私的证据,应当保密。

凡是伪造证据、隐匿证据或者毁灭证据的,无论属于何方,必须受法律追究。

第一百一十条 任何单位和个人发现有犯罪事实或者犯罪嫌疑人,有权利也有义务向公安机关、人民检察院或者人民法院报案或者举报。

被害人对侵犯其人身、财产权利的犯罪事实或者犯罪嫌疑人,有权向公安机关、人民检察院或者人民法院报案或者控告。

公安机关、人民检察院或者人民法院对于报案、控告、举报,都应当接受。对于不属于自己管辖的,应当移送主管机关处理,并且通知报案人、控告人、举报人;对于不属于自己管辖而又必须采取紧急措施的,应当先采取紧急措施,然后移送主管机关。

犯罪人向公安机关、人民检察院或者人民法院自首的,适用第三款规定。

2.《中华人民共和国行政处罚法》

第五十四条　除本法第五十一条规定的可以当场作出的行政处罚外,行政机关发现公民、法人或者其他组织有依法应当给予行政处罚的行为的,必须全面、客观、公正地调查,收集有关证据;必要时,依照法律、法规的规定,可以进行检查。

符合立案标准的,行政机关应当及时立案。

第五十五条　执法人员在调查或者进行检查时,应当主动向当事人或者有关人员出示执法证件。当事人或者有关人员有权要求执法人员出示执法证件。执法人员不出示执法证件的,当事人或者有关人员有权拒绝接受调查或者检查。

当事人或者有关人员应当如实回答询问,并协助调查或者检查,不得拒绝或者阻挠。询问或者检查应当制作笔录。

3.《中国银保监会办公厅关于银行保险机构涉刑案件信息报送管理有关事项的通知》①

……为贯彻落实《银行保险机构涉刑案件管理办法(试行)》(以下简称《办法》),进一步规范银行保险机构涉刑案件信息报送工作,现就《办法》实施后涉刑案件信息(包括案件信息和案件风险事件信息,以下统一简称为案件信息)报送管理有关事项通知如下……

【参考案例】

某在线相亲平台协助警方破获电信诈骗案②

日前,映客旗下在线相亲平台——对缘 APP"反诈团队"依托先进的科技手段,协助河北省张家口市蔚县公安局,破获两起涉"对缘"用户数额数百万的电信诈骗案,端掉两个诈骗窝点,有力震慑了地下黑产。

---

① 中国银行保险监督管理委员会于 2020 年 6 月 11 日发布,现行有效。
② 中国新闻网,2021 年 2 月 8 日,https://www.chinanews.com.cn/business/2021/02-08/9407795.shtml。

2020年5月,王某某、余某某等人在海南省两小区内搭建窝点,着手实施电信网络诈骗犯罪活动。王某某负责提供诈骗后台服务、联系技术支持、购买诈骗手机及日常生活开销,余某某负责招募、拉拢诈骗成员,其他人员负责联系客户、具体聊天,物色受害对象。该团伙成员以谈婚论嫁为名,通过平台结识受害人,待双方感情升温后,在平台下获取联系方式。之后,假借投资理财、给予资助等名义,将受害方步步套牢并诱使对方进行远程、非接触式打款,链接至"金钻娱乐城"等APP,最终实施诈骗。

2020年12月,映客集团"反诈团队"接到河北蔚县公安局协助调查通知后,进一步梳理情况后又发现一起类似诈骗案件。随后,集团积极成立专项小组,利用大数据、AI及溯源技术,准确定位犯罪嫌疑人,配合公安机关将嫌疑人全部抓获归案。

据了解,映客集团专门成立了"反诈"团队,实时监控平台上涉恐、涉黄、涉赌、涉诈等各类违法信息。通过产品、运营、技术、审核、法务、客服、政府事务等多部门联动,定期分析研判,跟踪"黑灰产"变化发展态势,积极主动向监管部门或公安机关移送案件线索,实施精准打击。比如,在风控技术层面,实时更新模型:针对犯罪分子的话术变化,利用算法不断提高针对性;对涉诈骗类关键词过滤拦截,对聊天中涉及的金融信息、第三方平台等高风险词汇自动拦截过滤,并提示用户风险。

第五章　综合措施

　　本法第五章综合措施从第二十七条到第三十七条共计 11 个条文,未分节。本章是关于反电信网络诈骗工作中综合措施的规定,包括公安机关打击治理电信网络诈骗工作机制(第二十七条),金融、电信、网信部门依法开展监督检查(第二十八条),个人信息处理者的义务和履行个人信息保护职责的部门、单位的职责(第二十九条),反电信网络诈骗宣传(第三十条),禁止非法买卖、出租、出借电话卡、物联网卡、电信线路、短信端口、银行账户、支付账户、互联网账号等卡、账户、账号(第三十一条),电信网络诈骗反制技术措施的研发、应用和申诉、解除(第三十二条),网络身份认证公共服务(第三十三条),预警劝阻系统和救助职责(第三十四条),电诈高发地的临时风险防范措施(第三十五条),前往电诈高发地的人员和受过刑事处罚的人员的出境管理(第三十六条),国际执法司法合作(第三十七条)。

　　本章主要规定了个人信息处理者、电信业务经营者、金融机构、互联网服务提供者的风险防范责任、国家和有关部门的职责以及单位、个人的义务,具体内容如下:

　　第一,第二十七条规定了公安机关建立完善打击治理电信网络诈骗工作机制和依法立案侦查电信网络诈骗活动的职责。

　　第二,第二十八条规定了金融、电信、网信部门依法监督检查本行业领域风险防控责任主体的落实风险防控责任情况的职责。

　　第三,第二十九条规定了个人信息处理者规范个人信息处理活动的义务和加强个人信息保护、建立个人信息被用于电信网络诈骗活动的防范机制的义务,以及履行个人信息保护职责的部门、单位对涉诈个人信息实施重点监管和保护的职责。

　　第四,第三十条规定了电信业务经营者、金融机构、互联网服务提供者的警示性宣传责任和新闻、广播、电视、文化、互联网信息服务等单位的针对性宣传责任。

第五,第三十一条规定了单位和个人不得从事涉诈"灰黑产业",不得非法买卖、出租、出借电话卡、物联网卡、电信线路、短信端口、银行账户、支付账户、互联网账号等卡、账户、账号的消极义务。

第六,第三十二、三十三条规定了国家支持电信业务经营者、金融机构、互联网服务提供者研发电信网络诈骗反制技术的职责和国家推进网络身份认证公共服务建设的职责。

第七,第三十四条规定了公安机关会同金融、电信、网信部门组织金融机构、电信业务经营者、互联网服务提供者等有关单位建立预警劝阻系统的职责,以及有关方面完善涉案资金处置制度和给予救助的职责。

第八,第三十五、三十六条是关于电诈高发地的规定,其中第三十五条规定了国务院联席办决定或者批准电诈高发地范围和相应临时风险防范措施的职责以及公安、金融、电信等部门执行国务院联席办规定的职责;第三十六条规定了移民管理机构对前往电诈高发地的人员的出境管理职责和公安机关、移民管理机构对受过刑事处罚的人员的出境管理职责。

第九,第三十七条规定了国务院公安部门等会同外交部门加强国际执法司法合作的职责。

第二十七条(公安机关打击治理电信网络诈骗工作机制)

第二十七条 公安机关应当建立完善打击治理电信网络诈骗工作机制,加强专门队伍和专业技术建设,各警种、各地公安机关应当密切配合,依法有效惩处电信网络诈骗活动。

公安机关接到电信网络诈骗活动的报案或者发现电信网络诈骗活动,应当依照《中华人民共和国刑事诉讼法》的规定立案侦查。

【本条主旨】

本条是关于公安机关打击治理电信网络诈骗工作机制的规定。本条有两款,第一款是公安机关建立完善打击治理电信网络诈骗工作机制的职责,第二款是公安机关依法立案侦查的职责。

【核心概念】

警种

1. 警种，是指按照职责等因素划分的人民警察的不同种类。

2. 根据《人民警察法》，人民警察包括公安机关、国家安全机关、监狱、劳动教养管理机关的人民警察和人民法院、人民检察院的司法警察。其中，公安机关的人民警察按照职责等因素可以划分为户籍、交通、治安、刑事、经济、网络、禁毒、外事等警种。

立案侦查

1. 立案，是指公安机关对于发现的犯罪事实或犯罪嫌疑人，或者对于报案、控告、举报和自首的材料，按照各自的管辖范围进行审查后，决定将其作为刑事案件进行侦查的一种诉讼活动。

2. 侦查，是指公安机关对于刑事案件，依法收集证据、查明案情的工作和有关的强制性措施。

【条文详解】

随着国内不断加大对电信网络诈骗活动的打击力度，电信网络诈骗活动逐渐朝着跨境化、产业化、技术对抗化等方向发展。其中，电信网络诈骗活动的跨境化，是指境内大批电信网络诈骗窝点加速向境外网络条件好、治安混乱、出入境审查不严、生活成本低的国家或地区转移，跨境电信网络诈骗活动日益频繁，逐渐占据我国电信网络诈骗活动的主流。电信网络诈骗活动的产业化，是指围绕电信网络诈骗活动形成涉诈"灰黑产业"，由涉诈"灰黑产业"为实施诈骗、逃避监管和处罚以及掩饰、隐瞒、转移赃款提供电信、金融、互联网领域的设备、软件、服务。电信网络诈骗活动的技术对抗化，是指不法分子利用前沿电信网络技术手段绕过有关部门的监管，为他人实施电信网络诈骗活动提供支持和帮助，而有关部门研发和应用电信网络诈骗反制技术措施对抗用于违法犯罪活动的前沿技术手段，打击治理电信网络诈骗活动及涉诈"灰黑产业"。电信网络诈骗活动的不断发展要求承担打击治理电信网络诈骗活动职责的公安机关必须加强相关工作机制的建立，针对电信网络诈骗活动的显著特点和发展趋势完善内部组织结构，提高打击治理能力，有效惩治电信网络诈骗活动及涉诈"灰黑产业"。本条专门规定了公安机关的职责，第一款是建立完善打击治理电信网络诈骗工作机制的职责,第二款是依法立案侦查的职责,从工作机制及执法活动两方面对公安机关的反诈工作提出要求。

本条第一款规定了公安机关建立完善打击治理电信网络诈骗工作机制的职责。首先,公安机关应当建立完善打击治理电信网络诈骗长效工作机制,配备专门队伍。随着经济社会发展,我国刑事案件发生结构性变化,严重暴力犯罪下降,电信网络诈骗等涉网络犯罪逐渐成为社会顽疾,不断利用制度漏洞和前沿电信网络技术更新犯罪手段,相应地,打击治理电信网络诈骗活动是一项长期、持久的工作,至今已持续十数年,未来仍需久久为功。面对这种情况,公安机关需要建立完善打击治理电信网络诈骗的长效工作机制,配备专门队伍,结合短期专项行动和专案组模式,做好打持久战和攻坚战的准备。其次,公安机关应当加强专业技术建设。如前所述,反诈工作具有较强技术对抗性,从事电信网络诈骗活动及涉诈"灰黑产业"的不法分子多利用金融、电信、互联网等各行业领域技术手段实施违法犯罪活动,因此,打击治理电信网络诈骗活动工作机制需要配备具有各行业领域专业知识、专业技术的专门人才对抗用于违法犯罪活动的技术手段。最后,各警种、各地公安机关应当加强配合协作。一方面,电信网络诈骗活动及涉诈"灰黑产业"是跨行业领域犯罪,涉及金融、电信、互联网、个人信息等多行业领域,各警种需要加强配合协作,通过打击治理电信网络诈骗工作机制统筹协调打击治理工作,做到从某一环节、某一步骤的违法犯罪活动开始查清上下游所有违法犯罪活动。另一方面,电信网络诈骗活动往往是跨境、跨省市违法犯罪活动,涉诈"灰黑产业"也遍布境内外各城市,各地公安机关及其打击治理电信网络诈骗工作机制需要加强配合协作,提高跨境、跨省市打击电信网络诈骗活动的能力。

本条第二款规定了公安机关依法立案侦查的职责。本法第五条规定了本法的法治和保密原则,其中法治原则要求反诈工作应当在党的领导下,依法进行,具体要求有法无授权不可为、法定职责必须为、注重程序以及维护公民和组织的合法权益。本条第二款则是法治原则在公安机关立案侦查活动中的具体体现,即公安机关接到电信网络诈骗活动的报案或者发现电信网络诈骗活动,应当依照《刑事诉讼法》、《刑事诉讼法解释》以及其他法律、司法解释的规定立案侦查,具体有以下三方面内容:一是应立尽立。公安机关接到电信网络诈骗活动的报案或者发现电信网络诈骗活动,审查相关立案材料后,对于其中有犯罪事实、需要追究刑事责任、符合管辖范围的应当立案侦查,对于其中不属于自己管辖的,应当移动主管机关处理,不得不作为或相互推诿。二是及时立案。无论是接到报案或发现犯罪活动后进行初查,还是做出立案决定并进行侦查,都必须在法定期限内尽快进行,不得超出法定期限进行相关活动或者无故在法定期限内拖延时间以至于耽误时机。三是提供救济。公安机关应当提供便捷高效的不予立案救济和错误立案救济,为合法权益受到立案侦查活动侵害的公民、组织提供修复受损权利的途径。

【参考规定】

《中华人民共和国人民警察法》

第二条　人民警察的任务是维护国家安全,维护社会治安秩序,保护公民的人身安全、人身自由和合法财产,保护公共财产,预防、制止和惩治违法犯罪活动。

人民警察包括公安机关、国家安全机关、监狱、劳动教养管理机关的人民警察和人民法院、人民检察院的司法警察。

第六条　公安机关的人民警察按照职责分工,依法履行下列职责:

(一)预防、制止和侦查违法犯罪活动;

(二)维护社会治安秩序,制止危害社会治安秩序的行为;

(三)维护交通安全和交通秩序,处理交通事故;

(四)组织、实施消防工作,实行消防监督;

(五)管理枪支弹药、管制刀具和易燃易爆、剧毒、放射性等危险物品;

(六)对法律、法规规定的特种行业进行管理;

(七)警卫国家规定的特定人员,守卫重要的场所和设施;

(八)管理集会、游行、示威活动;

(九)管理户政、国籍、入境出境事务和外国人在中国境内居留、旅行的有关事务;

(十)维护国(边)境地区的治安秩序;

(十一)对被判处拘役、剥夺政治权利的罪犯执行刑罚;

(十二)监督管理计算机信息系统的安全保护工作;

(十三)指导和监督国家机关、社会团体、企业事业组织和重点建设工程的治安保卫工作,指导治安保卫委员会等群众性组织的治安防范工作;

(十四)法律、法规规定的其他职责。

【参考案例】

当涂县局多警种多部门联动铲除一个电信诈骗引流团伙①

冒充军人博取女性好感,诈骗团伙之外还有团伙。12 月 2 日下午,随着 10 名诈骗嫌疑人从河南周口市沈丘县被押解回当涂,一个冒充军人为电信网络诈骗团伙引流的犯罪团伙被成功捣毁。日前,当涂县公安局多警种多部门联合行动,在市公安局的指导下,成功铲除一个受害人遍布全国、涉案资金高达百万元的电信诈骗引流团伙,抓获涉案人员 10 人,扣押作案手机 50 余部。

2021 年 11 月,姑孰镇居民周某报案称其在一个理财网站被骗,损失 19 万余元,当涂县公安局刑侦大队接到警情后立即进行侦查研判工作。在初步掌握该案可能系藏匿于河南省的某团伙所为后,该局主要领导立即抽调刑侦、网监精干警力组成专案组。专案组经过进一步侦查,发现该团伙系以李某宽(男,28 岁,河南省沈丘县人)等人为首,以注册河南省沈丘县某网络科技有限公司为"外衣",专门为上游诈骗集团引流的犯罪团伙。犯罪嫌疑人李某宽等人通过某 APP 搜索附近的女性,冒充军人添加好友后培养感情,再将被害人引流至上游诈骗集团通过"杀猪盘"实施诈骗,该引流团伙按引流人头数从中获利。

11 月 28 日,专案组第一梯队赴河南省沈丘县开展深度研判。通过数日努力,在当地警方的有力配合下,快速查清了犯罪团伙窝点位置及作案时间规律,收网一触即发。12 月 2 日,专案组 30 多名警力快速出击成功铲除了该犯罪窝点,扣押作案手机 50 余部。经就地突审甄别后,将 10 名犯罪嫌疑人于当日押解回当涂。

第二十八条(金融、电信、网信部门依法开展监督检查)

第二十八条 金融、电信、网信部门依照职责对银行业金融机构、非银行支付机构、电信业务经营者、互联网服务提供者落实本法规定情况进行监督检查。有关监督检查活动应当依法规范开展。

---

① 马鞍山市人民政府网,2021 年 12 月 20 日,https://www.mas.gov.cn/zxzx/ztzj/jtwlzptgffys/jfts/20636811.html。

【本条主旨】

本条是关于金融、电信、网信部门依法开展监督检查的规定。

【条文详解】

反诈工作,是指运用金融、电信、互联网等各行业领域的制度、措施,预防、遏制和惩治电信网络诈骗活动的工作。反诈工作具有系统的组织结构,涉及多方主体,包括电信业务经营者、金融机构、互联网服务提供者、个人信息处理者等风险防控责任主体,金融、电信、网信、市场监管部门等监管责任主体,单位、个人等消极义务主体以及公安机关、人民法院、人民检察院等发挥打击违法犯罪活动职能的主体。本法主要从电信业务经营者、金融机构、互联网服务提供者、个人信息处理者等风险防控责任主体的角度出发,对上述主体的风险防控责任做出详细规定,因此,风险防控主体能否全面落实相关规定决定本法能否发挥预防、遏制、惩治电信网络诈骗活动的功效。为了保障相关规定能有效实施,本条规定了金融、电信、网信部门监督检查本行业领域风险防控责任主体的落实情况的职责。同时,根据本法法治原则的要求,金融、电信、网信部门应当依法履行监督检查职责,规范执法活动,保障单位、个人有序开展生产经营活动以及其合法权益不受侵害。

具体来说,金融部门主要负责依法监督检查金融机构承担风险防控责任的情况,包括依法监督检查金融机构建立客户尽职调查制度的情况,对银行账户、支付账户、企业账户异常开户情形的识别与限制情况,对涉诈异常账户、支付结算服务、可疑交易的监测和防范情况等。

电信部门主要负责依法监督检查电信业务经营者承担风险防控责任的情况,包括依法监督检查电信业务经营者落实电话用户实名制的情况、对异常办卡情形的识别与处置情况、对涉诈异常电话卡的监测识别、再核验和处置情况、落实物联网卡用户风险评估和身份信息登记制度的情况、落实物联网卡功能限定和监测预警制度的情况、规范真实主叫号码传送和电信线路出租业务的情况,以及对涉诈设备、软件接入网络的识别、阻断和报告情况等。

网信部门主要负责依法监督检查互联网服务提供者承担风险防控责任的情况,包括依法监督检查互联网服务提供者落实互联网服务用户实名制的情况、对涉诈异常账号的监测识别与处置情况,提供应用程序封装、分发服务时登记、核验情况,提供域名解析、域名跳转、网址链接转换服务时核验、记录情况以及对利用互联网服务从事涉诈支持、帮助活动的监测识别和处置情况等。

【参考案例】

广东省通信管理局开展电话用户实名登记和物联网卡安全管理专项检查①

为落实习近平总书记关于打击治理电信网络新型违法犯罪重要指示精神和李克强总理批示要求,做好通信行业庆祝中国共产党成立100周年网络安全保障工作,强化电话卡、物联网卡的基础安全管理工作,2021年5月10日至19日,广东省通信管理局对省内3家基础电信企业和8家移动通信转售企业开展电话用户实名登记和物联网卡安全管理专项检查。

本次检查由广东省通信管理局牵头组织,重点检查企业落实《工业和信息化部关于进一步做好电话用户实名登记管理有关工作的通知》(工信厅网安〔2020〕9号)、《工业和信息化部关于印发〈物联网卡安全分类管理实施指引(试行)〉的通知》(工网安函〔2020〕1173号)的情况。检查组听取了企业电话用户实名制登记管理和物联网卡安全管理工作情况的汇报,技术抽测了电话实名登记信息准确率、人证一致率、是否一证超5户,通过调取查验号码实名材料、查阅物联网卡合同台账、安全限制措施技术拨测等方式抽查物联网卡的实名登记、业务合同是否合规及安全限制措施是否到位,并检查三家基础电信企业社会渠道落实《关于进一步加强渠道管理的通知》联合发文的情况。

针对本次检查发现的问题,广东省通信管理局将依据《网络安全法》、《电话用户真实身份信息登记规定》及基础电信企业网络与信息安全责任考核的要求,对问题较突出的企业予以行政处罚和纳入网络与信息安全责任考核。通过检查,进一步强化了企业主体责任,提升了企业安全管理水平,以点带面发现问题解决问题,把检查落到实处,为庆祝中国共产党成立100周年营造良好氛围。

---

① 广东省通信管理局,2021年5月27日,https://gdca.miit.gov.cn/xwdt/gzdt/art/2021/art_83d175fd31b14928a15dba6c48b609fc.html。

第二十九条（个人信息处理者的义务和履行个人
信息保护职责的部门、单位的职责）

第二十九条　个人信息处理者应当依照《中华人民共和国个人信息保护法》等法律规定,规范个人信息处理,加强个人信息保护,建立个人信息被用于电信网络诈骗的防范机制。

履行个人信息保护职责的部门、单位对可能被电信网络诈骗利用的物流信息、交易信息、贷款信息、医疗信息、婚介信息等实施重点保护。公安机关办理电信网络诈骗案件,应当同时查证犯罪所利用的个人信息来源,依法追究相关人员和单位责任。

【本条主旨】

本条是关于个人信息处理者的义务和履行个人信息保护职责的部门、单位的职责的规定。本条有两款,第一款规定了个人信息处理者规范个人信息处理活动的义务和加强个人信息保护、建立个人信息被用于电信网络诈骗活动的防范机制的义务;第二款规定了履行个人信息保护职责的部门、单位对涉诈个人信息实施重点监管和保护的职责。

【核心概念】

个人信息处理者

个人信息处理者,根据《个人信息保护法》第七十三条的规定,是指在个人信息处理活动中自主决定处理目的、处理方式的组织、个人。由于个人信息处理者对个人信息处理活动具有决定力和控制力,相应地,个人信息处理者应当对其个人信息处理活动负责,采取必要措施保障所处理的个人信息的安全。

履行个人信息保护职责的部门、单位

履行个人信息保护职责的部门、单位,根据《个人信息保护法》第六十条的规定,是指负责统筹协调个人信息保护工作和监督管理工作的国家网信部门、依照《个人信息保护法》等法律法规在部门职责范围内负责个人信息保护工作和监督管理工作的其他国务院有关部门以及按照国家有关规定负责个人信息保护工作和监督管理工作的县级以上地方人民政府有关部门。

可能被电信网络诈骗利用的信息

1. 可能被电信网络诈骗利用的信息(以下简称"涉诈个人信息"),是指容易被不法分子利用的个人信息或一旦被不法分子利用将会给信息主体带来严重损失的个人信息。

2. 物流信息,是指反映物流各种活动内容的知识、资料、图像、数据、文件的总称。物流,是指物品从供应地向接收地的实体流动过程。典型的涉及电信网络诈骗的物流信息有快递物流信息。

3. 交易信息,主要是指网络交易信息,即通过互联网等信息网络销售、购买商品或提供、接受服务过程中产生的个人信息。

4. 贷款信息,是指提供、接受贷款服务过程中产生的个人信息。贷款信息属于消费者金融信息。

5. 医疗信息,是指提供、接受医疗卫生服务过程中产生的个人信息。

6. 婚介信息,是指与个人婚姻、嫁娶、恋爱、择偶等相关的信息,往往是在婚姻介绍机构提供婚姻介绍服务、用户接受婚姻介绍服务过程中产生的个人信息。

7. 除物流信息、交易信息、贷款信息、医疗信息、婚介信息外,涉诈个人信息还包括教育信息、航班信息、税务信息、社保信息等。

【条文详解】

针对个人信息的违法犯罪活动在涉诈"灰黑产业"中具有举足轻重的作用,一方面,不法分子可能利用非法获取的个人信息办理电话卡或银行卡、注册互联网账号以及获取其他电信网络服务作为实施电信网络诈骗活动的工具;另一方面,不法分子可能利用非法获取的个人信息对被害人进行画像实施精准诈骗,因此,防范个人信息被用于电信网络诈骗活动是反诈工作的重点之一。

一、个人信息处理者的义务

本条第一款规定了个人信息处理者规范个人信息处理活动的义务和加强个人信息保护、建立个人信息被用于电信网络诈骗活动的防范机制的义务。2021 年 11 月 1 日起开始实施的《个人信息保护法》为个人信息提供了全生命周期的保护,规范了个人信息的收集、存储、使用、加工、传输、提供、公开、删除等个人信息处理活动,明确了个人在个人信息处理活动中的权利、个人信息处理者的义务和履行个人信息保护职责的部门的职责。同时,《全国人民代表大会常务委员会关于加强网络信息保护的决定》、《网络安全法》、《民法典》等法律也从不同层级、不同方面规范了个人信息处理活动。可以说,以《个人信息保护法》为核心的个人信息保护法律体系为个人信息提供了高水平保护,在国际同类法律体系中处于领先地位。因此,个人信息处理者规范个人信息处理活动的义务是强调个人信息处理者要依照《个人信息保护法》等法律的规定处理个人信息,整体上没有提出更高的要求。本条第一款也规定了个人信息处理者加强个人信息保护、建立个人信息被用于电信网络诈骗活动的防范机制的义务,目的是确保个人信息处于持续安全的状态,防范个人信息遭到泄露、丢失、窃取等情况,防范他人以盗窃、贿赂、欺诈、胁迫、电子侵入或者其他不正当手段获取个人信息。相应地,个人信息处理者应当依照《数据安全法》的规定建立健全全流程数据安全管理制度,采取技术措施和其他必要措施措施,如采取防火墙技术或物理隔离技术、组织工作人员开展数据安全教育培训等,从计算机系统层面和单位制度层面防范个人信息被泄露、丢失、窃取。

二、履行个人信息保护职责的部门、单位的职责

相较于其他个人信息,物流信息、交易信息、贷款信息、医疗信息、婚介信息等涉诈个人信息更容易被不法分子利用或一旦被不法分子利用将会给信息主体带来更严重的损失。其中,物流信息、交易信息常被用于制造有关快递的骗局,如在谢文国、林志君、陈莹等诈骗罪案中,被告人利用事先准备的被害人网络交易信息等资料,冒充网络购物平台客服人员,以产品质量存在问题需要退款理赔、快递丢失需要退款理赔为由骗取被害人信任,诱导被害人填写虚假退款理赔链接获取被害人银行卡信息和动态口令骗取被害人财产或以退款理赔需要交保证金为由骗取被害人财产。由于我国电子商务和快递物流普及性极高,这类有关快递的骗局虽然涉案金额小但受害人数众多,给电子商务和快递物流的发展带来了较大负面影响,因此,有关部门、单位需要对物流信息和交易信息实施重点监管和保护。类似的还有贷款信息、婚介信息、航班信息、税务信息等个人信息,这些个人信息与社会公众的日常生活非常接近,普通人稍不留意就会陷入骗局里,即使在个案中个人的损失相对较小,但类案波及范围广,严重破坏社会公众对我国物流秩序、金融秩序、公共交通秩序、税收秩序

等公共秩序的信任,需要有关部门、单位实施重点监管和保护。

而医疗信息、教育信息、社保信息等个人信息往往涉及病患及其家属、学生、老年人、残疾人等抗风险能力较差的群体,一旦这些个人信息被不法分子用于骗取上述群体的看病钱、学费、养老钱、低保、抚恤金,将会使受害者生活难以为继,甚至可能导致延误治疗、自杀、猝死等严重后果,需要有关部门、单位实施重点监管和保护。如,在陈文辉等7人诈骗罪、侵犯公民个人信息罪案和杜天禹侵犯公民个人信息罪案中,被告人陈文辉等7人向被告人杜天禹购买2016年山东省高考考生个人信息,冒充教育局的工作人员,以发放贫困学生助学金为名,骗取被害人徐玉玉筹措的9900元学费,以至于徐玉玉因悲愤猝死。

本条第二款规定了履行个人信息保护职责的部门、单位对涉诈个人信息实施重点监管和保护的职责,包括三方面内容:一是确定涉诈个人信息范围的职责。国务院联席办等统筹协调反诈工作的机制应当通过调研、案例分析等方法,从反诈工作出发确定涉诈个人信息范围,以便履行个人信息保护职责的部门、单位履行实施重点监管和保护的职责。二是重点监管个人信息处理者对涉诈个人信息的处理活动。履行个人信息保护职责的部门、单位应当通过定期检查、不定期抽查、及时处理投诉举报等方式加大对个人信息处理者处理涉诈个人信息活动的监管。三是重点保护涉诈个人信息的安全。履行个人信息保护职责的部门、单位应当适当提高涉诈个人信息的数据安全等级,如,将一般数据作为重要数据保护,将重要数据作为核心数据保护,并依照《数据安全法》履行数据安全监管职责。

值得注意的是,涉诈个人信息与敏感个人信息并非是完全等同的范畴。尽管《个人信息保护法》列举的生物识别、宗教信仰、特定身份、医疗健康、金融账户、行踪轨迹等敏感个人信息与物流信息、交易信息、贷款信息、医疗信息、婚介信息等涉诈个人信息有重合之处,但敏感信息强调对人格尊严、人身安全和财产安全的保护,涉诈个人信息则主要强调对财产安全的保护,且涉诈个人信息范围与反诈工作密切相关,随反诈工作需要不断调整,具有更强的实践性。

最后,本条第二款也规定了公安机关的溯源职责。公安机关办理利用个人信息实施电信网络诈骗活动的案件,应当同时查证不法分子犯罪所利用个人信息的来源,即个人信息由谁提供或从谁处泄露,依法追究有关单位、个人的责任,并督促有关单位、个人完善处理个人信息的工作流程和对个人信息的保护机制。

【参考规定】

《中华人民共和国个人信息保护法》

第九条　个人信息处理者应当对其个人信息处理活动负责,并采取必要措施保障所处理的个人信息的安全。

第二十八条　敏感个人信息是一旦泄露或者非法使用,容易导致自然人的人格尊严受到侵害或者人身、财产安全受到危害的个人信息,包括生物识别、宗教信仰、特定身份、医疗健康、金融账户、行踪轨迹等信息,以及不满十四周岁未成年人的个人信息。

只有在具有特定的目的和充分的必要性,并采取严格保护措施的情形下,个人信息处理者方可处理敏感个人信息。

第六十条　国家网信部门负责统筹协调个人信息保护工作和相关监督管理工作。国务院有关部门依照本法和有关法律、行政法规的规定,在各自职责范围内负责个人信息保护和监督管理工作。

县级以上地方人民政府有关部门的个人信息保护和监督管理职责,按照国家有关规定确定。

前两款规定的部门统称为履行个人信息保护职责的部门。

【参考案例】

杜天禹侵犯公民个人信息罪案①

案件事实

被告人杜天禹通过植入木马程序的方式,非法侵入山东省 2016 年普通高等学校招生考试信息平台网站,取得该网站管理权,非法获取 2016 年山东省高考考生个人信息 64 万余条,并向另案被告人陈文辉出售上述信息 10 万余条,非法获利 14100 元。

---

① 最高人民法院发布 10 起电信网络诈骗犯罪典型案例,2019 年 11 月 19 日。

法院判决

被告人杜天禹违反国家有关规定,非法获取公民个人信息 64 万余条,出售公民个人信息 10 万余条,其行为已构成侵犯公民个人信息罪。

陈文辉等 7 人诈骗、侵犯公民个人信息案①

案件事实

被告人陈文辉、黄进春、陈宝生、郑金锋、熊超、郑贤聪、陈福地等人交叉结伙,通过网络购买学生信息和公民购房信息,在江西省九江市、新余市、广西壮族自治区钦州市、海南省海口市等地租赁房屋作为诈骗场所,冒充教育局、财政局、房产局的工作人员,以发放贫困学生助学金、购房补贴为名,将高考学生为主要诈骗对象,拨打诈骗电话 2.3 万余次,骗取他人钱款共计 56 万余元,并造成被害人徐玉玉死亡。

法院判决

被告人陈文辉等人以非法占有为目的,结成电信诈骗犯罪团伙,冒充国家机关工作人员,虚构事实,拨打电话骗取他人钱款,其行为均构成诈骗罪。陈文辉还以非法方法获取公民个人信息,其行为又构成侵犯公民个人信息罪。

第三十条（反电信网络诈骗宣传）

第三十条 电信业务经营者、银行业金融机构、非银行支付机构、互联网服务提供者应当对从业人员和用户开展反电信网络诈骗宣传,在有关业务活动中对防范电信网络诈骗作出提示,对本领域新出现的电信网络诈骗手段及时向用户作出提醒,对非法买卖、出租、出借本人有关卡、账户、账号等被用于电信网络诈骗的法律责任作出警示。

新闻、广播、电视、文化、互联网信息服务等单位,应当面向社会有针对性地开展反电信网络诈骗宣传教育。

---

① 最高人民法院发布 10 起电信网络诈骗犯罪典型案例,2019 年 11 月 19 日。

任何单位和个人有权举报电信网络诈骗活动,有关部门应当依法及时处理,对提供有效信息的举报人依照规定给予奖励和保护。

【本条主旨】

本条是关于反电信网络诈骗宣传的规定。本条有三款,第一款是电信业务经营者、金融机构、互联网服务提供者的警示性宣传责任;第二款是新闻、广播、电视、文化、互联网信息服务等单位的针对性宣传责任;第三款是关于单位和个人举报电信网络诈骗活动的处理、奖励和保护规定。

【核心概念】

新闻、广播、电视、文化、互联网信息服务等单位

1. 新闻单位,是指报刊社、广播电台、电视台、通讯社和新闻电影制片厂等以采集、编辑、发表新闻为主要活动的单位。

2. 广播、电视单位,是指广播电台、电视台等采编、制作并通过有线或者无线的方式播放广播电视节目的单位。

3. 文化单位,是指从事研究创作、精神产品生产和文化公共服务的文化事业单位以及从事文化产品生产和提供文化服务的文化产业单位。

4. 互联网信息服务单位,是指为用户提供互联网信息发布和应用平台的单位,包括但不限于提高互联网新闻信息服务、搜索引擎、即时通信、交互式信息服务、网络直播、网络支付、广告推广、网络存储、网络购物、网络预约、应用软件下载等互联网服务。

【条文详解】

反电信网络诈骗宣传(以下简称“反诈宣传”)贯穿反诈工作全过程,是反诈工作不可缺少的组成部分,无论是“电话‘黑卡’治理专项行动”、“综合治理不良网络信息　防范打击通讯信息诈骗行动”、“打击治理电信网络新型违法犯罪专项行动”等短期专项行动,还是“防范治理电信网络新型违法犯罪工作机制”等长期工作机制,都强调反诈宣传对反诈工作的支持作用。根据对相关法律法规的梳理,可以总结出反诈宣传起到如下作用:1. 争取社会公众的理解和支持,营造良好的社会舆论环境;2. 提高社会公众的识骗能力和防骗意识,最大限度地预防和减少电信网络诈骗违法犯罪案件的发生;3. 凝聚社

会共识,汇聚社会各方力量,形成对电信网络诈骗活动共同打击、群防群治的长效工作局面。

本条和本法第八条共同充实完善了反诈宣传制度,涉及各级人民政府和有关部门,村民委员会和居民委员会,电信业务经营者、金融机构、互联网服务提供者以及新闻、广播、电视、文化、互联网信息服务等单位,囊括了社会各方主体,充分调动了全社会宣传力量和宣传渠道。本条规定了电信业务经营者、金融机构、互联网服务提供者的警示性宣传责任,新闻、广播、电视、文化、互联网信息服务等单位的针对性宣传责任以及对单位和个人举报电信网络诈骗活动的处理、奖励和保护规定。

本条第一款规定了电信业务经营者、金融机构、互联网服务提供者的警示性宣传责任,包括宣传责任的主体、宣传对象和宣传内容三方面要求。宣传责任的主体是电信业务经营者、金融机构和互联网服务提供者。一般来说,宣传职责的主体是各级政府、有关部门、事业单位和基础电信业务经营者(中国电信、中国联通、中国移动),而本条第一款增加了金融机构和互联网服务提供者的宣传责任,其目的是扩大宣传范围,通过金融机构和互联网服务提供者对社会公众生产生活的广泛深度参与来增加反诈宣传的广度和深度,使反诈宣传渗透社会的方方面面,最广泛地凝聚社会共识,最大限度地预防和减少电信网络诈骗活动的发生。宣传对象是电信业务经营者、金融机构、互联网服务提供者的从业人员和用户,宣传内容则包括两方面要求,一方面是电信业务经营者、金融机构、互联网服务提供者应当在业务活动中提示其从业人员和用户防范电信网络诈骗活动,及时提醒其从业人员和用户注意本行业领域新出现的电信网络诈骗手段;另一方面是电信业务经营者、金融机构、互联网服务提供者应当警示其用户不得非法买卖、出租、出借本人的电话卡、物联网卡、电信线路、短信端口、银行账户、支付账户、互联网账号等电信、金融、互联网产品和服务,否则会承担限制办理业务、信用惩戒、从业禁止、没收违法所得、拘留、罚款等行政责任以及相应的刑事责任。法律法规要求中国电信、中国联通、中国移动等基础电信业务经营者承担其他宣传责任,基础电信业务经营者应当遵守其规定。

本条第二款规定了新闻、广播、电视、文化、互联网信息服务等单位的针对性宣传责任。

本条第三款是关于单位和个人举报电信网络诈骗活动的处理、奖励和保护规定。当前电信网络诈骗活动的严峻形势决定了反诈工作是一项复杂、长期、系统的工作,不仅需要各级政府、有关部门和电信业务经营者、金融机构、互联网服务提供者等风险防控主体依法履行职责和责任,还需要汇聚社会各方力量,形成电信网络诈骗活动共同打击、群防群治的工作局面。本条第三款规定了单位和个人举报电信网络诈骗活动的权利和有关部门依法及时处理举报,对举报人给予奖励和保护的职责,为形成电信网络诈骗活动共同打击、群防群治的工作局面提供必要制度支持。参考《刑事诉讼法》第一百一十条,任何单位和个人发现有涉电信网络诈骗活动的违法犯罪事实或者违法犯罪嫌疑人的,有权向公安、电信、金融、网信等部门举报,公安、电信、金融、网信等部门对于举报都应当接受。对于不属于自己管辖的,应当移送有管辖权的部门处理,并通知举报人;对于不属于自己管辖而又必须采取紧急措施的,应当先采取紧急措施,然后移送有管辖权的部门。对于提供有效信息的举报人,公安、电信、金融、网信等部门应当给予奖励和保护。

【参考规定】

详见本法第八条【参考规定】。

第三十一条(禁止非法买卖、出租、出借电话卡、物联网卡、电信线路、短信端口、银行账户、支付账户、互联网账号等卡、账户、账号)

第三十一条 任何单位和个人不得非法买卖、出租、出借电话卡、物联网卡、电信线路、短信端口、银行账户、支付账户、互联网账号等,不得提供实名核验帮助;不得假冒他人身份或者虚构代理关系开立上述卡、账户、账号等。

对经设区的市级以上公安机关认定的实施前款行为的单位、个人和相关组织者,以及因从事电信网络诈骗活动或者关联犯罪受过刑事处罚的人员,可以按照国家有关规定记入信用记录,采取限制其有关卡、账户、账号等功能和停止非柜面业务、暂停新业务、限制入网等措施。对上述认定和措施有异议的,可以提出申诉,有关部门应当建立健全申诉渠道、信用修复和救济制度。具体办法由国务院公安部门会同有关主管部门规定。

【本条主旨】

本条是关于禁止非法买卖、出租、出借电话卡、物联网卡、电信线路、短信端口、银行账户、支付账户、互联网账号等卡、账户、账号的规定。本条有两款，第一款规定了单位和个人不得非法买卖、出租、出借卡、账户、账号和不得为他人提供实名核验帮助或者假冒他人身份、虚构代理关系开立卡、账户、账号的消极义务。第二款是关于对违反上述消极义务的单位、个人和相关组织者以及对因从事电信网络诈骗活动或者关联犯罪受过刑事处罚的人员（以下简称"受过刑事处罚的人员"）采取限制措施的规定。

【核心概念】

实名核验

实名核验，是指电信业务经营者、金融机构、互联网服务提供者进行实名制登记过程中，要求用户出示有效证件、提供真实身份信息，并采用有效措施核验用户提供的身份信息的活动。

短信端口

短信端口，又称短信接口，是指与电信业务经营者对接的短信收发接口，用户可以将编辑好的短信通过短信端口与电信业务经营者对接，再由电信业务经营者将该短信发送给其他用户。短信端口具有群发短信和自动发送短信验证码等功能。

信用记录

1. 信用记录，是指对信用主体的社会信用信息的收集、整理、发布、保存和维护。

2. 社会信用，是指具有完全民事行为能力的自然人、法人和非法人组织，在社会和经济活动中遵守法定义务、履行约定义务的状态。社会信用信息，是指可用以识别、分析、判断信用主体遵守法律、法规和规章，履行法定义务或者约定义务状况的客观数据和资料。

【条文详解】

随着国内不断加大打击力度，电信网络诈骗活动已经从早期的"单打独斗型"向"产业型"转变，个人几乎无法单独完成诈骗活动，电话卡、物联网卡、银行账户、支付账户、电信业务、互联网服务用户实名制确保了对电信网络诈骗活动的可追责性,反诈宣传制度、预警劝阻制度、涉诈资金紧急止付和快速冻结制度以及涉诈异常电话卡、涉诈异常账户、涉诈异常账号、涉诈异常信息、活动监测识别和处置措施等逐渐完善的反诈制度和措施也极大地增加了实施违法犯罪活动的成本。因此,电信网络诈骗活动加速产业化,由上下游违法犯罪活动为其提供卡、账户、账号等工具绕开用户实名制监管要求,用于实施诈骗活动和转移赃款,即围绕电信网络诈骗活动形成所谓涉诈"灰黑产业"。打击治理电信网络诈骗活动,不仅应当从诈骗活动本身着手,还应当从涉诈"灰黑产业"着手,没有"灰黑产业"的支持,境内外不法分子很难成功完成诈骗活动,且在跨国执法司法渠道不通畅的情况下,打击涉诈"灰黑产业"是有效预防跨境电信网络诈骗活动的方法。

本条和本法第十四条、第二十五条共同构成了打击涉诈"灰黑产业"的制度,其中,本条的打击对象是涉诈"灰黑产业"中涉卡、账户、账号违法犯罪活动,规定了单位和个人不得非法买卖、出租、出借卡、账户、账号的消极义务,目的是确保用户实名制达到"实名又实人"的效果,对电信网络诈骗等违法犯罪活动具有可追溯性和威慑性。

本条第一款规定了单位和个人不得非法买卖、出租、出借卡、账户、账号和不得为他人提供实名核验帮助或者假冒他人身份、虚构代理关系开立卡、账户、账号的消极义务,这里的提供实名核验帮助包括为没有实名核验的卡、账户、账号提供实名核验帮助和为涉诈异常电话卡、涉诈异常账户、涉诈异常账号提供重新实名核验帮助。本法第九条、第十五条、第二十一条等条款从积极作为角度规定了电信业务经营者、金融机构、互联网服务提供者进行卡、账户、账号实名制登记的责任,但长久以来,用户实名制存在"实名不实人"的问题。所谓"实名不实人",是指卡、账户、账号的实际使用人和所有者不一致。为了绕开用户实名制监管要求,卡商以高价为诱饵收购、租用他人的卡、账户、账号并提供给不法分子用于实施电信网络诈骗等违法犯罪活动,导致有关部门调查违法犯罪活动时,只能追溯到卡、账户、账号的出卖人、出租人,不能追溯到实际利用卡、账户、账号实施违法犯罪活动的不法分子。针对上述"实名不实人"的问题,本条第二款从消极不作为角度规定了单位和个人的消极义务,要求从事买卖、出租、出借电话卡、物联网卡、电信线路、短信端口、银行账户、支付账户、互联网账号活动的单位和个人必须具备相应资质或取得相应许可,禁止任何单位和个人非法买卖、出租、出借卡、账户、账号,禁止为他人提供实名核验帮助或者假冒他人身份、虚构代理关系开立卡、账户、账号,确保有关部门可以通过用户实名制追溯到任何卡、账户、账号的实际使用人,达到"实名又实人"的效果。相应地,单位和个人不履行消极义务,应当根据本法第四十四条承担罚款、没收违法所得、拘留的行政责任,情节严重的,应当根据《刑法》承担相应刑事责任。当然,近年来有关部门也非常重视"实名不实人"的问题,其中,公安机关、司法机关将这类非法办理、出租、出售、购买、囤积电话卡、银行卡的行为称为涉"两卡"犯罪,并积极开展"断卡"行动打击治理涉"两卡"犯罪,出台《最高人民法院刑事审判第三庭、最高人民检察院第四检察厅、公安部刑事侦查局关于"断卡"行动中有关法律适用问题的会议纪要》指导处理涉"两卡"犯罪案件的法律适用问题。

本条第二款是关于对违反上述消极义务的单位、个人和相关组织者以及受过刑事处罚的人员采取限制措施的规定。有关部门、单位可以基于预防电信网络诈骗等违法犯罪活动的考虑,对违反消极义务的单位、个人、相关组织者以受过刑事处罚的人员,按照国家有关规定将其违法违规信息记入信用记录,采取限制其有关卡、账户、账号等功能和停止非柜面业务、暂停新业务、限制入网等措施。有关部门、单位采取限制措施必须以设区的市级以上公安机关的认定书、告知书、行政处罚决定书或人民法院生效判决书等法律文书为前提,不得超越法律文书所确定的单位、个人和相关组织者的范围对其他单位、个人和相关组织者采取限制措施。有关单位、个人和相关组织者对上述认定和限制措施有异议的,可以向作出认定或者采取限制措施的部门、单位提出申诉,要求其撤销认定、修复信用或解除限制措施。目前,有关采取限制措施对限制措施提出申诉的程序等尚不清楚,本条第二款授权国务院公安部门会同有关主管部门制定具体办法。

【参考规定】

《工业和信息化部、公安部关于依法清理整治涉诈电话卡、物联网卡以及关联互联网账号的通告》[1]

一、凡是实施非法办理、出租、出售、购买和囤积电话卡、物联网卡以及关

---

[1] 工业和信息化部、公安部发布,自2021年6月2日起开始实施,现行有效。

联互联网账号的相关人员,自本通告发布之日起,应停止相关行为,并于 2021 年 6 月底前主动注销相关电话卡、物联网卡以及关联互联网账号。对通告发布后仍然进行上述非法行为的人员,将依法依规予以惩处。

二、电信主管部门、公安机关将持续深入推进"断卡行动",以零容忍态度,依法严厉打击非法办理、出租、出售、购买和囤积电话卡、物联网卡以及关联互联网账号的行为,全力清理涉诈号卡资源。

三、电信企业、互联网企业应按照"谁开卡、谁负责,谁接入、谁负责,谁运营、谁负责"的原则,严格落实网络信息安全主体责任,加强电话卡、物联网卡、互联网账号的实名制管理,加强涉诈网络信息监测处置,强化风险防控。

【参考案例】

涂明通、万晓玲帮助信息网络犯罪活动罪[①]

案件事实

2018 年起,涂明通明知他人利用信息网络实施犯罪,为牟取非法利益,长期收购银行卡提供给他人使用。2018 年,涂明通与万晓玲通过兼职认识后,涂明通先后收购了万晓玲的 3 套银行卡(含银行卡、U 盾/K 宝、身份证照片、手机卡),并让万晓玲帮助其收购银行卡。2019 年 3 月至 2020 年 1 月,万晓玲为牟利,在明知银行卡被用于信息网络犯罪的情况下,以亲属开淘宝店需要用卡等理由,从 4 名同学处收购 8 套新注册的银行卡提供给涂明通,涂明通将银行卡出售给他人,被用于实施电信网络诈骗等违法犯罪活动。经查,共有 21 名电信网络诈骗被害人向万晓玲出售的上述银行卡内转入人民币 207 万余元,上述 11 张银行卡总收入约为 1.51 亿元、总支出约为 1.48 亿元。

法院判决

被告人涂明通、万晓玲明知他人利用信息网络实施犯罪,为其提供支付结算帮助,情节严重,其行为均构成帮助信息网络犯罪活动罪。

---

① 四川省江油市人民法院(2020)川 0781 刑初 373 号刑事判决书。

第三十二条（电信网络诈骗反制技术措施的研发、 应用和申诉、解除）

第三十二条　国家支持电信业务经营者、银行业金融机构、非银行支付机构、互联网服务提供者研究开发有关电信网络诈骗反制技术，用于监测识别、动态封堵和处置涉诈异常信息、活动。

国务院公安部门、金融管理部门、电信主管部门和国家网信部门等应当统筹负责本行业领域反制技术措施建设，推进涉电信网络诈骗样本信息数据共享，加强涉诈用户信息交叉核验，建立有关涉诈异常信息、活动的监测识别、动态封堵和处置机制。

依据本法第十一条、第十二条、第十八条、第二十二条和前款规定，对涉诈异常情形采取限制、暂停服务等处置措施的，应当告知处置原因、救济渠道及需要提交的资料等事项，被处置对象可以向作出决定或者采取措施的部门、单位提出申诉。作出决定的部门、单位应当建立完善申诉渠道，及时受理申诉并核查，核查通过的，应当即时解除有关措施。

【本条主旨】

本条是有关电信网络诈骗反制技术措施的研发、应用和申诉、解除的规定。本条有三款，第一款规定了国家支持电信业务经营者、金融机构、互联网服务提供者研发电信网络诈骗反制技术的职责；第二款规定了国务院公安部门、金融管理部门、电信主管部门和国家网信部门等统筹负责本行业领域电信网络诈骗反制技术措施建设的职责；第三款规定了有关部门、单位建立完善申诉渠道的职责。

【核心概念】

电信网络诈骗反制技术

电信网络诈骗反制技术，是指用于预防、遏制和惩治电信网络诈骗活动及其相关联违法犯罪活动的电信、金融、互联网技术。

涉诈异常信息、活动

涉诈异常信息、活动，是指电信网络上一切可能与电信网络诈骗活动有关的信息、活动,包括异常办卡情形(第十条);电话卡异常使用情形(第十一条);物联网卡异常使用情形(第十二条);涉诈设备、软件接入网络(第十四条);异常开户情形(第十六条、第十七条);银行账户、支付账户及支付结算服务异常使用情形和可疑交易(第十八条);互联网账号异常使用情形(第二十二条);利用电信业务、互联网服务从事涉诈支持、帮助活动(第二十五条)等。

【条文详解】

一、研发和应用电信网络诈骗反制技术措施的意义

研发和应用电信网络诈骗反制技术措施是实现本法源头治理、精确防治原则的必要措施。源头治理,是指从源头上预防、遏制电信网络诈骗活动的发生,在电信网络诈骗活动的预备阶段或发生初期予以发现,及时抓捕相关诈骗人员和团伙,阻止其继续完成以至于产生恶劣的后果。反诈工作遵循源头治理原则,要求有关部门、单位采取有效措施监测识别和处置电信、金融、互联网领域的涉诈风险,电信网络诈骗反制技术措施在其中起到至关重要的作用。如,本法第十一条要求电信业务经营者对监测识别的涉诈异常电话卡并采取再核验、处置措施,电信业务经营者必须建立基于电信网络技术的涉诈异常电话卡模型才能在数亿电话卡中筛选出有较高涉诈风险的电话卡;又如,本法第二十二条要求互联网服务提供者对监测识别的涉诈异常账号采取相应处置措施,自身体量大、用户数量多的互联网服务提供者必须建立基于电信网络技术的涉诈风险分析模型监测识别互联网账号的涉诈风险。

精准防治,是指运用科学合理的手段准确预防、遏制和惩治电信网络诈骗活动,提高反诈工作的精确性和针对性。不仅电信网络诈骗活动会损害公民和组织的合法权益,反诈工作也会对公民和组织的生产经营活动和合法权益造成限制。因此,本法要求反诈工作必须遵循精确防治原则,采取有效措施提高权力行使的准确性,平衡反诈工作对公民和组织合法权益的保护和限制,精确打击违法犯罪活动,电信网络诈骗反制技术措施在其中起到不可或缺的作用。如,本法第十八条要求金融机构通过涉电信网络诈骗特征的异常账户监测模型、反洗钱统一监测系统和反洗钱可疑交易报告制度切断不法分子的资金链,而上述制度和措施广泛应用了自动化决策技术来提高措施的效率和精确性,降低人为操作时可能存在的误差和权力寻租空间。

研发和应用电信网络诈骗反制技术措施也是当前反诈工作的技术对抗性所提出的要求。电信网络技术的更新迭代加速了违法犯罪手段的变化,一些前沿电信网络技术也流向了"灰黑产业",不法分子利用这些前沿技术手段绕过有关部门的监管,为他人实施电信网络诈骗活动提供各类支持和帮助,典型的有,不法分子利用改号软件(非法 VoIP 软件)、GOIP 网关设备绕开真实主叫号码转送制度,将主叫号码伪装成政府部门、知名社会组织和公司,乃至受害人亲朋好友的号码,为进一步实施违法犯罪活动提供便利条件。相应地,有关部门也必须研发和应用电信网络诈骗反制技术措施,通过电信网络诈骗反制技术措施对抗用于违法犯罪活动的前沿技术手段,打击治理电信网络诈骗活动及涉诈"灰黑产业"。可以预见,在未来反诈工作的技术对抗性将更加突出,不法分子和有关部门会不断更新迭代自己的技术以期在斗争中获取优势,对电信网络诈骗反制技术措施的研发和应用也会贯穿反诈工作的全过程,起到至关重要的作用。

二、国家、有关部门、有关单位的职责和责任

本条就电信网络诈骗反制技术措施的研发和应用过程中国家、有关部门和有关单位的职责和责任集中作出了规定,目的是推动电信网络诈骗反制技术措施研发和应用,并为受电信网络诈骗反制技术措施影响的公民和组织提供救济途径,以形成可持续的电信网络诈骗反制技术措施研发和应用制度。

(一) 国家支持电信业务经营者、金融机构、互联网服务提供者研发电信网络诈骗反制技术的职责

本条第一款规定了国家支持电信业务经营者、金融机构、互联网服务提供者研发电信网络诈骗反制技术的职责。这里的国家可以做广义理解,包括国家有关部门、科研院所、高等院校、行业协会等一切非私有组织机构。如,《关于进一步做好防范打击通讯信息诈骗相关工作的通知》要求国家网信办直属事业单位国家计算机网络应急技术处理协调中心、行业组织中国互联网协会,组织、支持电信业务经营者推进电信网络诈骗防范技术建设。考虑到电信网络诈骗反制技术的专业性和电信网络诈骗活动形势的复杂性、严峻性和多变性,国家不仅需要以政府部门的形式支持电信网络诈骗反制技术的研发,更需要充分调动科研院所、高等院校和行业协会的科研力量,支持科研院所、高等院校和行业协会直接牵头研发,或以专家顾问的形式参与企业的电信网络诈

骗反制技术研发过程中,以应对不断更新换代的电信网络诈骗技术和形态。

(二) **国务院公安部门、金融管理部门、电信主管部门和国家网信部门等统筹负责本行业领域电信网络诈骗反制技术措施建设的职责**

本条第二款规定了国务院公安部门、金融管理部门、电信主管部门和国家网信部门等统筹负责本行业领域电信网络诈骗反制技术措施建设的职责。国务院公安部门、金融管理部门、电信主管部门和国家网信部门等应当牵头,组织本行业领域企事业单位开展电信网络诈骗反制技术措施的建设规划、标准制定、研究开发、资源共享、规范使用和防控联动等工作。这里的电信网络诈骗反制技术措施,既包括本法第十一条、第十二条、第十八条、第二十二条明确要求电信业务经营者、金融机构、互联网服务提供者建设的电信网络诈骗反制技术措施,也包括反诈工作实际需要的其他电信网络诈骗反制技术措施。其中,涉电信网络诈骗样本信息数据共享是国家有关部门工作的重点。依据本法第十一条、第十二条、第十八条、第二十二条建立的涉诈异常卡模型、涉诈异常账户模型、涉诈异常账号模型等监测识别和处置技术措施大量应用到自动化决策技术,而自动化决策技术的核心是算法和数据,因此,推进涉电信网络诈骗样本信息数据共享对于提高本行业领域的电信网络诈骗反制技术措施水平具有重要意义。

本条第二款也规定了国务院公安部门、金融管理部门、电信主管部门和国家网信部门等建立本行业领域有关涉诈异常信息、活动的监测识别、动态封堵和处置机制的职责。涉诈异常信息、活动,是指电信网络上一切可能与电信网络诈骗活动有关的信息、活动。因此,本条第二款授予有关部门根据反诈工作实际需要建立一切必要电信网络诈骗反制技术措施的职权。

(三) **有关部门、单位建立完善申诉渠道的职责**

本条第三款规定了有关部门、单位建立完善申诉渠道的职责。如前所述,不仅电信网络诈骗活动会损害公民和组织的合法权益,反诈工作也会对公民和组织的生产经营活动和合法权益造成限制。有关部门应当按照精确防治原则的要求开展反诈工作,一方面,应用自动化决策技术等前沿电信、金融、互联网技术减少权力行使过程中的人为因素,提高行使权力的效率和精确性;另一方面,为合法权益受不当限制的公民和组织提供高效便捷的救济途径,及时修复公民和组织受损的合法权益,降低错误行使权力带来的损害。本条第三款正是关于救济途径的规定,要求依据本法第十一条、第十二条、第十八条、第二十二条和本条第二款承担监测识别和处置涉诈异常卡、涉诈异常账户、涉诈异常账号以及涉诈异常信息、活动职责和责任的部门、单位应当建立完善申诉渠道,在对涉诈异常情形采取处置措施时,告知被处置对象处置原因、申诉渠道以及申诉所需要提交的资料等信息;在被处置对象提出申诉后,及时受理申诉并开展核查工作,对于其中受电信网络诈骗反制技术措施不当影响的情况,应当及时解除处置措施,降低不当处置措施对被处置对象所造成的损失。

【参考规定】

1.《关于纵深推进防范打击通讯信息诈骗工作的通知》①

五是强化数据共享和协同联动,有效发挥全国诈骗电话技术防范体系作用。全面提升全国诈骗电话防范系统监测防范、综合分析和预警处置能力,推动诈骗电话防范能力从电信网向互联网延伸覆盖;完善防范打击通讯信息诈骗资源共享与统一指挥平台,实现与企业、公安机关等信息共享和协同联动;加强产学研合作。

2.《工业和信息化部关于进一步做好防范打击通讯信息诈骗相关工作的通知》②

(三)大力加强技术防范管控工作

1. 建设防范打击通讯信息诈骗业务管理系统。各基础电信企业集团公司要组织建立防范打击通讯信息诈骗业务管理系统,对语音专线、"一号通"、"400"、商务总机等重点电信业务的开办信息进行登记、报备、审核、复查,对业务监督检查、责任追究和考核等情况予以记录和备案。

2. 推动本地电信网防诈骗技术手段建设。各通信管理局、国家计算机网络应急技术处理协调中心要加强与当地相关部门的协调配合,组织基础电信企业积极推进电信网通讯信息诈骗技术防范手段建设。

3. 提升用户终端安全防护能力。一是中国互联网协会牵头,组织规范开发与推广手机客户端来电安全防护类应用,提升手机客户端来电安全防护能力。同时,整合手机安全厂商相关数据资源,实现资源共享与防控联动。二是各基础电信企业集团公司要有效整合内外部资源,向用户免费提供涉嫌通讯

---

① 工业和信息化部发布,自 2018 年 5 月 18 日起开始实施,现行有效。
② 工信部网安函〔2015〕601 号,现行有效。

信息诈骗来电号码提示服务。

4. 加强相关技术手段研发与规范管理。国家计算机网络应急技术处理协调中心要充分发挥技术优势,支撑我部做好通讯信息诈骗防范手段的技术研发、标准制定、规划建设与规范使用,提升对各类通讯信息诈骗的综合技术防范能力。

【参考案例】

全国新型犯罪研究中心重庆分中心揭牌 42 名专家助力反诈①

全国新型犯罪研究中心重庆分中心 28 日揭牌成立。该中心将依托重庆市反诈骗中心运转,并聘任学术机构、金融、通管、新闻等部门行业、互联网安全企业等专家学者共同组建新型犯罪研究团队。

据介绍,随着信息化快速发展,近年来以电信网络诈骗为代表的新型犯罪加速滋生发展,呈现出"多行业支撑、产业化分布、集团化运作、精细化分工、跨境式布局"等特点,大量诈骗团伙盘踞缅北等境外国家地区,利用区块链、虚拟货币、人工智能等新技术新业态,迭代升级犯罪手法,打不胜打、防不胜防。特别是随着元宇宙等虚拟现实技术出现,更多难以预料的新型犯罪手段层出不穷。为了应对此严峻形势,国务院联席办牵头成立了全国新型犯罪研究中心,并根据工作成效、研究成果、发展前景等,在全国选取了重庆市公安局等 11 家公安机关和通信科研部门设立了分中心。

在揭牌仪式上,全国新型犯罪研究中心重庆分中心为首批聘任研究员代表颁发了聘书。全国新型犯罪研究中心重庆分中心首批聘任了顾问 5 名、研究员 37 名,聘任期限为三年。研究团队将立足实战需求,开展侦查打击技战法、法律适用、大数据智能应用、技术反制手段研发、行业治理、源头管控等方面的研究,努力使全国新型犯罪研究中心重庆分中心成为打击治理新型犯罪的理论研究高地,指导服务实战的成果转化平台,培育高水平专业人才的摇篮园地,强化校局、警银、警通、警企合作,着力培养一批侦查办案、资金查控、预警防范、网络攻防、区块链技术等方面的全国性专家人才,为打击治理工作提供强有力的人才支撑。

---

① 中国新闻网,2022 年 7 月 28 日,http://www.chinanews.com.cn/sh/2022/07 - 28/9814660. shtml。

第三十三条（网络身份认证公共服务）

第三十三条 国家推进网络身份认证公共服务建设，支持个人、企业自愿使用，电信业务经营者、银行业金融机构、非银行支付机构、互联网服务提供者对存在涉诈异常的电话卡、银行账户、支付账户、互联网账号，可以通过国家网络身份认证公共服务对用户身份重新进行核验。

【本条主旨】

本条是关于网络身份认证公共服务的规定。

【核心概念】

网络身份认证

网络身份认证，是指电信业务经营者、金融机构、互联网服务提供者在线上进行用户实名制登记过程中，核验用户提供的身份信息是否真实、准确的活动。

【条文详解】

用户真实身份信息登记制度，也称用户实名制，是指电信业务经营者为用户办理电话卡、物联网卡入网手续，金融机构为用户开立银行账户、支付账户，以及电信业务经营者、互联网服务提供者向用户提供电信业务、互联网服务，与用户签订协议或者确认提供服务时，要求用户出示有效证件、提供真实身份信息，核验并登记用户提供的身份信息的制度。用户实名制是打击治理电信网络诈骗活动的基础制度之一，保证了对电信、金融、网络领域的违法犯罪活动的可追溯性，对不法分子起到震慑作用。

用户实名制有效的前提之一是电信业务经营者、金融机构、互联网服务提供者真实准确登记其用户身份信息，因此，如何核验用户提供的身份信息至关重要。本条就此作出了规定，明确国家推进网络身份认证公共服务建设，为用户实名制的有效落实提供保障。

根据核验地点的不同，可以将核验用户身份信息的活动（以下简称"实名核验活动"）分为线下核验和线上核验。线下核验，是指在实体渠道为用户办理手续时核验用户身份信息,一般来说,线下可以通过专用移动应用程序、与"全国公民身份证号码查询服务中心"联网比对、使用二代身份证识别设备等方式核验用户身份信息。线上核验,是指在网络渠道为用户办理手续时核验用户身份信息,一般来说,线上可以通过要求用户提供居民身份证正反面扫描信息及用户手持本人居民身份证正面免冠照片,并与"全国公民身份证号码查询服务中心"进行联网比对核验用户身份信息,或通过在线视频实人认证、人像比对等技术核验用户身份信息。

可以看出,实名核验活动的本质是将用户提供的身份信息与记录、保存用户真实、准确身份信息的数据库进行对比,由于中小企业尤其是中小互联网服务提供者不可能有全面真实可靠的记录、保存单位、个人身份信息的数据库,所以国家必须提供的可靠、安全、可信、便捷、高效的对比核验用户身份信息、进行用户身份认证的服务,否则用户实名制将流于形式,难以落到实处。本条规定了国家推进网络身份认证公共服务建设的职责,要求有关部门向电信业务经营者、金融机构、互联网服务提供者提供对比核验用户身份信息的渠道、数据库,确保用户实名制确实有效,能威慑违法犯罪活动并为溯源追责工作提供支持。

值得注意的是,网络身份认证公共服务的建设维护都涉及个人信息处理活动和数据处理活动,必须符合《网络安全法》、《个人信息保护法》以及《数据安全法》等法律法规的要求。首先,有关部门和企业应当遵守《个人信息保护法》的规定,合法处理个人信息,保护个人信息权益。有关部门向企业提供网络身份认证公共服务时必须核查企业资质,企业根据法律法规确实承担实名核验责任的,有关部门才能向企业提供服务。原则上,有关部门应当选择对个人影响最轻微的个人信息用于实名核验活动,不得提供敏感个人信息用于实名核验活动。企业只能将获取的个人信息用于实名核验活动,不得加工或用作他途,也不得非法买卖、提供或者公开。其次,有关部门和企业应当遵守《数据安全法》等规定,采取技术措施和其他必要措施,确保其处理的个人信息等数据的安全,防止数据泄漏、毁损、丢失或被篡改、被窃取。在发生或者可能发生数据泄露、毁损、丢失或被篡改、被窃取的情况时,应当立即采取补救措施,按照规定及时告知用户并向有关主管部门报告。最后,有关部门应当推动相关技术的研发,升级完善网络身份认证公共服务,为个人、企业提供可靠、安全、可信、便捷、高效的网络身份认证公共服务,为不具备个人信息保护能力或数据保护能力的企业提供支持或帮助。目前,运行状况较好的网络身份认证公共服务是网络游戏防沉迷系统,有关部门可以参考网络游戏防沉迷系统的规则、技术推进网络身份认证公共服务的建设。

【参考规定】

1.《工业和信息化部、公安部、工商总局关于印发电话"黑卡"治理专项行动工作方案的通知》①

三、工作任务和措施

(一)强化电话"黑卡"源头防范

1. 提升身份信息核验能力。2015 年 2 月 1 日起,基础电信企业和移动通信转售企业(以下简称电信企业)各类营销渠道为用户办理电话入网手续时,应利用专用移动应用程序(APP)、与"全国公民身份证号码查询服务中心"联网比对等有效技术措施,核验用户身份信息,实现系统自动录入用户身份信息,停止人工录入方式。对持有居民身份证之外有效证件的用户,电信企业应在自有营业厅为其办理电话入网手续。

2. 完善证件核验技术手段。2015 年 9 月 1 日起,电信企业要求各类实体营销渠道全面配备二代身份证识别设备,在为用户办理电话入网手续时,必须使用二代身份证识别设备核验用户本人的居民身份证件,并通过系统自动录入用户身份信息;不得委托未配备二代身份证识别设备的社会营销渠道办理电话用户入网手续。

4. 加强网络营销渠道管理。电信企业通过网络营销渠道销售电话卡时,在预选卡号环节,应要求用户上传居民身份证的扫描信息,将该信息与"全国公民身份证号码查询服务中心"进行联网比对,核验通过后方可配送电话卡;在电话卡配送环节,应确认用户身份证件与网上提交的身份信息一致后,方可向其交付电话卡并为其开通移动通信服务。对没有取得电信企业网络售卡代理的网店,电信企业要会同网络交易网站经营者及时进行清理。

2.《工业和信息化部关于进一步防范和打击通讯信息诈骗工作的实施意见》②

一、从严从快全面落实电话用户实名制

---

① 工业和信息化部、公安部、工商总局发布,自 2014 年 12 月 18 日起开始实施,现行有效。

② 工业和信息化部发布,自 2016 年 11 月 4 日起开始实施,现行有效。

（二）从严做好新入网电话用户实名登记。各基础电信企业和移动转售企业要采取有效的管理和技术措施，确保电话用户登记信息真实、准确、可溯源。为新用户办理入网手续时，要严格落实用户身份证件核查责任，采取二代身份证识别设备、联网核验等措施验证用户身份信息，并现场拍摄和留存办理用户照片。通过网络渠道发展新用户时，要采取在线视频实人认证等技术方式核验用户身份信息。

3.《工业和信息化部关于贯彻落实〈反恐怖主义法〉等法律规定　进一步做好用户真实身份信息登记工作的通知》①

二、切实从严做好新入网用户实名登记

（一）从严做好用户身份信息核验。电信企业（含基础电信企业、转售企业）要按照《电话用户真实身份信息登记规定》（工业和信息化部令第 25 号）、《电话"黑卡"治理专项行动工作方案》（工信部联保〔2014〕570 号）有关要求，进一步固化有关流程、规范操作，在为新用户办理入网手续时，必须采取二代身份证识别设备、联网核验等措施核验用户身份信息，禁止人工录入居民身份证信息。

三、加强网络营销渠道用户入网实名登记管理

（二）完善身份信息核验技术手段。电信企业、网络代理商通过网络渠道销售电话卡时，在用户网上预选卡号环节，应要求用户提供居民身份证正面、反面扫描信息及用户手持本人居民身份证正面免冠照片，并与"全国公民身份证号码查询服务中心"进行联网比对，核验通过后方可配送移动电话卡；在物流交付环节，应确认收件人、所提供的身份证件均与网上提交身份信息一致后，方可向其交付移动电话卡并为其开通移动通信服务。对不能确保在物流交付环节对用户身份证件进行查验的，应在网上预选卡号环节，要求用户填写身份信息，为用户配送未激活的电话卡，用户收到电话卡后，电信企业要通过图像、视频等技术在线核验用户身份信息，验证持卡人、所提供的身份证件与网上提交的身份信息一致后，激活电话卡并开通移动通信服务。

4.《关于纵深推进防范打击通讯信息诈骗工作的通知》②

一是切实加强实人认证工作，持续巩固电话用户实名登记成效。严格落

---

① 工信部网安〔2016〕182 号，现行有效。
② 工业和信息化部发布，自 2018 年 5 月 18 日起开始实施，现行有效。

实实体渠道和网络渠道电话用户实名登记要求;组织开展用户实名登记人像比对试点工作,提升电话入网环节一致率;强化电话用户信息动态复核;对要求落实不到位的加大责任倒查力度。

5.《工业和信息化部、公安部关于依法清理整治涉诈电话卡、物联网卡以及关联互联网账号的通告》①

四、电信企业应建立电话卡"二次实人认证"工作机制,针对涉诈电话卡、"一证(身份证)多卡"、"睡眠卡"、"静默卡"、境外诈骗高发地卡、频繁触发预警模型等高风险电话卡,提醒用户在 24 小时内通过电信企业营业厅或线上方式进行实名核验,在规定期限内未核验或未通过核验的,暂停电话卡功能,有异议的可进行投诉反映,经核验通过的恢复功能。通过电信企业营业厅认证的,电信企业应要求用户现场签署涉诈风险告知书;采用线上方式认证的,电信企业应要求用户阅读勾选涉诈风险告知书,录制留存用户朗读知晓涉诈法律责任的认证视频。

【参考案例】

各地严格落实防沉迷要求 集中处罚违规企业和平台②

记者从国家新闻出版署获悉:近期各地各有关部门按照最新网络游戏防沉迷通知要求,集中处罚了一批违规企业和平台。

各地处罚了一批违规向未成年人提供网游服务的企业。9 月 9 日,苏州市文化市场综合执法支队对苏州好丸网络信息科技有限公司未经批准违规上线运营网络游戏《火柴人你好》作出行政处罚,责令公司立即下架并删除该游戏,并对公司罚款 5000 元。9 月 14 日,北京市文化市场综合执法总队查处北京某信息技术有限公司通过自营游戏平台违规向未成年人提供网络游戏服务,依法对该公司作出警告、罚款 10 万元,并对直接负责的主管人员罚款 1 万元。9 月 15 日,上海市文化和旅游局执法总队查处上海锐战网络科技有限公司在 22 时至次日 8 时向未成年人提供网络游戏服务案件,总队拟依法对该公司作出警告、罚款 10 万元,并对直接负责的主管人员罚款 1 万元的行政处罚。9 月 15 日,上海市文化和旅游局执法总队查处上海域起网络科技有限公司未

---

① 工业和信息化部、公安部发布,自 2021 年 6 月 2 日起开始实施,现行有效。

② 《人民日报》2021 年 10 月 16 日,https://www.nppa.gov.cn/nppa/contents/776/99476.shtml。

要求未成年人以真实身份信息注册并登录网络游戏,总队拟依法对该公司作出警告、罚款 10 万元,并对直接负责的主管人员罚款 1 万元的行政处罚。9 月 18 日,苏州市文化广电和旅游局执法支队查处苏州天魂网络科技股份有限公司未要求未成年人以真实身份信息注册并登录网络游戏,支队依法对该公司作出警告、罚款 10 万元,并对直接负责的主管人员和其他责任人员罚款 1 万元的行政处罚。

有关负责人表示,各相关游戏企业和平台应严格落实近日国家新闻出版署下发的《关于进一步严格管理切实防止未成年人沉迷网络游戏的通知》,严格遵守向未成年人提供游戏服务的时间限制,严格执行实名注册和登录要求,合法依规运营,为未成年人生活学习和健康成长创造良好网络环境。

第三十四条(预警劝阻系统和救助职责)

第三十四条　公安机关应当会同金融、电信、网信部门组织银行业金融机构、非银行支付机构、电信业务经营者、互联网服务提供者等建立预警劝阻系统,对预警发现的潜在被害人,根据情况及时采取相应劝阻措施。对电信网络诈骗案件应当加强追赃挽损,完善涉案资金处置制度,及时返还被害人的合法财产。对遭受重大生活困难的被害人,符合国家有关救助条件的,有关方面依照规定给予救助。

【本条主旨】

本条是关于对预警劝阻系统和救助职责的规定。本条规定了公安机关会同金融、电信、网信部门组织银行业金融机构、非银行支付机构、电信业务经营者、互联网服务提供者等有关单位建立预警劝阻系统的职责,以及有关方面完善涉案资金处置制度和给予救助的职责。

【核心概念】

预警劝阻系统

1. 预警劝阻系统,是指有关部门、单位建立的旨在提示单位、个人其当前行为或参与的活动存在较高涉诈风险的反诈预防措施。

2. 目前,我国建立了国家反诈中心 APP、96100 预警劝阻专线、12381 涉诈预警劝阻短信系统、全国移动电话卡"一证通查"服务、云闪付 APP"一键查卡"等预警劝阻系统。

重大生活困难

重大生活困难,是指被害人有残疾或患有重大疾病,完全或大部分丧失劳动能力,又没有其他生活来源;被害人失业且收入低于本市城镇居民最低生活保障线;其他生活特别困难的情形。

【条文详解】

预警劝阻措施是反诈预防措施,作用是在电信网络诈骗活动发生前、发生时对潜在被害人采取相应措施防止其上当受骗。预警劝阻措施与监测识别和处置措施相似,可以分为两个阶段,第一个阶段是预警阶段、监测识别阶段,第二个阶段是劝阻阶段、处置阶段。在第一个阶段,两种反诈措施没有实质性差异,都是有关部门、单位通过技术手段和其他手段监测电话卡、物联网卡、银行账户、支付账户、互联网账号以及电信网络上的其他信息和活动(以下简称"卡、账户、账号、信息和活动"),评估其涉诈风险。在第二个阶段,两种反诈措施存在一定差异,预警劝阻措施是有关部门、单位根据第一阶段评估的涉诈风险对与卡、账户、账号、信息和活动相关联的潜在被害人采取弹窗提示、电话提示、短信提示等劝阻措施,而监测识别和处置措施是有关部门、单位根据第一阶段评估的涉诈风险对卡、账户、账号、信息和活动及相关联的潜在加害人采取重新核验身份、限制功能、暂停服务、屏蔽、删除等处置措施。可见,两种反诈措施都是建立在发现卡、账户、账号、信息和活动的风险点上,然后通过强制性措施或非强制性措施将风险点与潜在被害人分离开来,从而避免被害人上当受骗,而两种反诈措施的主要区别是将风险点与潜在被害人分离的方式不同。

本条首先规定了公安机关会同金融、电信、网信部门组织金融机构、电信业务经营者、互联网服务提供者等有关单位建立预警劝阻系统的职责,肯定了实践中有关部门、单位开发预警劝阻系统的做法,并将其上升为法律,督促、鼓励有关部门、单位建立健全预警劝阻系统。目前,我国主要有五种预警劝阻系统,分别是国家反诈中心 APP、96100 预警劝阻专线、12381 涉诈预警劝阻短信系统、全国移动电话卡"一证通查"服务、云闪付 APP"一键查卡"。其中,国家反诈中心 APP 的功能是在用户收到涉诈电话、短信或登录涉诈网站时进行弹窗提示,为用户提供身份核实以及支付账户、IP/网址、QQ/微信涉诈风险查询;96100预警劝阻专线是反诈工作专用号码,公安机关将通过该专线及时劝阻将要或正在遭遇电信网络诈骗的潜在被害人,遇到可疑行为和活动时,社会公众也可以拨打该专线进行咨询;12381涉诈预警劝阻短信系统的功能是及时向潜在被害人发送预警短信提示其可能面临贷款、刷单返利、冒充公检法、杀猪盘等9类高发电信网络诈骗活动;全国移动电话卡"一证通查"服务的功能是向用户提供查询居民身份证关联的电话卡数量和手机号关联的互联网账号数量的服务;云闪付APP"一键查卡"的功能是向用户提供查询居民身份证关联的银行卡数量的服务。值得注意的是,实践中劝阻措施主要是弹窗提示、电话提示、短信提示、风险查询等非强制性措施,是否可以采取暂缓交易、延迟转账、保护性限制账号功能或暂停服务等强制性措施尚不清楚,有待进一步明确。

本条还规定了有关方面完善涉案资金处置制度和给予救助的职责。对被害人的救济可以分为两个阶段,第一阶段是加强追赃挽损,及时返还被害人的合法财产;第二阶段是通过社会保障制度等途径救助遭受重大生活困难的被害人。在第一阶段,公安等有关方面应当完善涉案资金处置制度,与人民检察院、人民法院、中国人民银行、银保监会等部门协作,全面查清违法犯罪所得财产及其产生的孳息,尽最大可能追回被害人被骗取的财产。对于应当采取查封、扣押、冻结等措施的财产,及时采取查封、扣押、冻结等措施;对于可以清晰认定权属的财产,应当及时返还被害人;对于难以清晰认定权属的财产,应当结合线索和证据,通过公证、司法会计检查等手段准确认定全部被害人的数量及被害人各自的损失,将财产按比例偿还被害人。在第二阶段,有关方面应当对全部或部分财产无法追回的被害人家庭情况进行调查,及时发现因残疾、疾病、失业等情况失去生活来源,个人或家庭收入低于本市城镇居民最低生活保障线的被害人。对于其中符合低保条件的被害人及其家庭,有关方面应当及时将其纳入低保范围,并根据民政部相关政策发放一次性生活补贴、一次性临时救助金;对于其中具有劳动能力的被害人及其家属,有关方面应当促进其务工就业,难以务工就业的,应当提供就业培训和就业指导;对于其中符合中华慈善总会、中国残疾人联合会、中国青少年基金会等慈善机构等公益组织救助条件的被害人,有关方面应当为其申请救助提供必要帮助。

【参考规定】

1.《最高人民法院、最高人民检察院、公安部关于办理电信网络诈骗等刑事案件适用法律若干问题的意见》①

七、涉案财物的处理

（二）涉案银行账户或者涉案第三方支付账户内的款项，对权属明确的被害人的合法财产，应当及时返还。确因客观原因无法查实全部被害人，但有证据证明该账户系用于电信网络诈骗犯罪，且被告人无法说明款项合法来源的，根据刑法第六十四条的规定，应认定为违法所得，予以追缴。

2.《最高人民法院、最高人民检察院、公安部关于办理电信网络诈骗等刑事案件适用法律若干问题的意见（二）》②

十七、查扣的涉案账户内资金，应当优先返还被害人，如不足以全额返还的，应当按照比例返还。

【参考案例】

加强预警，筑牢反诈防线③

针对电信网络诈骗案件高发情况，近年来，公安部等相关部门坚持打防并举、防范为先，推出国家反诈中心 APP、96110 预警劝阻专线、12381 涉诈预警劝阻短信系统等反诈"利器"，不断加强预警防范工作，为广大群众构筑反诈防诈"防火墙"。

一、国家反诈中心 APP

"您现在正在遭受电信网络诈骗，要求您转账的是骗子，千万不要相信。"北京市某公司财务人员吕某突然接到一则转账通知，正当吕某准备向对方转账时，接到了来自国家反诈中心民警的预警劝阻电话。原来，通过大数据分析研判，国家反诈中心民警发现一起"冒充领导、熟人"类型的电信网络诈骗正在实施，马上拨打了受骗人吕某的电话进行劝阻，与此同时紧急启动分级联动

---

① 最高人民法院、最高人民检察院、公安部发布，自 2016 年 12 月 20 日起开始实施，现行有效。
② 最高人民法院、最高人民检察院、公安部发布，自 2021 年 6 月 17 日起开始实施，现行有效。
③ 《人民日报》2022 年 5 月 13 日，http://jx.people.com.cn/n2/2022/0513/c186330-35266049.html。

劝阻机制,成功制止了此次诈骗,为吕某及其公司挽回资金损失 286 万元。

"公安机关在加强打击电信网络诈骗犯罪的同时,坚持防范为先,不断提高群众反诈防诈的意识和能力。"公安部刑侦局副局长姜国利介绍。2021 年公安部推出国家反诈中心 APP,截至目前已受理群众举报线索 1460 余万条,向群众预警 2.3 亿次,在防范电信网络诈骗工作中发挥了重要作用。

国家反诈中心充分发挥资源技术优势,指导各地统筹全警资源力量,建立分级联动劝阻机制。"预警提示、一键举报、风险验证、普及防骗知识,是国家反诈中心 APP 的主要功能。"公安部相关负责人介绍。

二、预警劝阻专线和短信系统

一天下午,浙江杭州的何某接到一通陌生电话,对方称何某在某 APP 上购买的商品因快递公司工作失误造成快件丢失,并表示要给何某赔款。何某信以为真,正在按照对方要求打开支付宝时,接到了 96110 预警劝阻专线打来的电话,被告知联系她的"客服"是骗子。96110 是公安机关反诈专用号码,据介绍,2019 年 11 月 8 日,96110 预警劝阻专线率先在北京启用,目前已有 29 个省份的公安机关开通。

2021 年 7 月 14 日,工信部联合公安部正式推出 12381 涉诈预警劝阻短信系统。工信部网络安全管理局相关负责人介绍,12381 涉诈预警劝阻短信系统可利用大数据、人工智能等技术,自动分析发现潜在被骗用户,并通过 12381 短信端口第一时间向用户发送预警短信。

据介绍,12381 涉诈预警劝阻短信系统上线以来,已成功发送预警信息 1.49 亿条。"涉诈预警劝阻短信系统上线后,提升了公安机关预警劝阻的时效性和精准性,能够对潜在的受骗群众第一时间进行预警劝阻。"姜国利说。

三、"一证通查"等服务

在电信网络诈骗案件中,部分涉案电话卡由诈骗分子冒用他人身份信息办理,用户本人并不知情,但这些涉案电话卡也可能会对实名用户个人信用产生负面影响。

针对此类情况,工信部推出全国移动电话卡"一证通查"服务,截至今年 4 月底,用户查询量已累计突破 6700 万次。"'一证通查'服务打通了 93 家省级基础电信企业和 39 家移动通信转售企业相关数据,群众只需要使用居民身份证,即可通过线上线下多种渠道,查到本人名下持有的全国移动电话卡数量。"工信部相关负责人介绍。

被诈骗分子冒用身份信息的情况,同样也出现在银行卡办理领域。为方便群众对跨行银行卡账户进行查询,2021年12月,中国人民银行指导有关金融机构在云闪付APP上试点"一键查卡"功能。自该功能试点上线以来,已累计生成超过百万份查询报告。

"2021年,金融系统识别拦截资金能力明显上升,成功避免大量群众受骗,月均涉诈单位银行账户数量下降92%,个人银行账户户均涉诈金额下降21.7%。"中国人民银行支付结算司司长温信祥介绍。

第三十五条(电诈高发地的临时风险防范措施)

第三十五条 经国务院反电信网络诈骗工作机制决定或者批准,公安、金融、电信等部门对电信网络诈骗活动严重的特定地区,可以依照国家有关规定采取必要的临时风险防范措施。

【本条主旨】

本条是关于对电诈高发地的临时风险防范措施的规定。

【核心概念】

电信网络诈骗活动严重的特定地区

电信网络诈骗活动严重的特定地区(以下简称"电诈高发地"),是指电信网络诈骗窝点集中、涉诈违法犯罪率较高、涉诈"灰黑产业"泛滥的国家或地区。

临时风险防范措施

临时风险防范措施,是指针对电诈高发地采取的较本法规定的其他反诈措施更严厉的必要的短期措施,主要作用于电信网络诈骗活动发生前或发生时。

【条文详解】

国务院联席办认为,电信网络诈骗活动具有地域性特点。电信网络诈骗活动的地域性特点,是指电信网络诈骗窝点往往会集中在某些国家或地区,即存在地域性职业诈骗犯罪群体的现象,这意味着这些国家或地区的涉诈违法犯罪率更高。同时,电信网络诈骗活动的产业化特点会导致电信网络诈骗窝点集中的国家或地区存在涉诈"灰黑产业"泛滥的现象。本法将上述国家或地区称为电信网络诈骗活动严重的特定地区。根据《打击治理电信网络新型违法犯罪专项行动工作方案》,在 2015 年我国存在的电诈高发地有河北省丰宁县、福建省龙岩市新罗区、江西省余干县、湖南省双峰县、广东省茂名市电白区、广西壮族自治区宾阳县、海南省儋州市、台湾地区等。

本条是关于对电诈高发地的临时风险防范措施的规定,具体内容有国务院联席办决定或者批准电诈高发地范围和相应临时险防范措施的职责以及公安、金融、电信等部门执行国务院联席办规定的职责,通过对职责的分配,避免临时风险防范措施的滥用。

本条规定了国务院联席办决定或批准的职责,包括决定或批准电诈高发地范围以及决定或批准相应临时风险防范措施的职责。临时风险防范措施较本法规定的其他反诈措施更严厉,对单位和个人的生产经营活动和合法权益的影响更大。因此,采取临时风险防范措施的条件应当更高,应当是打击治理电诈活动必要的,决定机关和执行机关应当更谨慎。国务院联席办具有统筹协调反诈工作的作用,公安、金融、电信等部门作为国务院联席办的成员,可以通过国务院联席办协商确定电诈高发地范围,表现为国务院联席办决定电诈高发地范围;或向国务院联席办提出建议并经国务院联席办其他成员同意来确定电诈高发地范围,表现为国务院联席办批准电诈高发地范围。通过上述程序可以确保对电诈高发地范围的认定是必要的、必须的,避免公安、金融、电信等部门各自为政,扩大电诈高发地范围、加重单位和个人负担的情况发生。根据实际情况,电诈高发地可能有缅甸、柬埔寨、阿联酋、菲律宾、泰国、老挝、马来西亚、土耳其等国家和云南、广西边境地区。值得注意的是,不同电诈高发地的电信网络诈骗活动具有各自的特点和倾向,相应地,围绕电信网络诈骗活动形成的涉诈"灰黑产业"也具有各自的特点和倾向,如《打击治理电信网络新型违法犯罪专项行动工作方案》指出河北省丰宁县的职业诈骗犯罪群体以冒充黑社会电话诈骗为主、福建省龙岩市新罗区的职业诈骗犯罪群体以网络购物诈骗为主、江西省余干县的职业诈骗犯罪群体以重金求子诈骗为主、湖南省双峰县的职业诈骗犯罪群体以 PS 图片敲诈为主、广东省茂名市电白区的职业诈骗犯罪群体以假冒熟人和领导电话诈骗为主、广西壮族自治区宾阳县的职业诈骗犯罪群体以假冒 QQ 好友诈骗为主、海南省儋州市的职业诈骗犯罪群体以机票改签电话诈骗为主。因此,对不同电诈高发地采取的临时风险防范措施也应当具有针对性,由国务院联席办在确定电诈高发地范围时一并作出规定。当然,国务院联席办决定或批准的临时风险防范措施不得超过国务院的职权范围,尤其是涉及限制人身自由的强制措施,不得超过法律授权的范围。

本条还规定了公安、金融、电信等部门执行国务院联席办规定的职责。由于国务院联席办的规定体现了国务院联席办全体成员的意志,且前期制定规定时,公安、金融、电信等部门已充分表达了自己的意见,因此,公安、金融、电信等部门应当严格执行国务院联席办关于电诈高发地范围和相应临时风险防范措施的规定。

【参考规定】

1.《打击治理电信网络新型违法犯罪专项行动工作方案》①

二、打击治理重点

(一)重点打击处理以下违法犯罪人员:

1. 河北省丰宁县冒充黑社会电话诈骗、福建省龙岩市新罗区网络购物诈骗、江西省余干县重金求子诈骗、湖南省双峰县 PS 图片敲诈、广东省茂名市电白区假冒熟人和领导电话诈骗、广西壮族自治区宾阳县假冒 QQ 好友诈骗、海南省儋州市机票改签电话诈骗等境内地域性职业诈骗犯罪群体;

2. 台湾籍诈骗人员;

3. 境内外诈骗窝点的组织者;

……

三、工作措施

(一)铲除境内地域性诈骗犯罪源头。联席会议办公室要组织河北省丰宁县、福建省龙岩市新罗区、江西省余干县、湖南省双峰县、广东省茂名市电白区、广西壮族自治区宾阳县、海南省儋州市等地,开展打击地域性诈骗犯罪群体"拔钉子"行动。上述地方党委、政府要加强领导,组织联合工作组进驻重点乡村,深入开展摸排、清理、教育、帮扶等工作,彻底铲除犯罪源头。当地公

---

① 公安部发布,自 2015 年 11 月 4 日起开始实施,现行有效。

安机关要立足本地,主动作为,广辟各类违法犯罪线索,集中经营,集中打击。各地公安机关要按照对应侦办工作机制和诈骗案件取证指引的要求,全力予以配合。工业和信息化部及中国电信、中国联通、中国移动,要对广西宾阳有线宽带虚假登记以及"黑卡"泛滥问题、广东电白诈骗团伙持有外地手机漫游本地作案问题、海南儋州诈骗团伙使用的 400 捆绑电话溯源问题,组织开展专项整治,对非实名登记、登记地与使用地不一致的手机、线路一律予以关停。

(二)捣毁境外电信诈骗犯罪窝点。各地公安机关要梳理、汇总本地电信诈骗犯罪线索,及时上报公安部。公安部要组织涉案地公安机关赴境外开展打击,铲除一批境外犯罪窝点,抓捕一批犯罪嫌疑人,形成境内外联合严打的高压态势。要联合国际刑警组织开展"2015 打击电信网络诈骗犯罪曙光行动",通过国际刑警渠道督促各涉案国开展落地侦查、集中抓捕、移交犯罪嫌疑人和证据等工作。外交部、海关总署、质检总局、民航局要对赴境外开展执法合作、押解犯罪嫌疑人回国等工作提供支持。

2.《最高人民法院、最高人民检察院、公安部、工业和信息化部、中国人民银行、中国银行业监督管理委员会关于防范和打击电信网络诈骗犯罪的通告》①

二、公安机关要主动出击,将电信网络诈骗案件依法立为刑事案件,集中侦破一批案件、打掉一批犯罪团伙、整治一批重点地区,坚决拔掉一批地域性职业电信网络诈骗犯罪"钉子"。对电信网络诈骗案件,公安机关、人民检察院、人民法院要依法快侦、快捕、快诉、快审、快判,坚决遏制电信网络诈骗犯罪发展蔓延势头。

【参考案例】

中缅边境电诈严重区域封停微信 QQ 支付宝账户②

2019 年 10 月 15 日傍晚,公安部刑侦局发布关于封停中缅边境电信网络诈骗活动严重区域 QQ、微信、支付宝、POS 机等社交和支付账户的通告。

---

① 《最高人民法院、最高人民检察院、公安部、工业和信息化部、中国人民银行、中国银行业监督管理委员会关于防范和打击电信网络诈骗犯罪的通告》自 2016 年 9 月 23 日起开始实施,现行有效。

② 央视网转载,《北京晚报》2019 年 10 月 16 日,http://news.cctv.com/2019/10/16/ARTINy-5qgvRml6nyHVAqyh9b191016.shtml。

该通告中称,针对中缅边境地区电信网络诈骗犯罪活动猖獗、严重侵害人民群众财产安全的情况,国务院打击治理电信网络新型违法犯罪工作部际联席会议办公室正在组织开展专项打击行动,决定自 2019 年 10 月 14 日起,对缅北部分电信网络诈骗活动严重区域的 QQ、微信、支付宝、POS 机等社交和支付账户采取封停措施。

这两天,云南省多地一些网友反映,自己的微信、QQ 等社交账号被封停。同时,贵州、重庆等地网友,以及一些近期去过云南旅游的网友,也表示遇到了相同情况。而事实上,公安部此次行动的目标,是打击以"杀猪盘"为代表的电信网络诈骗犯罪活动。

今年以来,全国各地连续高发"杀猪盘"虚假投资、博彩类电信网络诈骗案件,源头大多为缅甸、菲律宾、老挝、柬埔寨等东南亚地区。对此,公安部专门成立打击专班,并抽调多地精干警力组成工作组,出国开展警务执法合作;各地公安机关出击跨境抓捕诈骗分子。近期,陆续有大批电信网络诈骗嫌疑人被押解回国。

公安部刑侦局在通告中告知网友,如有疑问,联系公安部驻云南普洱工作站,公安机关将快速甄别,对由于技术原因误关停的账号予以解封。

附通告:

关于封停中缅边境电信网络诈骗活动严重区域 QQ、 微信、支付宝、POS 机等社交和支付账户的通告

针对中缅边境地区电信网络诈骗犯罪活动猖獗、严重侵害人民群众财产安全的情况,国务院打击治理电信网络新型违法犯罪工作部际联席会议办公室正在组织开展专项打击行动,决定自 2019 年 10 月 14 日起,对缅北部分电信网络诈骗活动严重区域的 QQ、微信、支付宝、POS 机等社交和支付账户采取封停措施。如有疑问,请尽快联系公安部驻云南普洱工作站,公安机关将快速甄别,对因技术原因误关停的账号予以解封。

国务院打击治理电信网络新型违法犯罪

工作部际联席会议办公室

(公安部刑侦局)

2019 年 10 月 15 日

第三十六条（前往电诈高发地的人员和
受过刑事处罚的人员的出境管理）

　　第三十六条　对前往电信网络诈骗活动严重地区的人员,出境活动存在重大涉电信网络诈骗活动嫌疑的,移民管理机构可以决定不准其出境。

　　因从事电信网络诈骗活动受过刑事处罚的人员,设区的市级以上公安机关可以根据犯罪情况和预防再犯罪的需要,决定自处罚完毕之日起六个月至三年以内不准其出境,并通知移民管理机构执行。

【本条主旨】

　　本条是关于前往电诈高发地的人员和受过刑事处罚的人员的出境管理的规定。本条有两款,第一款是移民管理机构对前往电信网络诈骗活动严重地区的人员(以下简称"前往电诈高发地的人员")的出境管理职责;第二款是公安机关、移民管理机构对因从事电信网络诈骗活动受过刑事处罚的人员(以下简称"受过刑事处罚的人员")的出境管理职责。

【条文详解】

　　随着国内不断加大对电信网络诈骗活动的打击力度,境内大批电信网络诈骗窝点加速向境外网络条件好、治安混乱、出入境审查不严、生活成本低的国家或地区转移,据统计,目前在我国电信网络诈骗犯罪案件中,境外窝点作案占比已超过80%。这些境外窝点中的不法分子有很大比例是来自大陆和台湾,有的是为了逃避国内日益严密的监管而出境作案,有的是被亲友、同学、老乡、蛇头、中介公司以高薪务工为诱饵骗至境外,由于熟悉普通话、了解国内生活环境,他们成为跨境电信网络诈骗活动的主要作案人。

　　我国对境外电信网络诈骗窝点的打击存在客观障碍,一方面,行政权局限于一国领土内,我国行政机关不可能单方面跨境执法,必须与其他国家开展合作;另一方面,司法协助、警务合作等国际合作渠道程序烦琐、不够畅通,加上疫情的不利影响,导致跨境抓捕、取证、追赃工作非常困难。因此,本法侧重前端防范,着重建设反诈预防措施,以期在电信网络诈骗活动发生前和发生时通过技术手段和其他必要手段阻断电信网络诈骗活动及其危害结果的发生。

本条是关于前往电诈高发地的人员和受过刑事处罚的人员的出境管理的规定,目的是打击治理国内公民出境从事电信网络诈骗活动和涉诈"灰黑产业"的情况。

本条第一款规定了移民管理机构对前往电诈高发地的人员的出境管理职责。国家保护中国公民出境入境合法权益,但移民管理机构可以根据《出境入境管理法》第十二条的规定不准中国公民出境。本条第一款属于《出境入境管理法》第十二条第六款规定的法律、行政法规规定不准出境的其他情形,明确移民管理机构在国务院联席办认定的电诈高发地范围的基础上,管理前往境外电诈高发地人员的出境活动的职责。本条第一款规定移民管理机构出境管理职责,目的不是禁止一切出境活动,而是为了拦截出境从事电信网络诈骗活动和涉诈"灰黑产业"的不法分子以及被欺骗、被引诱出境的中国公民,因此,移民管理机构应当谨慎履行职责,审查前往电诈高发地的人员是否具有工作、经商、就学、就医、探亲等合法、真实出境事由,允许上述人员提供营业执照、房产证明(购房合同)、租房合同、有效劳动合同、公派出差文件、入学通知书、学历学籍等材料说明自己的出境事由,对于出境活动存在重大涉电信网络诈骗活动嫌疑的的前往电诈高发地的人员,才能决定不准其出境。

本条第二款规定了公安机关、移民管理机构对受过刑事处罚的人员的出境管理职责。本条第二款也属于《出境入境管理法》第十二条第六款规定的法律、行政法规规定不准出境的其他情形,明确公安机关、移民管理机构管理受过刑事处罚人员的出境活动的职责。公安机关和移民管理机构共同履行该项出境管理职责,首先由设区的市级以上公安机关根据犯罪情况和预防再犯罪的需要,决定受过刑事处罚的人员自处罚完毕之日起六个月至三年以内不准出境,并通知移民管理机构执行。然后由移民管理机构执行公安机关的决定。相比前往电诈高发地的人员,受过刑事处罚的人员出境从事电信网络诈骗活动和涉诈"灰黑产业"的可能性更大,因此,公安机关作出决定的条件更宽松,无须达到出境活动存在重大涉电信网络诈骗活动嫌疑这一标准。

【参考规定】

《中华人民共和国出境入境管理法》

第十二条　中国公民有下列情形之一的,不准出境:

（一）未持有效出境入境证件或者拒绝、逃避接受边防检查的；

（二）被判处刑罚尚未执行完毕或者属于刑事案件被告人、犯罪嫌疑人的；

（三）有未了结的民事案件，人民法院决定不准出境的；

（四）因妨害国（边）境管理受到刑事处罚或者因非法出境、非法居留、非法就业被其他国家或者地区遣返，未满不准出境规定年限的；

（五）可能危害国家安全和利益，国务院有关主管部门决定不准出境的；

（六）法律、行政法规规定不准出境的其他情形。

【参考案例】

拯救非法出境搞电诈的年轻人，劝返只是"上半篇"①

近年来，电信网络诈骗犯罪出现窝点向部分东南亚国家特别是缅北地区转移的态势，不少诈骗团伙大肆招聘国内人员赴境外实施诈骗。新华每日电讯记者近日在福建多个外流人员较多的县区蹲点调研发现，少数年轻人受"一夜暴富""犯罪成本低、收益高"等不良价值观冲击，铤而走险。这些人中不少被骗到窝点后，因"业绩"不佳遭遇殴打、拘禁折磨，有的甚至被转卖给其他团伙。

去年以来，在公安部统一部署下，全国范围开展劝返滞留缅北的非法出境人员和从事电信网络诈骗人员行动，2021年从境外劝返回国21万人。在福建多个县区，地方党委和政府通过劝返、惩治、帮扶多措治理人员外流境外问题，取得一定成效，但违法犯罪滋生土壤仍然不同程度存在，防范不良价值观冲击、阻断诈骗犯罪代际传递仍需久久为功。

记者走访多个乡镇发现，一些年轻人铤而走险，偷越国边境到境外主要原因有两个方面。

一是境外诈骗窝点以高薪为诱饵大量招聘国内人员。闽南是国内较早出现电信网络诈骗的地区，当地公安民警告诉记者，经过持续多年打击整治，诈骗团伙在闽南乃至境内设立窝点现象基本得到控制，但是近年来，诈骗团伙将窝点转移到缅北等东南亚国家和地区，电信网络诈骗仍处于高发态势，犯罪成

---

① 《新华每日电讯》2022年3月31日，http://www.news.cn/mrdx/2022-03/31/c_1310537915.htm。

本低、收益高,每年国内民众被骗金额巨大,犯罪上下游形成买卖公民个人信息,卖银行卡和手机卡,洗钱,网络技术支持等黑灰产业链。"境外诈骗窝点针对国内人员实施诈骗,不论是诈骗窝点还是上下游链条,都需要大量境内人手,就出现了利用同乡、同学关系,乃至专业的中介公司、蛇头等,以高薪为诱饵,大肆拉人到境外从事违法犯罪活动。"多地公安民警告诉记者。

二是"一夜暴富"的不良价值观对年轻人冲击较大。记者走访闽南部分重点乡镇了解到,一些从事诈骗的村民开着豪车回乡,盖起了豪华别墅。有人此前游手好闲,学历也不高,但突然就"发了财"。这样的人尽管是少数,但是对村民的影响却不小。闽南某乡镇中学有初高中学生1700多人,该校相关负责人告诉记者,有的学生受家庭或身边朋友影响,觉得读书无用,还不如出去赚钱,经过宣传教育,虽然目前没有辍学现象,但是不良价值观的影响仍然存在,特别是初高中毕业后没有继续上学的学生,受利益驱动,容易走上歪路。比如,闽南某县靠近城关的一乡镇有164人滞留缅北,这些外出人员就以无业者、初高中生为主。

第三十七条(国际执法司法合作)

第三十七条 国务院公安部门等会同外交部门加强国际执法司法合作,与有关国家、地区、国际组织建立有效合作机制,通过开展国际警务合作等方式,提升在信息交流、调查取证、侦查抓捕、追赃挽损等方面的合作水平,有效打击遏制跨境电信网络诈骗活动。

【本条主旨】

本条是关于国务院公安部门等会同外交部门加强国际执法司法合作的规定。

【核心概念】

国际执法司法合作

1. 国际执法合作的主体是执法部门,是指不同国家的执法机关之间的合作。国际执法合作的典型模式有国际警务合作,是指不同国家的警察机关在追赃追逃、打击跨国犯罪领域的合作,国际刑警组织是国际警务合作的主要联络机构。

2. 国际司法合作的主体是司法部门,是指不同国家的司法机关之间的合作。国际司法合作的典型模式有引渡和国际刑事司法协助。引渡,是指一国将在该国境内的、被他国指控为犯罪而被他国追捕、通缉或判刑的人,应他国的请求,根据双方之间的引渡条约,移交给他国进行审判或处罚的国际司法合作行为。国际刑事司法协助,是指我国和外国在刑事案件调查、侦查、起诉、审判和执行等活动中相互提供协助,包括送达文书,调查取证,安排证人作证或者协助调查,查封、扣押、冻结涉案财物,没收、返还违法所得及其他涉案财物,移管被判刑人以及其他协助。

【条文详解】

随着境内电信网络诈骗窝点加速向境外转移,跨境电信网络诈骗活动日益频繁,逐渐占据我国电信网络诈骗活动的主流。目前,我国对跨境电信网络诈骗活动主要采取"拔钉"、"断流"、拦截劝阻和教育劝返等打击治理措施。"拔钉",是指全力缉捕、严厉惩处境内外电信网络诈骗犯罪集团重大头目和骨干。跨境电信网络诈骗活动屡禁不止、生命力顽强的原因是犯罪集团重大头目和骨干能够隐藏幕后,遥控、策划、指挥犯罪集团其他成员实施电信网络诈骗活动,从而避开侦查打击。"拔钉"行动针对这些犯罪集团重大头目、骨干和投资者开展专项缉捕,打击核心犯罪团伙,防止其利用资金、技术、渠道不断组建犯罪集团。"断流",是指打击组织偷渡境外从事电信网络诈骗活动的"灰黑产业"。从事跨境电信网络诈骗活动的不法分子有很多是从大陆出境作案的,有的是为了逃避国内日益严密的监管而出境作案,有的是被亲友、同学、老乡、蛇头、中介公司以高薪务工为诱饵骗至境外,他们中部分是偷渡出境的。"断流"行动针对组织偷渡出境这一"灰黑产业",缉捕组织招募者、运送接应者、非法出境人员以及该"灰黑产业"背后的"金主",压减出境作案人员。拦截劝阻则主要针对通过合法途径出境作案的人员,他们中有的是被欺骗出境,有的准备前往第三国后转至目的地作案,相应地,移民管理机构通过核验出境事由、严格签发证件、加强边防检查等措施,拦截出境作案人员。教育劝返,是指公安部门查清境外电信网络诈骗窝点人员的真实身份后由地方政府开展教育工作,劝返其回国投案自首。

无论是"拔钉"、"断流"行动,还是拦截劝阻、教育劝返措施,都需要相应机制的支撑,如,"拔钉"行动需要获取跨境电信网络诈骗犯罪集团重大头目和骨干的准确信息和有效证据,"断流"行动需要和接壤国家合作打击组织偷渡出境的"灰黑产业",教育劝返措施需要查清境外电信网络诈骗窝点人员的真实身份,而这些支撑机制本质是行政机关和司法机关的跨境执法司法活动,需要建立在我国与有关国家、地区、国际组织的有效合作基础上。

本条规定了国务院公安部门等会同外交部门加强国际执法司法合作的职责,目的是督促公安、外交等部门与有关国家、地区、国际组织建立打击治理跨境电信网络诈骗活动的有效合作机制。公安、外交等部门履行职责的关键是建立有效合作机制,即要求建立的合作机制应当满足精简高效、优势互补、平等互惠、共同发展等标准。公安、外交等部门应当充分利用已有的国际警务合作、引渡、国际刑事司法协助等国际执法司法合作机制,并通过与有关国家、地区、国际组织签订双边、多边协议等方式精简、优化其中程序烦琐、效率低下的机制,提升在信息交流、调查取证、侦查抓捕、追赃挽损等方面的合作水平;如果现有机制不能满足打击跨境电信网络诈骗工作某方面的要求,那么公安、外交等部门应当在平等互惠原则的基础上通过双边、多边协议与有关国家、地区、国际组织建立有关调查取证、执法司法信息交流、追赃追逃的机制。

【参考规定】

1.《中华人民共和国引渡法》

第三条 中华人民共和国和外国在平等互惠的基础上进行引渡合作。

引渡合作,不得损害中华人民共和国的主权、安全和社会公共利益。

2.《中华人民共和国国际刑事司法协助法》

第四条 中华人民共和国和外国按照平等互惠原则开展国际刑事司法协助。

国际刑事司法协助不得损害中华人民共和国的主权、安全和社会公共利益,不得违反中华人民共和国法律的基本原则。

非经中华人民共和国主管机关同意,外国机构、组织和个人不得在中华人民共和国境内进行本法规定的刑事诉讼活动,中华人民共和国境内的机构、组织和个人不得向外国提供证据材料和本法规定的协助。

3.《公安机关办理刑事案件程序规定》①

第十三条　根据《中华人民共和国引渡法》《中华人民共和国国际刑事司法协助法》,中华人民共和国缔结或者参加的国际条约和公安部签订的双边、多边合作协议,或者按照互惠原则,我国公安机关可以和外国警察机关开展刑事司法协助和警务合作。

【参考案例】

国新办权威发布:打击治理电信网络
诈骗犯罪工作进展情况②

国务院新闻办公室于 2022 年 4 月 14 日(星期四)上午 10 时举行新闻发布会,介绍打击治理电信网络诈骗犯罪工作进展情况。

红星新闻记者:

目前,仍有不少诈骗团伙藏匿在境外,对我民众实施诈骗活动。请问,公安机关开展了哪些工作? 目前疫情条件下如何加大打击力度? 下一步将采取哪些措施? 谢谢。

公安部刑事侦查局局长刘忠义:

谢谢记者的提问。针对藏匿在境外的电信网络诈骗团伙,公安部依托国务院部际联席会议机制,会同国家移民管理局等有关部门,积极克服疫情不利影响,对境外诈骗团伙开展了以下工作:

一是继续坚持境外打击。2021 年,我们努力克服疫情困难,先后向柬埔寨、阿联酋、缅北等重点国家和地区,派出多个工作组积极开展国际执法合作,先后将 610 余名犯罪嫌疑人从境外遣返国内,有力震慑了诈骗团伙。

二是立足境内打回流。先后抓获从东南亚相关国家回流的诈骗嫌疑人 3.6 万名,深挖破案 1.5 万起,组织开展"断流"专案行动,打掉非法出境团伙 1.2 万个,抓获偷渡犯罪嫌疑人 5.1 万名。

三是全力开展教育劝返。压紧压实重点地区党委和政府主体责任,从境外教育劝返 21 万人,赴境外针对我国内实施诈骗的犯罪嫌疑人大幅减少。

---

① 自 2020 年 9 月 1 日起开始实施,现行有效。
② 国新网,2022 年 4 月 11 日,http://www.scio.gov.cn/xwfbh/xwbfbh/wqfbh/47673/48097/index.htm。

下一步,公安部将依托国务院部际联席会议机制,继续会同有关部门在严格落实疫情防控措施的前提下,以更强力度、更大决心,全力加强源头稳控,最大幅度压减赴境外作案人员,最大限度挤压境外诈骗分子生存空间。

一是始终保持严打高压。坚持立足境内打回流,部署开展"拔钉"行动,对境外电信网络诈骗犯罪集团重大头目和骨干开展全力缉捕,依法严厉惩处。

二是全力开展教育劝返。持续开展调查摸底,查清境外窝点人员真实身份,加大教育劝返力度,责令境外诈骗犯罪嫌疑人限期回国投案自首。

三是加大涉诈人员管控力度。强化精准摸排,出境管控和拦截劝返,严密证件签发、边防检查等环节措施,持续强化边境物防技防建设,严防涉诈人员出境作案。

第六章　法律责任

　　本法第六章法律责任从第三十八条至第四十八条共计 11 个条文,未分节。本章是关于法律责任的规定,包括刑事责任(第三十八条),电信业务经营者的行政责任(第三十九条),金融机构的行政责任(第四十条),电信业务经营者、互联网服务提供者的行政责任(第四十一条),涉诈设备、软件提供者及从事涉诈支持、帮助活动者的行政责任(第四十二条),不履行合理注意义务的电信业务经营者、互联网服务提供者应当承担的行政责任(第四十三条),电话卡、物联网卡、电信线路、短信端口、银行账户、支付账户、互联网账号提供者及帮助者的行政责任(第四十四条),反电信网络诈骗工作有关部门、单位的工作人员渎职、泄密的刑事责任(第四十五条),民事责任(第四十六条),检察公益诉讼(第四十七条),行政救济(第四十八条)。

　　本章规定了相关主体在违反本法所规定的职责及义务时,应当承担相应的法律责任。具体内容如下:

　　第一,第三十八条是刑事责任的引致规定。任何单位、个人组织、策划、实施、参与电信网络诈骗活动或者为电信网络诈骗活动提供帮助,构成犯罪的应当承担相应的刑事责任。尚未构成犯罪的,则施以行政处罚。

　　第二,第三十九条、第四十条、第四十一条、第四十三条规定了不同风险防控主体的行政责任,明确了处罚情形及其相应的处罚类型、处罚数额。此三条规定与本法的篇章结构相适应,分别对应第二章电信治理、第三章金融治理、第四章互联网治理以及第五章综合治理措施的规定。风险防控主体行政责任采用个人与企业双罚制,区分了情节严重与一般违法的处罚类型。该规定增加了风险防控主体怠于履职的处罚力度,有助于落实本法规定有关主体的职责。

　　第三,第四十二条、第四十四条规定了涉诈单位、个人的行政责任,有效打击了尚未构成刑事犯罪但仍然造成不利后果的帮助行为。同时,上述规定有利于源头治理,从上游打击有关人员的违法行为,加重其违法成本。

第四,第四十五条规定了国家机关及有关人员不履行本法规定的职责,怠于履职,泄露秘密的刑事责任。

第五,第四十六条规定了民事责任。电信网络诈骗受害人可以请求造成其损害的电信网络诈骗违法犯罪人员,以及未采取本法规定的措施或者未履行民事义务的电信业务经营者、金融机构、互联网服务提供者承担相应的民事责任。该条规定贯彻了精准防治的理念。

第六,第四十七条规定了检察机关依法提起公益检察诉讼,发挥检察职能在反诈领域的作用。

第七,第四十八条规定了行政相对人的行政救济手段。电信网络诈骗在追究有关主体行政责任的同时需要兼顾有效的救济手段,提高打击的精准度,减少错误的行政行为。

第三十八条(刑事责任)

组织、策划、实施、参与电信网络诈骗活动或者为电信网络诈骗活动提供帮助,构成犯罪的,依法追究刑事责任。

前款行为尚不构成犯罪的,由公安机关处十日以上十五日以下拘留;没收违法所得,处违法所得一倍以上十倍以下罚款,没有违法所得或者违法所得不足一万元的,处十万元以下罚款。

【本条主旨】

本条是关于违反本法规定的刑事责任和行政责任的规定。

【核心概念】

刑事责任

刑事责任是指犯罪人就犯罪行为应当承担的法律责任。刑罚是刑事责任的主要实现方式,包括主刑和附加刑两种刑罚方式。主刑分为管制、拘役、有期徒刑、无期徒刑和死刑;附加刑分为罚金、剥夺政治权利、没收财产和驱逐出境。

刑事责任具有严厉性与国家性。作为刑事责任的主要实现方式,刑罚不仅可以通过国家强制力量对公民的人身自由进行剥夺,甚至可以剥夺公民的生命权利。相较于其他法律制裁方法而言更为严厉。刑事责任的国家属性极其明显,表现出国家权力与个人利益之间的分配与对抗。刑事责任的价值取向是以国家的价值取向为基础,不完全以市民社会为基础,因此相较于其他部门法,刑事责任更为直接反映了国家的意志。

刑事责任的构成要件

不同的犯罪构成理论体系对于刑事责任的构成要件存在不同的定义。

以"四要件"理论为例,犯罪构成四要件包括主体、主观方面、客体、客观方面。我国刑法规定只有同时满足四要件的行为才认定为犯罪。其中,客体要件是刑法所保护而为犯罪所侵犯的社会主义社会关系;客观要件是指犯罪行为的具体表现;主体要件,是指实施犯罪行为的人,包括自然人或单位;主观要件,犯罪主体对其实施的犯罪行为及其结果所具有的心理状态,包括故意或者过失。

以"三阶层"理论为例,三阶层分别指犯罪构成要件的符合性、违法性、有责性。其中,构成要件的符合性,又称构成要件的该当性,指犯罪首先必须符合刑法各本条及其他刑法法规所规定的某种构成要件行为。构成要件的违法性,是指行为违反法律,及行为为法律所禁止,行为为法律所不允许。此处涉及实质的违法性问题,即为何行为为法律所禁止,通说认为实质的违法性即法益的侵害性。构成要件的有责性,指非难可能性,既能够就符合构成要件的违法行为对行为人进行非难、谴责。

【条文详解】

本条规定了任何单位、个人组织、策划、实施、参与电信网络诈骗活动或者为电信网络诈骗活动提供帮助,构成犯罪的,应当承担相应的刑事责任,尚未构成犯罪的,则施以行政处罚。从事电信网络诈骗活动涉及多种罪名,包括诈骗罪、侵犯公民个人信息罪、帮助信息网络犯罪活动罪、非法利用信息网络罪、信用卡诈骗罪与妨害信用卡管理罪、掩饰隐瞒犯罪所得罪等。有关帮助信息网络犯罪活动罪、非法利用信息网络罪之罪与非罪的探讨可以参加后文第四十二条释义内容。

首先,应当区分单位的刑事责任与个人的刑事责任。单位犯罪只有刑法分则明文规定的,才承担刑事责任。如果刑法分则和其他法律没有具体规定,则不能追究单位的刑事责任。刑法对单位犯罪在绝大部分情况下采取双罚制。在双罚制中,对单位一般判处罚金,判处罚金采取无限额罚金制,即对罚金的数额未作规定;对直接负责的主管人员和直接责任人员是判处刑罚,这里的刑罚包括自由刑与罚金。与电信网络诈骗有关的罪名中可以成立单位犯罪的包括:信用卡诈骗罪、洗钱罪、侵犯公民个人信息罪、帮助信息网络犯罪活动罪、非法利用信息网络罪、掩饰隐瞒犯罪所得罪。但是,单位不能作为普通诈骗罪的主体,在此情形下,如果以单位名义组织电信网络诈骗活动,应当对组织、策划、实施该危害社会行为的人依法追究刑事责任。

其次,上述与电信网络诈骗相关的犯罪应当严格遵守构成要件,注意此罪与彼罪的区分。

第一,绝大多数电信网络诈骗行为都符合诈骗罪的犯罪构成要件。诈骗罪是指行为人以非法占有为目的,使用诈骗方法骗取他人财物,数额较大的行为。从诈骗罪的具体行为模式可以看出行骗者实施犯罪行为后,只有在被害人因犯罪嫌疑人的欺骗行为产生错误认识,并且基于该认识错误而作出财产处分行为的情况下,行骗者的电信网络诈骗行为才构成诈骗罪,否则则可能涉嫌其他罪名。举例来说,最高院就曾公开指导案件,在该案中,涉案犯罪嫌疑人臧某向被害人金某发布了一条将交易金额标注为1元的虚拟链接,并欺骗了金某点击该链接就可以查看自己的付款信息,而事实上臧某还向该链接中植入了支付30.5万元的木马程序,金某信以为真,觉得只要付款1元就能查看自己的付款信息,就点击了该链接。在该案中,金某确实发生了认知错误并处分价值1元的财物,不过,由于无法了解臧某所预设的木马程序的存在性,也就无法了解其他财物已经被移转至犯罪嫌疑人银行卡上的事实,因此,金某对价值304999万元财物交易并不存在处分意思,所以,对臧某并不构成欺诈罪,反而构成了盗窃罪。

第二,电信网络诈骗行为可能构成侵犯公民个人信息罪。侵犯公民个人信息罪是指违反国家有关规定,非法获取、提供或出售能够识别特定自然人身份或反映特定自然人活动的信息,情节严重的行为。侵犯公民个人信息罪被视作互联网时代的“百罪之源”,是因为当前互联网非法买卖公民个人信息泛滥,由此滋生的其他犯罪也是类型多样,电信网络诈骗则是常见的衍生犯罪之一。很多实施电信网络诈骗的犯罪分子依赖购买他人个人信息实施诈骗行为,这本身就是一种非法获取公民个人信息的行为,涉嫌侵犯公民个人信息罪。

第三,部分电信网络诈骗行为涉及信用卡诈骗罪与妨害信用卡管理罪。在电信网络诈骗的案件中,存在一种通过套取信息骗取资金的模式。具体表现为犯罪嫌疑人首先通过发送手机短信的方式,告知被害人其银行账户、医保账户等账户存在异常,被害人信以为真,根据短信提示回拨电话,犯罪嫌疑人进而通过精心准备的"话术"骗取被害人信任,进而套取被害人银行账户信息,然后将被害人银行账户中的资金转走。上述诈骗模式,属于"冒用他人信用卡"的其中一种情形。对于这种情况,根据相关法律和司法解释的规定,冒用数额超过 5000 元的,应当以信用卡诈骗罪进行处罚。除此之外,刑法上还存在一个与信用卡诈骗有关的罪名——妨害信用卡管理罪,该罪名与信用卡诈骗罪的本质区别在于后者需要具有通过互联网或通讯终端使用相关信用卡的行为,前者只要求犯罪嫌疑人具有窃取、收买或者非法提供他人信用卡信息资料的行为。在上述通过套取相关信息骗取资金的电信网络诈骗模式中,有专门负责骗的,有专门负责套取信息的,有专门负责利用套取的信息去伪造信用卡的,后两者如果是与专门负责骗的人存在意思联络,则与其构成共同犯罪,否则涉嫌妨害信用卡管理罪。

第四,电信网络诈骗行为可能涉及掩饰、隐瞒犯罪所得、犯罪所得收益罪。掩饰、隐瞒犯罪所得、犯罪所得收益罪规定于刑法第三百一十二条,是一个典型的下游罪名,在电信网络诈骗案件中,通常表现为帮助已经诈骗既遂的行为人取款或转移赃款。当然,对于这种帮助处理赃款的行为,也不全是以掩饰、隐瞒犯罪所得、犯罪所得收益罪定罪量刑,需要排除共犯的情形,即处理赃款的人与实施诈骗的人有没有事前的共谋,存在共谋的,构成相应犯罪的共同犯罪。

最后,本条第二款强调了罪与非罪的区分。当不满足刑法构成要件,无法构成犯罪的情况下,应当追究该主体的行政责任。可以参考本法第四十二条涉诈设备、软件提供者及从事涉诈支持、帮助活动者的行政责任,以及第四十四条电话卡、物联网卡、电信线路、短信端口、银行账户、支付账户、互联网账号提供者及帮助者的行政责任的有关规定。除了本法已经规定需要承担行政责任的情形外,如果行为人确实从事电信网络诈骗且尚未构成犯罪的,本条第二款所设置的行政处罚可以视作兜底规定,行政主管部门可以依此对行为人进行处罚。

【参考规定】

《中华人民共和国刑法》

第一百七十七条 之一【妨害信用卡管理罪】有下列情形之一,妨害信用卡管理的,处三年以下有期徒刑或者拘役,并处或者单处一万元以上十万元以下罚金;数量巨大或者有其他严重情节的,处三年以上十年以下有期徒刑,并处二万元以上二十万元以下罚金:

(一)明知是伪造的信用卡而持有、运输的,或者明知是伪造的空白信用卡而持有、运输,数量较大的;

(二)非法持有他人信用卡,数量较大的;

(三)使用虚假的身份证明骗领信用卡的;

(四)出售、购买、为他人提供伪造的信用卡或者以虚假的身份证明骗领的信用卡的。

第一百九十六条 【信用卡诈骗罪】有下列情形之一,进行信用卡诈骗活动,数额较大的,处五年以下有期徒刑或者拘役,并处二万元以上二十万元以下罚金;数额巨大或者有其他严重情节的,处五年以上十年以下有期徒刑,并处五万元以上五十万元以下罚金;数额特别巨大或者有其他特别严重情节的,处十年以上有期徒刑或者无期徒刑,并处五万元以上五十万元以下罚金或者没收财产:

(一)使用伪造的信用卡,或者使用以虚假的身份证明骗领的信用卡的;

(二)使用作废的信用卡的;

(三)冒用他人信用卡的;

(四)恶意透支的。

前款所称恶意透支,是指持卡人以非法占有为目的,超过规定限额或者规定期限透支,并且经发卡银行催收后仍不归还的行为。

第二百五十三条 之一【侵犯公民个人信息罪】违反国家有关规定,向他人出售或者提供公民个人信息,情节严重的,处三年以下有期徒刑或者拘役,并处或者单处罚金;情节特别严重的,处三年以上七年以下有期徒刑,并处罚金。

违反国家有关规定,将在履行职责或者提供服务过程中获得的公民个人信息,出售或者提供给他人的,依照前款的规定从重处罚。

窃取或者以其他方法非法获取公民个人信息的,依照第一款的规定处罚。

单位犯前三款罪的,对单位判处罚金,并对其直接负责的主管人员和其他直接责任人员,依照各该款的规定处罚。

第二百六十六条 【诈骗罪】诈骗公私财物,数额较大的,处三年以下有期徒刑、拘役或者管制,并处或者单处罚金;数额巨大或者有其他严重情节的,处三年以上十年以下有期徒刑,并处罚金;数额特别巨大或者有其他特别严重情节的,处十年以上有期徒刑或者无期徒刑,并处罚金或者没收财产。本法另有规定的,依照规定。

第三百一十二条 【掩饰、隐瞒犯罪所得、犯罪所得收益罪】明知是犯罪所得及其产生的收益而予以窝藏、转移、收购、代为销售或者以其他方法掩饰、隐瞒的,处三年以下有期徒刑、拘役或者管制,并处或者单处罚金;情节严重的,处三年以上七年以下有期徒刑,并处罚金。

单位犯前款罪的,对单位判处罚金,并对其直接负责的主管人员和其他直接责任人员,依照前款的规定处罚。

【参考案例】

掩饰、隐瞒电信网络诈骗的犯罪所得是否构成犯罪①

案情:

2018 年 7 月 18 日 18 时左右,被害人韩某接到自称"淘宝网"工作人员的诈骗电话,后通过手机银行、微信转账等方式分四次将 130800 元钱转入诈骗电话中所提供的光大银行卡。经查,该笔赃款中共有 118000 元通过银行卡转账方式多次逐级转移至卡号×××(卡主李某、招商银行)、×××(卡主黄某1、招商银行)、×××(卡主黄某2、招商银行)的银行卡上。被告人郭某指使被告人林某、赵某持该三张银行卡在福建省宁德市霞浦县通过 POS 机刷卡方式刷走。

2018 年 7 月 13 日 20 时许,被害人常某某接到自称"淘宝商城"员工的诈骗电话。以代为取消铂金会员为由,将其本人卡号为×××的建行储蓄卡内共计 158548.89 元转账到诈骗电话中所提供的农业银行、北京银行、光大银行三

① 陇南成县人民法院,2021 年 4 月 28 日,https://mp.weixin.qq.com/s/JKjds-I6p2Nzo5UyegmeGg?。

个银行卡账户内。经查,被害人常某某被骗资金中有93000元最终被逐级转账至被告人赵某所持有的福建省农村信用社卡号×××上,被告人郭某指使被告人林某、赵某在福建省霞浦县刺桐红村镇银行柜台取现。

2018年7月8日,被害人陈某某被人冒充"淘宝网"工作人员以取消淘宝VIP会员为由,将其本人平安银行账户手机银行内121800元通过手机转账到诈骗电话中所提供的民生银行、浦发银行、光大银行三个银行卡账户内。经查,被害人陈某某被骗资金中有55000元被逐级转账至被告人赵某持有的中国银行×××和邮储银行×××中,被告人郭某指使被告人林某、赵某在中国银行霞浦支行ATM机和银行柜台取现。

审判结果:

被告人郭某、林某、赵某明知是犯罪所得,而帮助他人将巨额现金散存于多个银行账户,且在不同银行账户之间频繁划转,后通过使用POS机刷卡套现等非法途径,协助转换、转移财产266000元,情节严重,其行为均已构成掩饰、隐瞒犯罪所得罪。郭某在共同犯罪中起主要作用,系主犯,应当按照其所参与的或者组织、指挥的全部犯罪处罚;林某、赵某能如实供述罪行,且在共同犯罪中起次要作用,是从犯,依法可以从轻处罚。依照《中华人民共和国刑法》的相关规定,对被告人郭某、林某、赵某分别判处五年二个月至四年有期徒刑。

第三十九条(电信业务经营者的行政责任)

第三十九条 电信业务经营者违反本法规定,有下列情形之一的,由有关主管部门责令改正,情节较轻的,给予警告、通报批评,或者处五万元以上五十万元以下罚款;情节严重的,处五十万元以上五百万元以下罚款,并可以由有关主管部门责令暂停相关业务、停业整顿、吊销相关业务许可证或者吊销营业执照,对其直接负责的主管人员和其他直接责任人员,处一万元以上二十万元以下罚款:

(一)未落实国家有关规定确定的反电信网络诈骗内部控制机制的;

(二)未履行电话卡、物联网卡实名制登记职责的;

（三）未履行对电话卡、物联网卡的监测识别、监测预警和相关处置职责的；

（四）未对物联网卡用户进行风险评估，或者未限定物联网卡的开通功能、使用场景和适用设备的；

（五）未采取措施对改号电话、虚假主叫或者具有相应功能的非法设备进行监测处置的。

【本条主旨】

本条是关于电信业务经营者的行政责任的规定。

【核心概念】

责令改正

责令改正的性质，因其适用对象的不同而有所不同，在适用于行政相对人时，责令改正是指行政机关在实施行政处罚的过程中对违法行为人发出的一种作为命令，主要目的是要求违法行为人履行法定义务，停止违法行为，消除不良后果，恢复原状。依据《行政处罚法》，责令改正不属于行政处罚，其本质上是一种恢复性行为，是执法机关对违法行为的纠正，一般情况下属于行政命令。

警告

警告是指行政主体对轻微违法行为人的谴责和告诫，是最轻微、对违法当事人影响最小的处罚形式，一般适用于违法情节轻微、未造成实际危害后果的行政相对人。警告的特点在于：第一，警告属于申诫罚的一种，是行政机关对行政违法人提出的谴责、警告，使其引起警惕，防止其继续违法的措施，不涉及人身和财产；第二，警告针对违法情节轻微、未造成实际危害后果的行为作出，是轻微的行政处罚。

通告批评

通报批评是指行政主体在一定范围内以公开的方式陈述、列明行为人基本信息、违法行为、处理结果及相关否定评价，通过声誉降低对相对人施加心理震慑等精神性影响，令其认错悔改促使其不再违法的处罚方式。2021 年新修改的《行政处罚法》新增"通报批评"的处罚种类，正式明确了这一以往实践中出现频繁的执法措施的性质。在内容与属性上，通报批评与警告有类似特征,但不仅限于"申诫罚"的属性,还因其通报过程兼有"声誉罚"的色彩。

罚款

罚款是指有行政处罚权的行政主体依法强制违反行政法律规范的行为人在一定期限内向国家缴纳一定数额的金钱的处罚方式,是剥夺行政相对人财产权的一种行政处罚。由于罚款不涉及相对人的人身自由或行为权利,一般裁量的幅度较大,行政机关可以根据实际情况作出裁量,因此罚款是现实中运用最为广泛的一种行政处罚。由于法定罚款的幅度往往较大,实践中行政机关必须根据违法行为的性质、情节及对社会的危害程度等确定罚款的数额,而不能随意确定。

暂停相关业务

行政主体对于违法从事相关业务的相对人作出的要求其暂时停止该类业务的行政处罚。

停业整顿

停业整顿是指经营机构有违反法律法规的行为,并在主管部门规定的期限内没有改正的,由主管部门勒令其停止营业,组织人员对其日常业务进行监督,纠正其违法违规行为,使其恢复正常经营的一种措施。停业整顿主要是责令经营机构在一定期限内整顿治理,属于"行为罚"。根据全国人大常委会法制工作委员会办公室给出的书面法律询问答复,停业整顿属于行政处罚种类下责令停产停业的范畴。

吊销相关业务许可证或者吊销营业执照

吊销营业许可是指行政机关撤销违反法律规范的相对人已经获得的从事某项活动或业务的许可,剥夺其从事某项特许活动的权利的处罚。吊销则是对原行政许可的完全撤销,使相对人丧失从事某种活动的权利或资格,相对人如果希望再次行使行政许可所赋予的权利或资格,必须再次申请许可。吊销许可证必须以相对人取得许可证为前提,适用于行政许可领域内的违法行为。吊销许可证、吊销营业执照针对的是相对人从事特定活动的资格或能力,是一种"资格能力罚",由于这种资格或能力直接涉及相对人能否从事特定行为,因此,也可以将其作为"行为罚"。

反电信网络诈骗内部控制机制

1. 是指各责任主体依据法律法规以及自身经营特点建立的反电信网络诈骗内部监督控制机制,以尽到本法规定的义务并实施相应的安全管理、风险控制措施。

2. 反电信网络诈骗内部控制机制是企业合规的重要指标之一,行政主管部门有权对此进行监督。制定反电信网络诈骗内部控制机制的要求体现了各责任主体需要明确制定自身的反电信网络诈骗内部政策,明确各类情形下的防范措施与应急措施、主管人员、各部门的责任与义务等,有助于明确并落实责任主体内部的责任分配。

【条文详解】

本条规定了电信业务经营者的行政责任,全面且详细地规定了不同情节下所对应的处罚类型和罚款数额。本条中出现的部分专有名词的概念在本书其他条文的释义中已经进行了阐述,可以参考前述定义,此处不再赘述。具体而言,本书第六条释义阐述了电信业务经营者的定义以及分类,本书第十条释义阐述了电话卡的概念,本书第十二条释义阐述了物联网卡的概念,本书第十三条阐述了主叫号码、改号电话的概念。

第一,本条区分了一般行政违法情形与严重行政违法情形的处罚力度。但是,对于"情节严重"的认定标准仍待进一步确认,目前而言监管部门可以综合考量电信业务经营者行政违法造成的损失与社会不良效果,在"情节严重"的认定上具有一定裁量权。

第二,承担本条项下监管责任的部门是电信监管部门以及网信部门。在我国,电信监管部门是工信部和各省、自治区、直辖市设立的通信管理局。我国电信行业实行以工信部为主的部省双重管理体制,工信部对各省、自治区、直辖市设立的通信管理局进行垂直管理。各省、自治区、直辖市通信管理局是对辖区电信业实施监管的法定机构,在工信部的领导下,依照《中华人民共和国电信条例》的规定对本行政区域内的电信业实施监督管理。网信部门包括国家互联网信息办公室和地方各级互联网信息办公室,负责统筹协调网络安全工作和相关监督管理工作。

第三,本条列举的行政违法情形体现了本法规定的电信业务经营者的法定义务。本条第二项未履行电话卡、物联网卡实名制登记职责的,对应本法第九条、第十二条电话卡、物联网卡用户真实身份信息登记制度;本条第三项未履行对电话卡、物联网卡的监测识别、监测预警和相关处置职责的,体现了本法第十条规定的电话卡办理的异常识别与处置,第十一条涉诈异常电话卡的识别、再核验和处置,第十二条物联网卡监测预警制度的规定;本条第四项未对物联网卡用户进行风险评估,或者未限定物联网卡的开通功能、使用场景和适用设备的,对应本法第十二条物联网卡用户风险评估、制度和物联网卡功能限定制度;本条第五项未依法采取措施对改号电话、虚假主叫或者具有相应功能的非法设备进行监测处置的,反映了本法第十三条真实主叫号码的要求以及本法第十四条涉诈设备、软件的治理。

第四,在立法目的上,本条以及本章中对风险防控责任主体行政责任的设立兼有两方面的内涵。首先,通过法律创设了电信业务经营者不履行法定义务的行政责任,明确了行政主管部门对电信业务经营者进行行政处罚的法律依据,从而推动电信业务经营者切实全面地履行本法所设定的一系列反电信网络诈骗义务,有助于加强法律规范的实施效果。其次,行政处罚可以作为刑罚的前置,与刑法的有关规则相衔接。在反电信网络诈骗领域,如果电信业务经营者违反国家有关规定,帮助电信网络诈骗犯罪分子实施诈骗行为的,可能构成刑法上的帮信罪并依法承担刑事责任。出于刑法的谦抑性,对于情节轻微不构成犯罪的情形无法诉诸刑法上的保护。因此,对于此类具有可罚性却不构成犯罪的情形,本条创设了这类主体的行政责任,可以由行政机构对其进行行政处罚。在效果上既符合比例原则,又有助于惩戒违法行为,体现了"行刑衔接"的理念。

【参考规定】

《中华人民共和国行政处罚法》

第九条　行政处罚的种类:

(一)警告、通报批评;

(二)罚款、没收违法所得、没收非法财物;

(三)暂扣许可证件、降低资质等级、吊销许可证件;

(四)限制开展生产经营活动、责令停产停业、责令关闭、限制从业;

(五)行政拘留;

(六)法律、行政法规规定的其他行政处罚。

第三十四条　行政机关可以依法制定行政处罚裁量基准,规范行使行政处罚裁量权。行政处罚裁量基准应当向社会公布。

【参考案例】

两部门：加强电话卡、物联网卡、互联网账号实名制管理①

为依法清理涉诈电话卡、物联网卡，近日工业和信息化部、公安部联合发布通告，依法严厉打击非法办理、出租、出售、购买和囤积电话卡、物联网卡以及关联互联网账号的行为，全力清理涉诈号卡资源。要求电信企业、互联网企业应按照"谁开卡、谁负责；谁接入、谁负责；谁运营、谁负责"的原则，严格落实网络信息安全主体责任，加强电话卡、物联网卡、互联网账号的实名制管理。

第四十条（金融机构的行政责任）

第四十条 银行业金融机构、非银行支付机构违反本法规定，有下列情形之一的，由有关主管部门责令改正，情节较轻的，给予警告、通报批评，或者处五万元以上五十万元以下罚款；情节严重的，处五十万元以上五百万元以下罚款，并可以由有关主管部门责令停止新增业务、缩减业务类型或者业务范围、暂停相关业务、停业整顿、吊销相关业务许可证或者吊销营业执照，对其直接负责的主管人员和其他直接责任人员，处一万元以上二十万元以下罚款：

（一）未落实国家有关规定确定的反电信网络诈骗内部控制机制的；

（二）未履行尽职调查义务和有关风险管理措施的；

（三）未履行对异常账户、可疑交易的风险监测和相关处置义务的；

（四）未按照规定完整、准确传输有关交易信息的。

【本条主旨】

本条是关于金融机构的行政责任的规定。

---

① 央视新闻客户端，2021年6月23日。

【核心概念】

内部控制机制

内部控制机制是指各责任主体依据法律法规以及自身经营特点建立的反电信网络诈骗内部监督控制机制,以尽到本法规定的义务并实施相应的安全管理、风险控制措施。

【条文详解】

本条规定了金融机构的行政责任。在本法出台之前,有关规范性文件并未指明金融机构需要承担的行政责任,在 2016 年"两高一部"发布的《关于办理电信网络诈骗等刑事案件适用法律若干问题的意见》中,金融机构承担责任的表述为:"金融机构、网络服务提供者、电信业务经营者等在经营活动中,违反国家有关规定,被电信网络诈骗犯罪分子利用,使他人遭受财产损失的,依法承担相应责任。构成犯罪的,依法追究刑事责任。"由此可见,此前的规范性文件强调金融机构的刑事责任。本条对金融机构行政责任的规定有助于行刑衔接,行政处罚可以作为刑罚手段的前置,与刑法的有关规则相衔接。一方面,对于不构成犯罪但具有可罚性的行为,可以由主管部门进行行政处罚,杜绝责任链条上的空白地带,督促金融机构切实落实本法规定的一系列义务;另一方面,以法律的形式确定金融机构的行政责任,有利于主管部门在履行监管主体责任时有法可依,推动有关人员积极履职。本条的立法目的在于切实落实金融机构作为电信网络诈骗风险防控主体的法定义务,为行政主管部门提供行政处罚的法律依据。

本条形成了较为多元灵活的行政责任体系。第一,深化了单位和个人的行政处罚双罚制,在有相应违法行为的情形下,直接负责的主管人员和其他直接责任人员需要承担行政罚款责任。第二,区分了一般行政违法情形与严重行政违法情形的处罚力度。只有在出现严重情形时,方可采取对主管人员和其他责任人员的双罚机制。本条对于"情节严重"的认定标准留有一定空白,目前的规范性文件也缺乏相应的规定,因此,在实践中可以由主管部门进行裁量。分级设置行政责任的做法,充分地体现了本法既强调金融机构应当严格履行反电信网络诈骗的义务,也考虑到在实际业务中避免大幅度限制普通公民享有便利金融服务的立法思想。第三,运用多种行政处罚方式。包括一般情形下的"警告"、"通报批评"、"处五万元以上五十万元以下罚款",以及情节严重的"处五十万元以上五百万元以下罚款"、"责令停止新增业务"、"缩减业务类型或者业务范围"、"暂停相关业务"、"停业整顿"、"吊销相关业务许可证"、"吊销营业执照"。值得注意的是,金融机构的主管部门有权采取"责令停止新增业务"、"缩减业务类型或者业务范围"的行政处罚。该处罚方式是本法二审稿新增的内容,有助于扩大主管部门对违法金融机构主体的处罚范围,不仅可以暂停造成电信网络诈骗不利后果的业务,而且可以根据实际情况对该违法主体的其他业务进行限制,这将有助于推动金融机构履行职责。

本条对金融机构的行政责任的构成要件进行了列举。第一项情形与本法第三十九条以及第四十一条规定的电信业务经营者、互联网服务提供者的行政责任均采用了相同的表述。对于未落实国家有关规定确定的反电信网络诈骗内部控制机制的的金融机构,施以行政处罚。第一项中出现的"反电信网络诈骗内控机制"的概念可以参考本书第三十九条的核心概念。金融机构的反电信网络诈骗内控机制应当结合金融机构的实际需要以及有关法律法规的要求,强调对于客户交易账户的风险评估以及监测,有关的防范措施需要贯穿开户前的尽职调查、开户时的风险评估、开户后的可疑交易监控。当发现异常时及时作出反应并在必要时共享异常信息,配合其他主管部门或金融机构的工作。有关金融机构的各项法定义务,可以参考本书第四章"金融治理"部分的条文释义。本条第二项出现的尽职调查义务和有关风险管理措施可以参考本书第十五条关于客户尽职调查制度的释义。本条第三项中出现的异常账户、可疑交易的风险监测和相关处置义务可以参考本书第十六条、第十七条、第十八条释义。本条第四项中出现的完整、准确传输有关交易信息的义务可以参考本书第十九条释义。

【参考案例】

央行 2021 年 1 号罚单:中信银行因违反
反洗钱规定被罚 2890 万[①]

2021 年 2 月 5 日,中国人民银行开出 2021 年的第一号罚单:中信银行因违反反洗钱相关规定被罚 2890 万元,此外,14 名相关责任人一并收到央行的

---

① 观察者网,2021 年 2 月 7 日,https://www.guancha.cn/economy/2021_02_07_580652.shtml。

罚单。处罚信息显示,中信银行违法行为类型共有四项:未按规定履行客户身份识别义务;未按规定保存客户身份资料和交易记录;未按规定报送大额交易报告和可疑交易报告;与身份不明客户进行交易。该行称,将继续严格执行央行反洗钱各项规定,秉承"重整改、强合规、防风险、提质效"反洗钱管理目标,进一步加大投入,推进反洗钱风险管理能力不断提升。

第四十一条(电信业务经营者、互联网服务提供者的行政责任)

第四十一条 电信业务经营者、互联网服务提供者违反本法规定,有下列情形之一的,由有关主管部门责令改正,情节较轻的,给予警告、通报批评,或者处五万元以上五十万元以下罚款;情节严重的,处五十万元以上五百万元以下罚款,并可以由有关主管部门责令暂停相关业务、停业整顿、关闭网站或者应用程序、吊销相关业务许可证或者吊销营业执照,对其直接负责的主管人员和其他直接责任人员,处一万元以上二十万元以下罚款:

(一)未落实国家有关规定确定的反电信网络诈骗内部控制机制的;

(二)未履行网络服务实名制职责,或者未对涉案、涉诈电话卡关联注册互联网账号进行核验的;

(三)未按照国家有关规定,核验域名注册、解析信息和互联网协议地址的真实性、准确性,规范域名跳转,或者记录并留存所提供相应服务的日志信息的;

(四)未登记核验移动互联网应用程序开发运营者的真实身份信息或者未核验应用程序的功能、用途,为其提供应用程序封装、分发服务的;

(五)未履行对涉诈互联网账号和应用程序,以及其他电信网络诈骗信息、活动的监测识别和处置义务的;

(六)拒不依法为查处电信网络诈骗犯罪提供技术支持和协助,或者未按规定移送有关违法犯罪线索、风险信息的。

【本条主旨】

本条是关于电信业务经营者、互联网服务提供者的行政责任的规定。

【核心概念】

网络服务实名制

网络服务实名制是指强制互联网服务提供者要求互联网服务使用者必须以真实身份验证通过后才能享受接入互联网、登录互联网平台发表言论、以及使用其他互联网服务的制度。可以参考本释义第二十一条有关网络服务实名制的内容。

【条文详解】

本条规定了在互联网治理方面,电信业务经营者、互联网服务提供者不履行法定义务所需要承担的行政责任。本法第三十九条单独规定了电信业务经营者在电信治理方面的行政责任,本条则侧重强调其在互联网治理方面的行政责任。

在本法出台以前,在与反电信网络诈骗有关的互联网治理上,《网络安全法》第六十一条规定:"网络运营者违反本法第二十四条第一款规定,未要求用户提供真实身份信息,或者对不提供真实身份信息的用户提供相关服务的,由有关主管部门责令改正;拒不改正或者情节严重的,处五万元以上五十万元以下罚款,并可以由有关主管部门责令暂停相关业务、停业整顿、关闭网站、吊销相关业务许可证或者吊销营业执照,对直接负责的主管人员和其他直接责任人员处一万元以上十万元以下罚款。"《网络安全法》二十四条第一款规定:"网络运营者为用户办理网络接入、域名注册服务,办理固定电话、移动电话等入网手续,或者为用户提供信息发布、即时通讯等服务,在与用户签订协议或者确认提供服务时,应当要求用户提供真实身份信息。用户不提供真实身份信息的,网络运营者不得为其提供相关服务"。与本条规定相比照不难发现,《网络安全法》在此前已经针对不履行网络服务实名制的网络运营者及主管人员和其他直接责任人员进行行政处罚。二者在行政责任设定上的区别在于,第一,本法所规定的行政责任在构成要件上更为清晰明确,区分了不同严重程度情节的处罚力度。《网络安全法》将"拒不改正或者情节严重的"作为

施加行政处罚的构成要件,对情节较轻的不进行处罚;而本法将"情节较轻
的"以及"情节严重的"用于区分一般行政违法情形与严重行政违法情形。换
言之,《网络安全法》将网络运营者违反网络服务实名制且拒不整改的置于情
节严重程度等同的地位,但并没有对责任主体进行分级处罚;本法的规定区分
了不同情节下的处罚力度,并未直接将"拒不改正"作为行政处罚的构成要
件。第二,本法的处罚力度区别于《网络安全法》。在行政责任的设定上,本
法对情节严重的处五十万元以上五百万元以下罚款,高于《网络安全法》的最
高罚款额五十万元;本法对于一般情节也施加了处罚,由主管部门给予警告、
通报批评,或者处五万元以上五十万元以下罚款。

	《网络安全法》	《反电信网络诈骗法》
网络服务实名制的规定	第二十四条　网络运营者为用户办理网络接入、域名注册服务,办理固定电话、移动电话等入网手续,或者为用户提供信息发布、即时通讯等服务,在与用户签订协议或者确认提供服务时,应当要求用户提供真实身份信息。用户不提供真实身份信息的,网络运营者不得为其提供相关服务。国家实施网络可信身份战略,支持研究开发安全、方便的电子身份认证技术,推动不同电子身份认证之间的互认。	第二十一条　电信业务经营者、互联网服务提供者为用户提供下列服务,在与用户签订协议或者确认提供服务时,应当依法要求用户提供真实身份信息,用户不提供真实身份信息的,不得提供服务: (一)提供互联网接入服务; (二)提供网络代理等网络地址转换服务; (三)提供互联网域名注册、服务器托管、空间租用、云服务、内容分发服务; (四)提供信息、软件发布服务,或者提供即时通讯、网络交易、网络游戏、网络直播发布、广告推广服务。
行政责任的规定	第六十一条　网络运营者违反本法第二十四条第一款规定,未要求用户提供真实身份信息,或者对不提供真实身份信息的用户提供相关服务的,由有关主管部门责令改正;拒不改正或者情节严重的,处五万元以上五十万元以下罚款,并可以由有关主管部门责令暂停相关业务、停业整顿、关闭网站、吊销相关业务许可证或者吊销营业执照,对直接负责的主管人员和其他直接责任人员处一万元以上十万元以下罚款。	第四十一条　电信业务经营者、互联网服务提供者违反本法规定,有下列情形之一的,由有关主管部门责令改正,情节较轻的,给予警告、通报批评,或者处五万元以上五十万元以下罚款;情节严重的,处五十万元以上五百万元以下罚款,并可以由有关主管部门责令暂停相关业务、停业整顿、关闭网站或者应用程序、吊销相关业务许可证或者吊销营业执照,对其直接负责的主管人员和其他直接责任人员,处一万元以上二十万元以下罚款: (二)未履行网络服务实名制职责,或者未对涉案、涉诈电话卡关联注册互联网账号进行核验的;

　　针对两部法律有关网络服务实名制设定的不同的行政责任,在实践中应该如何平衡与适用,本书将根据条文的关系与特征加以分析。如上表所示,可以看出两法对于网络实名制的规定存在差异:第一,在主体上,《网络安全法》所面向的责任主体是所有网络运营者,该范围大于《反电信网络诈骗法》规定的电信业务经营者、互联网服务提供者。具体而言,网络安全法第七十六条规定:"网络运营者是指网络的所有者、管理者和网络服务提供者。"因而网络运营者涵盖的范围很广,具有一定信息化水平的中小企业同样适用,对于信息化程度较高的金融、政府、集团企业、上市企业和互联网公司是重点的网络运营者。第二,《反电信网络诈骗法》第二十一条规定的网络实名制义务相较于《网络安全法》第二十四条更为具体全面,增加了以下需要实名制的场景:提供网络代理等网络地址转换服务,提供服务器托管、空间租用、云服务、内容分发服务,提供信息、软件发布服务,提供网络交易、网络游戏、网络直播发布、广告推广服务。因此,《反电信网络诈骗法》对于特定网络运营者的网络服务实名制义务要求更高,覆盖面更广,符合电信业务经营者、互联网服务提供者较高的信息化水平以及风险防控能力。综上可知,《反电信网络诈骗法》针对网络服务实名制设定较重的行政责任是为了匹配其责任主体的特殊性,因而对其提出了更高的实名服务要求,鼓励电信业务经营者、互联网服务提供者利用内部建立的风险防控机制,利用更高水平的信息技术手段履行网络服务实名制的义务。《网络安全法》的义务面向全部互联网运营者,其中缺乏相应技术手段的运营者难以满足建立自身风险监测系统的要求,需要依托于国家的网络可信身份战略进行身份验证。因此,对于这类主体而言如若课以《反电信网络诈骗法》的行政责任将会违反比例原则,应当适用《网络安全法》规定的较轻的行政责任。本法对违反本法规定的电信业务经营者、互联网服务提供者施以更高力度的行政处罚,有助于遏制有关主体怠于履职的现象,也体现了电信网络诈骗治理在我国网络整治中处于重要的地位。

　　在行政责任的设立方面,本条的规定与本法第三十九条、第四十条在行政责任设定的逻辑上基本一致,采取了单位和个人的行政处罚双罚制,区分了一般行政违法情形与严重行政违法情形的处罚力度,并且采用了多种处罚方式。具体可以参考本书第三十九条的释义,此处不再赘述。在行政责任的构成要件方面,本条第一项情形延续了前述第三十九条、第四十条的第一项规定,其中"反电信网络诈骗内控机制"的概念可以参考本书第三十九条的核心概念;

本条第二项出现的"网络服务实名制职责"可以参考本书第二十一条关于互联网服务用户真实身份信息登记制度的释义;本条第三项情形对应本法第二十四条的规定,可以参考前述有关域名的释义;本条第四项出现的互联网应用程序验证义务对应本法第二十三条的规定;本条第五项指向电信业务经营者、互联网服务提供者履行电信网络诈骗信息、活动的监测识别和处置义务,可以参考本书第三十二条的释义;本条第六项对应调取证据的技术支持与协助义务,可以参考本书第二十六条的释义。

【参考规定】

《中华人民共和国网络安全法》

第二十一条　国家实行网络安全等级保护制度。网络运营者应当按照网络安全等级保护制度的要求,履行下列安全保护义务,保障网络免受干扰、破坏或者未经授权的访问,防止网络数据泄露或者被窃取、篡改:

（一）制定内部安全管理制度和操作规程,确定网络安全负责人,落实网络安全保护责任;

（二）采取防范计算机病毒和网络攻击、网络侵入等危害网络安全行为的技术措施;

（三）采取监测、记录网络运行状态、网络安全事件的技术措施,并按照规定留存相关的网络日志不少于六个月;

（四）采取数据分类、重要数据备份和加密等措施;

（五）法律、行政法规规定的其他义务。

第二十四条　网络运营者为用户办理网络接入、域名注册服务,办理固定电话、移动电话等入网手续,或者为用户提供信息发布、即时通讯等服务,在与用户签订协议或者确认提供服务时,应当要求用户提供真实身份信息。用户不提供真实身份信息的,网络运营者不得为其提供相关服务。

国家实施网络可信身份战略,支持研究开发安全、方便的电子身份认证技术,推动不同电子身份认证之间的互认。

第六十一条　网络运营者违反本法第二十四条第一款规定,未要求用户提供真实身份信息,或者对不提供真实身份信息的用户提供相关服务的,由有关主管部门责令改正;拒不改正或者情节严重的,处五万元以上五十万元以下罚款,并可以由有关主管部门责令暂停相关业务、停业整顿、关闭网站、吊销相关业务许可证或者吊销营业执照,对直接负责的主管人员和其他直接责任人员处一万元以上十万元以下罚款。

【参考案例】

违法网络接入业务实名制要求,公安机关责令改正[①]

2017 年 7 月,上海市公安闵行分局下属网络安全保卫支队(以下简称:网安支队)接报警,称负责××城××中心××楼(××路××号)网络接入业务的鑫澄公司存在办理网络接入业务收费时不签署相关合同的情况,违反网络接入实名制要求。同日,网安支队的两名办案民警对位于××路××号的××城××中心××楼进行网络安全隐患检查,并制作了检查笔录。经检查发现××城××中心××楼网络接入代理商鑫澄公司在为该楼部分企业提供互联网接入服务的过程中存在未与相关企业签署接入协议,未要求相关企业提供实名信息的情况。2017 年 7 月 12 日,公安闵行分局作出沪公闵(网安)责通字〔2017〕0003号《责令限期整改通知书》,认定鑫澄公司存在为用户办理网络接入时未要求用户提供真实身份信息的违法行为,根据《中华人民共和国网络安全法》第六十一条之规定,责令鑫澄公司立即予以改正。在 2017 年 7 月 27 日前改正或整改完毕,并将结果函告公安闵行分局,在期限届满之前,鑫澄公司必须在与用户签订协议或者确认提供服务时,应当要求用户提供真实身份信息。公安闵行分局于当日向鑫澄公司送达了《责令限期整改通知书》。

第四十二条(涉诈设备、软件提供者及从事涉诈支持、帮助活动者的行政责任)

第四十二条 违反本法第十四条、第二十五条第一款规定的,没收违法所得,由公安机关或者有关主管部门处违法所得一倍以上十倍以下罚款,没有违法所得的或者违法所得不足五万元的,处五十万元以下罚款;情节严重的,由公安机关并处十五日以下拘留。

【本条主旨】

本条是关于非法制造、买卖、提供或者使用涉诈的设备、软件或者从事涉

---

① 上海市第一中级人民法院(2020)沪 01 民终 9743 号判决书。

诈支持、帮助活动的行政责任的规定。

【核心概念】

涉诈设备、软件

涉诈设备、软件可以被分为专门用于实施电信网络诈骗等违法犯罪活动的设备、软件（以下简称"专用涉诈设备、软件"）和主要用于实施电信网络诈骗等违法犯罪活动的设备、软件（以下简称"非专用涉诈设备、软件"）。

专用涉诈设备、软件是指设备、软件的唯一用途是支持或帮助不法分子实施电信网络诈骗等违法犯罪活动，除此之外几乎没有其他用途，如，伪基站。伪基站，是一种非法无线电通信设备。该设备运行时，以其为中心一定范围内移动电话用户的信号会被强制连接到该设备上，因此该设备的使用者可以冒充他人电话号码向被强制连接的用户发送短信实施诈骗。用于电信网络诈骗活动几乎是伪基站唯一的目的，因此，伪基站是专用涉诈设备、软件。

非专用涉诈设备、软件是指设备、软件被广泛用于电信网络诈骗活动中，但也有其他合法用途，如 VoIP 技术。VoIP 技术在 IP 电话业务、信息即时交互服务中被广泛运用，平常所说的互联网电话以及 QQ、微信语音通话（视频通话）都运用到了 VoIP 技术，而 VoIP 技术改变主叫号码的功能被用于电信网络诈骗活动中则是不法分子利用了电信制度的漏洞。

【条文详解】

本法第十四条规定了任何单位和个人不得非法制造、买卖、提供或者使用涉诈设备、软件。本法第二十五条第一款规定了任何单位和个人不得为他人实施电信网络诈骗活动提供支持或者帮助行为。因此，本条针对不履行上述条款规定的义务的单位和个人，规定了其应当承担的行政责任。有关"用于电信网络诈骗的设备和软件"种类可以参见本书第十四条释义；有关"涉诈支持、帮助活动"的概念可以参见本书第二十五条释义的核心概念。

首先，在行政责任的设置方面，区分了一般行政违法情形与严重行政违法情形的处罚力度。针对一般情形下的行为人处以没收违法所得以及罚款，针对严重违法情形的行为人并处拘留。拘留是我国行政处罚中唯一针对人身自由加以限制的处罚手段，是治安管理处罚中最重的处罚，是公安机关对违反治安管理行为人依法在一定时间内拘禁留置于法定处所剥夺其人身自由的一种行政处罚方法。本条较本法第三十九条、第四十条以及第四十一条规定的各风险防控责任主体的行政责任有所不同,处罚的手段出现了人身自由罚,这是对现实中电信网络诈骗行为十分依赖涉诈设备、软件以及涉诈支持与帮助活动的回应,如在实际执法过程中发现的电诈"神器"GOIP 十分猖獗,因此,有必要对严重违反此类义务的单位或个人处以行政拘留。

《刑法》	《反电信网络诈骗法》
第二百八十七条　之一【非法利用信息网络罪】利用信息网络实施下列行为之一,情节严重的,处三年以下有期徒刑或者拘役,并处或者单处罚金: (一)设立用于实施诈骗、传授犯罪方法、制作或者销售违禁物品、管制物品等违法犯罪活动的网站、通讯群组的; (二)发布有关制作或者销售毒品、枪支、淫秽物品等违禁物品、管制物品或者其他违法犯罪信息的; (三)为实施诈骗等违法犯罪活动发布信息的。 单位犯前款罪的,对单位判处罚金,并对其直接负责的主管人员和其他直接责任人员,依照第一款的规定处罚。 有前两款行为,同时构成其他犯罪的,依照处罚较重的规定定罪处罚。	第十四条任何单位和个人不得非法制造、买卖、提供或者使用下列设备、软件: (一)电话卡批量插入设备; (二)具有改变主叫号码、虚拟拨号、互联网电话违规接入公用电信网络等功能的设备、软件; (三)批量账号、网络地址自动切换系统,批量接收提供短信验证、语音验证的平台; (四)其他用于实施电信网络诈骗等违法犯罪的设备、软件。 电信业务经营者、互联网服务提供者应当采取技术措施,及时识别、阻断前款规定的非法设备、软件接入网络,并向公安机关和相关行业主管部门报告。
第二百八十七条　之二【帮助信息网络犯罪活动罪】明知他人利用信息网络实施犯罪,为其犯罪提供互联网接入、服务器托管、网络存储、通讯传输等技术支持,或者提供广告推广、支付结算等帮助,情节严重的,处三年以下有期徒刑或者拘役,并处或者单处罚金。 单位犯前款罪的,对单位判处罚金,并对其直接负责的主管人员和其他直接责任人员,依照第一款的规定处罚。 有前两款行为,同时构成其他犯罪的,依照处罚较重的规定定罪处罚。	第二十五条　第一款　任何单位和个人不得为他人实施电信网络诈骗提供下列支持或者帮助: (一)出售、提供个人信息; (二)帮助他人通过虚拟货币交易等方式洗钱; (三)其他为电信网络诈骗活动提供支持或者帮助的行为。

其次,本条与《刑法》规定的帮助信息网络犯罪活动罪相衔接。《刑法》第二百八十七条之一规定了非法利用信息网络罪,犯罪情形包括:设立用于实施诈骗、传授犯罪方法、制作或者销售违禁物品、管制物品等违法犯罪活动的网站、通讯群组的;为实施诈骗等违法犯罪活动发布信息的。《刑法》第二百八

十七条之二规定了帮助信息网络犯罪活动罪,明知他人利用信息网络实施犯罪,为其犯罪提供互联网接入、服务器托管、网络存储、通讯传输等技术支持,或者提供广告推广、支付结算等帮助,情节严重的,处三年以下有期徒刑或者拘役,并处或者单处罚金。通过对比可以发现,在违法行为的内容上,本法第十四条所规定的非法制造、买卖、提供或者使用涉诈设备、软件符合《刑法》第二百八十七条之一的第一项情形;本法第二十五条第一款规定的为他人实施电信网络诈骗提供的支持或者帮助行为符合《刑法》第二百八十七条之二的情形。但是本条规定的行政责任与刑法中规定的刑事责任有所不同:刑法明确规定非法利用信息网络罪以及帮助信息网络犯罪活动罪需要满足"情节严重的"的构成要件方可成立;本条所指向的则是在不满足刑法意义上的"情节严重"构成要件时,对行为人加以不同程度的行政处罚。这是出于刑法的谦抑性、最后性以及补充性,刑罚是国家为达其保护法益和维持法秩序的任务时的最后手段。在不使用刑法而以其他手段亦能达到维持社会共同生活秩序及保护社会与个人法益之目的时,则应当放弃刑罚手段。因此,对于非严重的违法情形可以通过设立行政责任的手段加以约束,既有效弥补了刑法打击的空白,又有助于发挥行政机关在打击电信网络诈骗活动中的积极性,警示相关违法从业人员。

【参考规定】

1.《中华人民共和国刑法》

第二百八十七条 之一【非法利用信息网络罪】利用信息网络实施下列行为之一,情节严重的,处三年以下有期徒刑或者拘役,并处或者单处罚金:

(一)设立用于实施诈骗、传授犯罪方法、制作或者销售违禁物品、管制物品等违法犯罪活动的网站、通讯群组的;

(二)发布有关制作或者销售毒品、枪支、淫秽物品等违禁物品、管制物品或者其他违法犯罪信息的;

(三)为实施诈骗等违法犯罪活动发布信息的。

单位犯前款罪的,对单位判处罚金,并对其直接负责的主管人员和其他直接责任人员,依照第一款的规定处罚。

有前两款行为,同时构成其他犯罪的,依照处罚较重的规定定罪处罚。

第二百八十七条 之二【帮助信息网络犯罪活动罪】明知他人利用信息

网络实施犯罪,为其犯罪提供互联网接入、服务器托管、网络存储、通讯传输等技术支持,或者提供广告推广、支付结算等帮助,情节严重的,处三年以下有期徒刑或者拘役,并处或者单处罚金。

单位犯前款罪的,对单位判处罚金,并对其直接负责的主管人员和其他直接责任人员,依照第一款的规定处罚。

有前两款行为,同时构成其他犯罪的,依照处罚较重的规定定罪处罚。

2.《最高人民法院、最高人民检察院关于办理非法利用信息网络、帮助信息网络犯罪活动等刑事案件适用法律若干问题的解释》①

第十二条 明知他人利用信息网络实施犯罪,为其犯罪提供帮助,具有下列情形之一的,应当认定为刑法第二百八十七条之二第一款规定的"情节严重":

(一)为三个以上对象提供帮助的;

(二)支付结算金额二十万元以上的;

(三)以投放广告等方式提供资金五万元以上的;

(四)违法所得一万元以上的;

(五)二年内曾因非法利用信息网络、帮助信息网络犯罪活动、危害计算机信息系统安全受过行政处罚,又帮助信息网络犯罪活动的;

(六)被帮助对象实施的犯罪造成严重后果的;

(七)其他情节严重的情形。

【参考案例】

打击 GOIP 设备网络诈骗平台②

2021 年 7 月,陈某通过蝙蝠聊天交友软件认识了实施网络诈骗平台人员"金沙",并答应帮助"金沙"在中国境内各个地方流转架设网关设备,提供信号,为"金沙"通过网关设备拨打中国境内手机用户进行通话实施诈骗提供帮助。"金沙"答应支付陈某高额日工资。2021 年 7 月中旬,陈某按照"金沙"的指示购买了网关设备、路由器等作案工具。陈某先后在福州市鼓楼区、尤溪县西城镇、坂面镇等地架设该网关设备,为诈骗平台人员拨打诈骗电话提供信

---

① 最高人民法院、最高人民检察院于 2019 年 10 月 21 日公布,2019 年 11 月 1 日生效,现行有效。
② 福建省尤溪县人民检察院网,2022 年 5 月 13 日,http://www.fjyouxi.jcy.gov.cn/fzyf/202205/t20220513_3661313.shtml。

号源,帮助诈骗平台人员实施诈骗。期间,陈某共获利31972.89元。同年7月17日至7月20日,诈骗平台人员通过陈某架设的网关设备拨打被害人张某、塔某、刘某、李某等人电话,骗取各被害人钱款共计404854.54元。2021年7月28日,陈某被公安机关抓获。

第四十三条(不履行合理注意义务的电信业务经营者、 互联网服务提供者应当承担的行政责任)

第四十三条 违反本法第二十五条第二款规定,由有关主管部门责令改正,情节较轻的,给予警告、通报批评,或者处五万元以上五十万元以下罚款;情节严重的,处五十万元以上五百万元以下罚款,并可以由有关主管部门责令暂停相关业务、停业整顿、关闭网站或者应用程序,对其直接负责的主管人员和其他直接责任人员,处一万元以上二十万元以下罚款。

【本条主旨】

本条是关于不履行合理注意义务的电信业务经营者、互联网服务提供者应当承担的行政责任的规定。

【条文详解】

本法第二十五条第二款规定了电信业务经营者、互联网服务提供者的合理注意义务。本条则是规定了不履行合理注意义务的电信业务经营者、互联网服务提供者应当承担的行政责任。具体而言,电信业务经营者、互联网服务提供者应当对利用下列业务从事涉诈支持、帮助活动进行监测识别和处置:提供互联网接入、服务器托管、网络存储、通讯传输、线路出租、域名解析等网络资源服务;提供信息发布或者搜索、广告推广、引流推广等网络推广服务;提供应用程序、网站等网络技术、产品的制作、维护服务;提供支付结算服务。

本条为本法在二审稿的基础上新增的规定,在整体上与本法第二十五条作出的修订相呼应。在反电信网络诈骗法草案三次审议稿的分组审议过程中,有的常委委员提出,草案三次审议稿第二十五条所列不得为他人实施电信网络诈骗活动提供有关支持和帮助的行为中,有些与正常经营和业务活动有交叉,建议进一步明确法律界限。宪法和法律委员会经研究,建议将所列行为分为两类情形规定,明确电信业务经营者、互联网服务提供者应当依照国家有关规定履行合理注意义务,对有关涉诈活动进行监测识别和处置。注意义务是指为避免造成损害而加以合理注意的法定责任,具体可以参考本书第二十五条释义内容。因此,电信业务经营者、互联网服务提供者应当充分履行合理的注意义务,采取有效措施对利用电信业务、互联网服务从事涉诈支持、帮助活动进行监测识别和处置。

在行政责任的设置上,本条规定的行政责任与本法第四十一条规定的电信业务经营者、互联网服务提供者的行政责任采取了相同的模式。在处罚方式上区分了一般违法情形与严重违法情形,兼用单位与个人双罚制,具体可以参考本书第四十一条释义内容,此处不再赘述。

【参考规定】

《中华人民共和国反电信网络诈骗法(草案二审稿)》[①]

第二十五条   任何单位和个人不得为他人实施电信网络诈骗提供下列支持或者帮助:

(一)出售、提供个人信息;

(二)提供互联网接入、服务器托管、网络存储、通讯传输、线路出租、域名解析等网络资源服务;

(三)提供信息发布或者搜索、广告推广、引流推广等网络推广服务;

(四)提供应用程序、网站等网络技术、产品的制作、维护服务;

(五)提供支付结算服务,或者帮助他人通过虚拟货币交易等方式洗钱;

(六)其他为电信网络诈骗提供各类支持或者帮助的行为。

互联网服务提供者应当建立监测防范制度,对前款规定的涉诈支持、帮助活动进行监测、拦截和处置。

【参考案例】

利用 App 诈骗成为电信网络诈骗主要犯罪手段之一[②]

近年来,利用 App 进行诈骗已成为电信网络诈骗案件的主要犯罪手段之

---

① 全国人大常委会 2022 年 6 月 21 日通过,现已失效。

② 中华人民共和国中央人民政府网站,2022 年 4 月 14 日,http://www.gov.cn/xinwen/2022-04/14/content_5685262.htm。

一,约占整体案发量的六成。其中,网络兼职刷单、快速贷款等诈骗 App 较多,特别是有一些仿冒各大银行和金融平台的 App 具有较大迷惑性和欺骗性,广大人民群众需提高防范意识。

为切实保障人民群众财产安全,国家网信办会同公安部等有关部门深入整治电信网络新型违法犯罪,建设国家涉诈黑样本库,建立互联网预警劝阻平台,精准提示潜在受害人,维护人民群众切身利益。据了解,今年以来,国家网信办反诈中心排查打击涉诈网址 87.8 万个、App7.3 万个、跨境电话 7.5 万个,并纳入国家涉诈黑样本库。目前,国家涉诈黑样本库已涵盖并处置涉诈网址 318.7 万个、App46.9 万个、跨境电话 39.7 万个,互联网预警劝阻平台预警超 6 亿人次。

第四十四条(电话卡、物联网卡、电信线路、短信端口、
银行账户、支付账户、互联网账号
提供者及帮助者的行政责任)

第四十四条 违反本法第三十一条第一款规定的,没收违法所得,由公安机关处违法所得一倍以上十倍以下罚款,没有违法所得或者违法所得不足二万元的,处二十万元以下罚款;情节严重的,并处十五日以下拘留。

【本条主旨】

本条是关于非法买卖、出租、出借电话卡、物联网卡、电信线路、短信端口、银行账户、支付账户、互联网账号等卡、账户、账号和为他人提供实名核验帮助或者假冒他人身份、虚构代理关系开立卡、账户、账号的行政责任的规定。

【核心概念】

帮助者责任

此处帮助者责任,是指违反本法第三十一条第一款规定的义务,为他人提供实名核验帮助或者假冒他人身份、虚构代理关系开立卡、账户、账号所需要承担的行政责任。

【条文详解】

本条针对电话卡、物联网卡、电信线路、短信端口、银行账户、支付账户、互联网账号提供者及帮助者设定了行政责任,在效果上与刑法中的帮助信息网络犯罪活动罪相衔接。本法第三十一条第一款规定的法定义务中部分支付账户、银行账户的提供与帮助行为可以被视为《刑法》第二百八十七条之二的"支付结算"的帮助,本质上也是货币资金转移行为。根据最高人民检察院《关于办理涉互联网金融犯罪案件有关问题座谈会纪要》,支付结算是指商业银行或者支付机构在收付款人之间提供的货币资金转移服务。因此,为电信网络诈骗提供银行账户、支付账户的行为,总体上是一个提供支付结算的帮助行为,如果符合"情节严重"构成要件的,应以帮助信息网络犯罪活动罪论处。至于电话卡、物联网卡、电信线路、短信端口的提供与帮助行为,在司法实践中也曾对被害人造成较大财产损失的案件,以"帮信罪"定罪。本条是针对不符合刑法意义上"情节严重"情形设定的行政责任,并且对电话卡、物联网卡、电信线路、短信端口的提供与帮助行为也明确规定了处罚,更加符合电信网络诈骗活动的特点。

在罚款额度的设定上,根据我国《行政处罚法》第五条规定,设定行政处罚必须以事实为依据,与违法行为的事实、性质、情节以及社会危害程度相当。本条规定的高额罚款作为一种行政处罚,也应遵循合理行政原则,即在进行罚款金额的设定时应考虑到罚款的有效性、成比例性和劝诫性。本条区分了是否存在违法所得的不同处罚情形。对于存在违法所得的情况,按照一定倍数处以罚款并没收违法所得;不存在违法所得时,则处以二十万元以内的罚款。值得注意的是,本法一审稿草案第三十六条曾这样规定:"违反本法第二十六条第一款规定的,没收违法所得,由公安机关处五千元以下罚款;情节较重的,处五日以下拘留,可以并处五千元以上五万元以下罚款。"与之相对比可以发现,一审稿并未对是否存在违法所得的情形进行区分,并且一般情节下的罚款最高额统一设定为五千元,可能会出现不存在违法所得时处罚过轻的问题,或者出现大额违法所得者仅承受较低额罚款的问题。因此,本条区分了是否存在违法所得的情形,并且当存在违法所得时采取一定比例的方式设定罚款额能够很好地反映罚款的有效性、成比例性和劝诫性。

关于本条所规定的"情节严重"的认定,应当结合两方面予以认定:首先,帮助行为本身的严重程度。其次,帮助的下游犯罪的严重程度。目前,有关法律法规针对帮助信息网络犯罪活动罪的"情节严重"要件从两方面进行了规定。一是所帮助的下游犯罪的严重程度,包括帮助的人数、诈骗金额数、下游犯罪造成的后果等。《最高人民法院、最高人民检察院关于办理非法利用信息网络帮助信息网络犯罪活动等刑事案件适用法律若干问题的解释》《关于深入推进"断卡"行动有关问题的会议纪要》都规定了帮助三个以上诈骗行为达到犯罪程度的个人或团伙的,或者帮助支付结算被骗金额达到二十万元以上,或者帮助的下游犯罪造成严重后果、导致被害人死亡重伤或精神失常的,构成情节严重。二是帮助行为本身的严重程度,包括帮助提供的两卡次数、张数、卡内流水金额等。《最高人民法院、最高人民检察院关于办理非法利用信息网络帮助信息网络犯罪活动等刑事案件适用法律若干问题的解释》《关于深入推进"断卡"行动有关问题的会议纪要》均规定帮助提供信用类卡五个以上、手机类卡二十张以上的,或者卡内可疑流水达到三十万元以上的,或者用于支付结算金额达到一百万元、违法所得一万元以上的,都构成情节严重。不过这些规定是针对帮助者的刑事责任,本条规定的是行政责任,应当较之有所减轻,还需要法律法规作出进一步规定予以明确。

【参考规定】

1.《最高人民法院、最高人民检察院关于办理非法利用信息网络、帮助信息网络犯罪活动等刑事案件适用法律若干问题的解释》①

第十二条 明知他人利用信息网络实施犯罪,为其犯罪提供帮助,具有下列情形之一的,应当认定为刑法第二百八十七条之二第一款规定的"情节严重":

(一)为三个以上对象提供帮助的;

(二)支付结算金额二十万元以上的;

(三)以投放广告等方式提供资金五万元以上的;

(四)违法所得一万元以上的;

(五)二年内曾因非法利用信息网络、帮助信息网络犯罪活动、危害计算机信息系统安全受过行政处罚,又帮助信息网络犯罪活动的;

(六)被帮助对象实施的犯罪造成严重后果的;

(七)其他情节严重的情形。

---

① 最高人民法院、最高人民检察院 2019 年 10 月 21 日公布,2019 年 11 月 1 日生效,现行有效。

实施前款规定的行为,确因客观条件限制无法查证被帮助对象是否达到犯罪的程度,但相关数额总计达到前款第二项至第四项规定标准五倍以上,或者造成特别严重后果的,应当以帮助信息网络犯罪活动罪追究行为人的刑事责任。

2.《中华人民共和国行政处罚法》

第五条 行政处罚遵循公正、公开的原则。

设定和实施行政处罚必须以事实为依据,与违法行为的事实、性质、情节以及社会危害程度相当。

对违法行为给予行政处罚的规定必须公布;未经公布的,不得作为行政处罚的依据。

3.《中华人民共和国刑法》

第二百八十七条 之二【帮助信息网络犯罪活动罪】明知他人利用信息网络实施犯罪,为其犯罪提供互联网接入、服务器托管、网络存储、通讯传输等技术支持,或者提供广告推广、支付结算等帮助,情节严重的,处三年以下有期徒刑或者拘役,并处或者单处罚金。

单位犯前款罪的,对单位判处罚金,并对其直接负责的主管人员和其他直接责任人员,依照第一款的规定处罚。

有前两款行为,同时构成其他犯罪的,依照处罚较重的规定定罪处罚。

【参考案例】

胡某向电信诈骗分子提供支付账号[①]

胡某在明知他人利用网络实施网络诈骗的情况下,仍提供自己的支付宝账户用于收款,再将所收款项直接转账或在"火币 Pro"App 上购买虚拟货币后转出,并按照一定比例收取费用。后胡某雇佣被告人杨某等人为其提供支付宝账户以及购买虚拟货币。法院认为,被告人胡家某等人明知他人利用信息网络实施犯罪,仍提供支付结算帮助,情节严重,其行为已构成帮助信息网络犯罪活动罪。

---

① （2020）浙 0111 刑初 372 号。

第四十五条（反电信网络诈骗工作有关部门、单位的工作人员渎职、泄密的法律责任）

　　第四十五条　反电信网络诈骗工作有关部门、单位的工作人员滥用职权、玩忽职守、徇私舞弊，或者有违反本法规定行为，构成犯罪的，依法追究刑事责任。

【本条主旨】

　　本条是关于反电信网络诈骗工作有关部门、单位的工作人员在渎职、泄密情形下构成犯罪的应当承担刑事责任的规定。

【核心概念】

滥用职权

　　滥用职权，是指以作为的方式超越法定职权，决定、处理无权处理的事项，或者违法行使职权随心所欲处理公务。我国《刑法》第三百九十七条第一款规定了滥用职权罪："国家机关工作人员滥用职权或者玩忽职守，致使公共财产、国家和人民利益遭受重大损失的，处三年以下有期徒刑或者拘役；情节特别严重的，处三年以上七年以下有期徒刑。本法另有规定的，依照规定。"

　　滥用职权罪是指国家机关工作人员故意逾越职权，不按或违反法律决定、处理其无权决定、处理的事项，或者违反规定处理公务，致使侵吞公共财产、国家和人民遭受重大财产损失等行为。滥用职权罪侵犯的客体是国家机关的正常活动。由于国家机关工作人员故意逾越职权，致使国家机关的某项具体工作遭到破坏，给国家、集体和人民利益造成严重损害，从而危害了国家机关的正常活动。本罪侵犯的对象可以是公共财产或者公民的人身及其财产。

玩忽职守

　　玩忽职守，是指以不作为的方式对工作严重不负责任，该为而不为，放弃职守、擅离岗位、不履行职责。我国《刑法》第三百九十七条第一款规定了玩忽职守罪。玩忽职守罪是国家机关工作人员对工作严重不负责任，致使公共财产、国家和人民的利益遭受重大损失的行为。按中国刑法属于渎职罪。该罪主要特征：犯罪主体必须是国家机关工作人员。主观上出于行为人职务上的过失，如疏忽大意、过于自信、擅离职守等。客观上表现为因行为人不履行或不正确履行应负的职责,致使公共财产、国家和人民利益造成重大损失。

徇私舞弊

徇私舞弊,是指为了私人关系或自身利益而使用欺骗他人的方法从事违法乱纪的事。我国《刑法》中的徇私舞弊罪属于渎职罪中罪名。《刑法》第三百九十七条第二款规定:"国家机关工作人员徇私舞弊,犯前款罪的,处五年以下有期徒刑或者拘役;情节特别严重的,处五年以上十年以下有期徒刑。本法另有规定的,依照规定。"徇私舞弊罪,是指司法工作人员和有关国家工作人员利用职务上的便利和权力,对明知是无罪的人而使他受追诉,对明知是有罪的人而故意包庇不使他受追诉;或者故意颠倒黑白,作枉法裁判;或者利用职务包庇、窝藏经济犯罪分子等,隐瞒、掩饰其犯罪事实的行为。

国家秘密

国家秘密,是指关系国家的安全和利益,依照法定程序确定,在一定时间内只限一定范围的人员知悉的事项。《中华人民共和国保守国家秘密法》对有关的问题作了规定。国家秘密的密级分为"绝密"、"机密"、"秘密"。"绝密"是最重要的国家秘密,泄露会使国家的安全和利益遭受特别严重的损害。"机密"是重要的国家秘密,泄露会使国家的安全和利益遭受到严重损害。"秘密"是一般的国家秘密,泄露会使国家的安全和利益遭受损害。国家秘密主要包括:(1)国家事务的重大决策中的秘密事项;(2)国防建设和武装力量活动中的秘密事项;(3)外交和外事活动中的秘密事项以及对外承担保密义务的事项;(4)国民经济和社会发展中的秘密事项;(5)科学技术中的秘密事项;(6)维护国家安全活动和追查刑事犯罪中的秘密事项;(7)其他经国家保密工作部门确定应当保守的国家秘密事项。

我国《刑法》第三百九十八条规定了故意泄露国家秘密罪以及过失泄露国家秘密罪:"国家机关工作人员违反保守国家秘密法的规定,故意或者过失泄露国家秘密,情节严重的,处三年以下有期徒刑或者拘役;情节特别严重的,处三年以上七年以下有期徒刑。非国家机关工作人员犯前款罪的,依照前款的规定酌情处罚。"

商业秘密

商业秘密,是指不为公众所知悉,具有商业价值,并经权利人采取相应保密措施的技术信息、经营信息等商业信息。《民法典》第一百二十三条明确将商业秘密列为知识产权的客体。商业秘密与一般知识产权相比,有其特殊性。

一般知识产权具有独占性、专有性、排他性,具有对抗第三人的效力,不特定公众均负有不得实施的义务;商业秘密不具有对抗善意第三人的效力,第三人可以善意地实施通过正当手段获得的商业秘密,例如自行研发和反向工程等,不特定公众并不负有不得实施的义务,只是因为并不知晓而无法实施。

个人隐私

个人隐私,是指自然人的私人生活安宁和不愿为他人知晓的私密空间、私密活动、私密信息。我国《民法典》第一千零三十二条规定了隐私权:"自然人享有隐私权。任何组织或者个人不得以刺探、侵扰、泄露、公开等方式侵害他人的隐私权。"

【条文详解】

本条规定了反电信网络诈骗工作有关部门、单位的工作人员渎职、泄密的刑事责任。反电信网络诈骗工作有关部门、单位的工作人员具有渎职或者泄密行为的,需要区分罪与非罪的情形。

第一,滥用职权和玩忽职守的行为只有"致使公共财产、国家和人民利益遭受重大损失"的,才能构成犯罪,并且犯罪主体是"国家工作人员"。是否造成"重大损失"是区分罪与非罪的重要标准,未造成重大损失的,属于一般工作过失的渎职行为,可以由有关部门给予批评教育或者行政处分。所谓"致使公共财产、国家和人民利益遭受重大损失",主要是指造成重大经济损失,包括使公共财产遭受重大损失的,也包括使公民合法财产遭受重大损失。

第二,泄露国家秘密必须具备"情节严重",才构成泄漏国家秘密罪。比如泄露国家秘密的行为造成了或者足以造成危害后果,除此之外还有泄密的方法、手段恶劣等。一般的泄露国家秘密、没有达到情节严重的程度的,虽然不构成犯罪,但应当给以其他行政处分或党纪处分。

第三,刑法第二百一十九条规定的侵犯商业秘密罪,需要达到"情节严重"才构成该罪。根据《最高人民法院、最高人民检察院关于办理侵犯知识产权刑事案件具体应用法律若干问题的解释(三)》第四条,实施刑法第二百一十九条规定的行为,具有下列情形之一的,应当认定为"给商业秘密的权利人造成重大损失":(一)给商业秘密的权利人造成损失数额或者因侵犯商业秘密违法所得数额在三十万元以上的;(二)直接导致商业秘密的权利人因重大经营困难而破产、倒闭的;(三)造成商业秘密的权利人其他重大损失的。给商业秘密的权利人造成损失数额或者因侵犯商业秘密违法所得数额在二百五十万元以上的,应当认定为刑法第二百一十九条规定的"造成特别严重后果"。

第四,刑法第二百五十三条规定的侵犯公民个人信息罪:"违反国家有关规定,向他人出售或者提供公民个人信息,情节严重的,处三年以下有期徒刑或者拘役,并处或者单处罚金;情节特别严重的,处三年以上七年以下有期徒刑,并处罚金。违反国家有关规定,将在履行职责或者提供服务过程中获得的公民个人信息,出售或者提供给他人,依照前款的规定从重处罚。"有关"情节严重"的判断标准可以参考《最高人民法院、最高人民检察院关于办理侵犯公民个人信息刑事案件适用法律若干问题的解释》第五条:"非法获取、出售或者提供公民个人信息,具有下列情形之一的,应当认定为刑法第二百五十三条之一规定的'情节严重':(一)出售或者提供行踪轨迹信息,被他人用于犯罪的;(二)知道或者应当知道他人利用公民个人信息实施犯罪,向其出售或者提供的;(三)非法获取、出售或者提供行踪轨迹信息、通信内容、征信信息、财产信息五十条以上的;(四)非法获取、出售或者提供住宿信息、通信记录、健康生理信息、交易信息等其他可能影响人身、财产安全的公民个人信息五百条以上的;(五)非法获取、出售或者提供第三项、第四项规定以外的公民个人信息五千条以上的;(六)数量未达到第三项至第五项规定标准,但是按相应比例合计达到有关数量标准的;(七)违法所得五千元以上的;(八)将在履行职责或者提供服务过程中获得的公民个人信息出售或者提供给他人,数量或者数额达到第三项至第七项规定标准一半以上的;(九)曾因侵犯公民个人信息受过刑事处罚或者二年内受过行政处罚,又非法获取、出售或者提供公民个人信息的;(十)其他情节严重的情形。"

【参考规定】

1.《中华人民共和国刑法》

第二百一十九条 【侵犯商业秘密罪】有下列侵犯商业秘密行为之一,情节严重的,处三年以下有期徒刑,并处或者单处罚金;情节特别严重的,处三年以上十年以下有期徒刑,并处罚金:

(一)以盗窃、贿赂、欺诈、胁迫、电子侵入或者其他不正当手段获取权利人的商业秘密的;

（二）披露、使用或者允许他人使用以前项手段获取的权利人的商业秘密的；

（三）违反保密义务或者违反权利人有关保守商业秘密的要求，披露、使用或者允许他人使用其所掌握的商业秘密的。

明知前款所列行为，获取、披露、使用或者允许他人使用该商业秘密的，以侵犯商业秘密论。

本条所称权利人，是指商业秘密的所有人和经商业秘密所有人许可的商业秘密使用人。

第二百五十三条 之一【侵犯公民个人信息罪】违反国家有关规定，向他人出售或者提供公民个人信息，情节严重的，处三年以下有期徒刑或者拘役，并处或者单处罚金；情节特别严重的，处三年以上七年以下有期徒刑，并处罚金。

违反国家有关规定，将在履行职责或者提供服务过程中获得的公民个人信息，出售或者提供给他人的，依照前款的规定从重处罚。

窃取或者以其他方法非法获取公民个人信息的，依照第一款的规定处罚。

单位犯前三款罪的，对单位判处罚金，并对其直接负责的主管人员和其他直接责任人员，依照各该款的规定处罚。

第三百九十七条 【滥用职权罪】【玩忽职守罪】国家机关工作人员滥用职权或者玩忽职守，致使公共财产、国家和人民利益遭受重大损失的，处三年以下有期徒刑或者拘役；情节特别严重的，处三年以上七年以下有期徒刑。本法另有规定的，依照规定。

国家机关工作人员徇私舞弊，犯前款罪的，处五年以下有期徒刑或者拘役；情节特别严重的，处五年以上十年以下有期徒刑。本法另有规定的，依照规定。

第三百九十八条 【故意泄露国家秘密罪】【过失泄露国家秘密罪】国家机关工作人员违反保守国家秘密法的规定，故意或者过失泄露国家秘密，情节严重的，处三年以下有期徒刑或者拘役；情节特别严重的，处三年以上七年以下有期徒刑。

非国家机关工作人员犯前款罪的，依照前款的规定酌情处罚。

2.《中华人民共和国保守国家秘密法》

第四十八条 违反本法规定，有下列行为之一的，依法给予处分；构成犯罪的，依法追究刑事责任：

（一）非法获取、持有国家秘密载体的；

（二）买卖、转送或者私自销毁国家秘密载体的；

（三）通过普通邮政、快递等无保密措施的渠道传递国家秘密载体的；

（四）邮寄、托运国家秘密载体出境，或者未经有关主管部门批准，携带、传递国家秘密载体出境的；

（五）非法复制、记录、存储国家秘密的；

（六）在私人交往和通信中涉及国家秘密的；

（七）在互联网及其他公共信息网络或者未采取保密措施的有线和无线通信中传递国家秘密的；

（八）将涉密计算机、涉密存储设备接入互联网及其他公共信息网络的；

（九）在未采取防护措施的情况下，在涉密信息系统与互联网及其他公共信息网络之间进行信息交换的；

（十）使用非涉密计算机、非涉密存储设备存储、处理国家秘密信息的；

（十一）擅自卸载、修改涉密信息系统的安全技术程序、管理程序的；

（十二）将未经安全技术处理的退出使用的涉密计算机、涉密存储设备赠送、出售、丢弃或者改作其他用途的。

有前款行为尚不构成犯罪，且不适用处分的人员，由保密行政管理部门督促其所在机关、单位予以处理。

第四十九条　机关、单位违反本法规定，发生重大泄密案件的，由有关机关、单位依法对直接负责的主管人员和其他直接责任人员给予处分；不适用处分的人员，由保密行政管理部门督促其主管部门予以处理。

机关、单位违反本法规定，对应当定密的事项不定密，或者对不应当定密的事项定密，造成严重后果的，由有关机关、单位依法对直接负责的主管人员和其他直接责任人员给予处分。

【参考案例】

南京一公务员倒卖 82 万余条个人信息　一审获刑 4 年①

南京中院审理查明，从 2010 年 4 月起，刘某在南京某机关单位担任副主

---

① 中国法院网，2018 年 3 月 22 日，https://www.chinacourt.org/article/index/id/MzAwNDAwAiP-CAAA.shtml。

任科员、主任科员期间,应严某的要求,非法获取了一些包括企业名称、企业法定代表人或联系人姓名、居民身份证号码、手机号码、固定电话等信息在内的企业信息,并将上述信息出售或提供给严某、郭某。

法院认为,刘某非法获取、出售的信息中的个人姓名与通信通讯联系方式、身份证件号码等信息能够单独或者彼此结合识别特定自然人身份,属于刑法中规定的"公民个人信息",其非法获取、提供、出售相关信息,情节特别严重,构成侵犯公民个人信息罪。刘某利用职务之便泄露82万余条公民信息,属于情形特别严重。作为国家公职人员,刘某将在履行职责过程中获得的公民个人信息,出售或者提供给他人,致使海量公民信息被泄露,造成了恶劣的社会影响,其行为构成犯罪,应依法从重处罚,判处刘某有期徒刑4年,罚金9万元。

第四十六条(民事责任)

第四十六条 组织、策划、实施、参与电信网络诈骗活动或者为电信网络诈骗活动提供相关帮助的违法犯罪人员,除依法承担刑事责任、行政责任以外,造成他人损害的,依照《中华人民共和国民法典》等法律的规定承担民事责任。

电信业务经营者、银行业金融机构、非银行支付机构、互联网服务提供者等违反本法规定,造成他人损害的,依照《中华人民共和国民法典》等法律的规定承担民事责任。

【本条主旨】

本条是关于民事责任的规定。本条第一款是关于组织、策划、实施、参与电信网络诈骗活动或者为电信网络诈骗活动提供相关帮助的违法犯罪人员民事责任的规定。本条第二款是关于电信业务经营者、银行业金融机构、非银行支付机构、互联网服务提供者民事责任的规定。

【核心概念】

民事侵权

实施的民事行为,如果该行为符合以下四个条件,就可以认定为侵权:行为是违法的;造成了他人财产或人身损害的事实;违法行为与损害后果之间具有因果关系；行为人主观上有故意或过失的过错。

民事责任

民事责任，是指民事主体不履行或者不完全履行民事义务应当依法承担的不利后果。不履行或者不完全履行民事义务，就是违反民事义务。民事责任既是违反民事义务所承担的法律后果，也是救济民事权利损害的必要措施，还是保护民事权利的直接手段。

【条文详解】

本条第一款规定了从事电信网络诈骗活动或者为电信网络诈骗活动提供帮助的违法犯罪人员，对他人造成损失的，应当承担法律规定的民事责任。根据侵权法的一般规定，侵权责任的构成需要满足四个要件，即行为的违法性、违法行为人有过错、损害事实的存在和违法行为与损害事实之间具有因果关系。根据本条第一款的规定，从事网络诈骗活动或者为电信网络诈骗活动提供帮助的违法犯罪人员满足行为的违法性。本条强调的"造成他人损害的"，满足损害事实的存在，且行为与损害之间存在因果关系。在电信网络诈骗的语境下，违法犯罪人员往往具有犯罪或违法的故意，因而排除无过错的情形。此外，根据《民法典》的规定，教唆、帮助他人实施侵权行为的，应当与行为人承担连带责任。由此可见，本条第一款规定的违法犯罪主体若造成他人民事权益损害的，应当承担一般侵权责任。侵权责任的损害赔偿以填平损失为原则，因为损害赔偿法的基本目的在于填补受害人所受的损害。

本条第二款规定了电信网络诈骗受害人可以请求未采取本法规定的措施或者未履行民事义务的电信业务经营者、金融机构、互联网服务提供者承担相应的民事责任。我国《民法典》对于民事主体承担的民事责任进行了系统的规定，因此三类主体承担的民事责任需要通过《民法典》中的规定加以确定。对于网络服务提供者而言，《民法典》第一千一百九十七条专门规定了网络侵权行为的连带责任："网络服务提供者知道或者应当知道网络用户利用其网络服务侵害他人民事权益，未采取必要措施的，与该网络用户承担连带责任。"对于银行业金融机构、非银行支付机构和电信业务经营者而言，由于《民法典》未就二者在此种情形下作出民事责任的特别规定，所以应适用侵权法一般规定，可能承担连带责任或补充责任。根据《民法典》第一千一百六十八条的规定，二人以上共同实施侵权行为，造成他人损害的，应当承担连带责任；

根据《民法典》第一千一百九十八条第二款的规定,在第三人侵权的情形下,安全保障义务人没有尽到在合理限度范围内的使他人免受人身及财产损害的安全保障义务,应当承担补充责任。在实务中应该如何判断金融机构和电信业务经营者的民事责任类型还有待进一步明确。目前而言,《民法典》第一千一百九十八条与电信业务经营者和金融机构没有采取本法规定的措施使电信网络诈骗发生及损失扩大相似,可以类推适用该条款,据此则应承担补充责任。

【参考规定】

《中华人民共和国民法典》

第一千一百六十五条　行为人因过错侵害他人民事权益造成损害的,应当承担侵权责任。

依照法律规定推定行为人有过错,其不能证明自己没有过错的,应当承担侵权责任。

第一千一百九十七条　网络服务提供者知道或者应当知道网络用户利用其网络服务侵害他人民事权益,未采取必要措施的,与该网络用户承担连带责任。

第一千一百九十八条　宾馆、商场、银行、车站、机场、体育场馆、娱乐场所等经营场所、公共场所的经营者、管理者或者群众性活动的组织者,未尽到安全保障义务,造成他人损害的,应当承担侵权责任。

因第三人的行为造成他人损害的,由第三人承担侵权责任;经营者、管理者或者组织者未尽到安全保障义务的,承担相应的补充责任。经营者、管理者或者组织者承担补充责任后,可以向第三人追偿。

【参考案例】

老年人遭遇电信诈骗,失职银行承担部分责任[①]

案情:

2020 年 3 月 29 日,陈某接到冒充天津某银行工作人员的电话,告知她的银行卡透支了万余元。于是,陈某接通了所谓的"公安系统电话",假扮民警

---

① 《北京晚报》2021 年 11 月 3 日, https://news.cctv.com/2021/11/03/ARTIgXHGbMFrSYC0-MUjV3cJ5211103.shtml。

的诈骗分子告诉陈某,她牵扯到一桩大案中且手机被人盗用,银行账号也将被冻结。要求其办理某银行的银行卡并将其他银行账户的余额转入该银行卡中。陈某来到丰台区某银行网点,要求办理手机银行和电子密码器。因她已超过60岁,没有子女陪同,按照相关规定,该银行网点没有给她办理。"民警"又建议陈玉梅换家网点试试,于是,她又来到该行另一网点,成功办理了尾号为4114的新卡,并开通网银和手机银行,注销了电话银行和短信认证支付,将取出的40万元钱款全部转入4114卡。陈某又在银行工作人员的协助下,通过自助智能终端设备办理了4114卡的个人电子银行,开通了一系列功能,领取了电子密码器。离开银行后,"民警"又打来电话拿到了密码,趁机将陈某账上的钱款转走。另查明,陈某曾遭遇过一次电信诈骗,其账户目前属于高危账户。且陈某在开庭前进行的体检中,被诊断为重度老年痴呆。

法院意见:

转账过程中陈玉梅轻信诈骗电话、泄露密码,导致账户里的钱被转走,是资金损失的直接原因。但银行也存在过错。法院查明,根据人民银行相关规定,银行在为存款人开通非柜面转账业务时,应当与存款人签订协议,约定非柜面渠道转账的日累计限额、笔数和年累计限额等。此外,单位、个人银行账户非柜面转账单日累计金额分别超过100万元、30万元的,银行应当进行大额交易提醒,单位、个人确认后方可转账。丰台法院认为,该银行网点未按人行规定与陈玉梅约定对外支付限额,也存在过错。经综合考虑,法院认为陈玉梅应对损失承担主要责任,银行应当承担部分赔偿责任,并酌定银行网点赔偿陈玉梅20%的资金损失14万元。

第四十七条(检察公益诉讼)

第四十七条　人民检察院在履行反电信网络诈骗职责中,对于侵害国家利益和社会公共利益的行为,可以依法向人民法院提起公益诉讼。

【本条主旨】

本条是关于人民检察院在履行反电信网络诈骗职责中提起公益诉讼的规定。

【核心概念】

检察公益诉讼

检察公益诉讼,是指人民检察院作为公共利益的代表,根据民事诉讼法、行政诉讼法等法律规定,对在履行职责中发现的生态环境和资源保护、食品药品安全、国有财产保护、国有土地使用权出让、英烈权益保护等领域损害国家利益或者社会公共利益的案件,向有关主体发出检察建议或向人民法院提起诉讼的法律制度。

建立公益诉讼检察制度,是党的十八届四中全会作出的一项重大改革部署,也是以法治思维和法治方式推进国家治理体系和治理能力现代化的一项重要制度安排。

【条文详解】

本条规定了人民检察院在反电信网络诈骗工作中的公益诉讼检察职责。检察院在履行反电信网络诈骗职责中,有权对侵害国家利益和公共利益的行为提起民事公益诉讼或行政公益诉讼。检察院的公益诉讼职能与传统的刑事、民事、行政等具有历史沿革的检察职能共同构成"四大检察"。本法专门设立检察机关就电信网络诈骗活动提起公益诉讼的条款,将有助于健全人民检察院的公益诉讼检察职能,进一步优化职能配置。

首先,本条的规定丰富了检察公益诉讼的内容。在反电信网络诈骗工作中,检察机关可以针对有关主体提起行政公益诉讼和民事公益诉讼。根据本法第四十五条的规定,针对负有监督管理职责的行政机关违法行使职权或者不作为的,人民检察院可以依法提起行政公益诉讼。根据本法第四十六条的规定,对组织、策划、实施、参与电信网络诈骗活动或者为电信网络诈骗活动提供相关帮助的违法犯罪人员,以及电信业务经营者、银行业金融机构、非银行支付机构、互联网服务提供者等违反本法规定造成他人损害的,人民检察院可以提起民事公益诉讼。

其次,本条规定有助于完善检察机关的工作模式。最高人民检察院此前印发《关于加强刑事检察与公益诉讼检察衔接协作严厉打击电信网络犯罪加强个人信息司法保护的通知》。《通知》指出,要完善刑事检察、公益诉讼检察协作机制。包括建立线索移送机制、同步介入机制、人员协作机制和会商研判机制等。针对电信网络诈骗违法犯罪和个人信息公益损害呈现跨行政区划的特点,进一步加强大数据赋能,探索通过罪名、领域、行业等关键词自动抓取和智能算法技术,改革案件线索产出的供给侧,打破业务条线之间的数据壁垒。对易发、高发违法犯罪的系统性、普遍性、行业性问题,省级以上检察院可以联合挂牌督办或者部署开展专项整治行动,组建"刑事+公益诉讼+技术"检察办案团队,集中办理大案要案。《通知》强调,要进一步加强网络空间系统治理和溯源治理。结合监督办案加强类案治理的分析研判,注重发现执法司法、行业监管、信息公开、综合治理等工作中的问题和漏洞,精准向有关部门提出促进完善监管的检察建议,探索向有关网络平台提出依法履行社会责任的检察建议。

日渐猖獗的电信网络诈骗活动极大程度上侵犯了公共利益以及国家利益,检察机关在反电信网络诈骗中充分发挥公益诉讼检察职能,契合了该制度的核心目的。检察公益诉讼作为在新时代应运而生的中国特色司法制度,其职能定位是检察机关以诉讼方式履行宪法赋予检察机关的法律监督职责,更好地维护公共利益,促进国家治理。在办理大型电信网络诈骗案件时,检察机关充分掌握相关事实情况,针对其中可能涉及行政机关的违法行为以及尚未构成犯罪的有关主体帮助行为,可以采取公益诉讼予以打击。通过公益诉讼方式治理电信网络诈骗活动,是距离社会面最近,产生司法效益最快、最直接的打击方式之一。同时,彰显了本法所强调的精准防治理念以及各部门协同配合的工作原则。

【参考规定】

1.《中华人民共和国人民检察院组织法》

第二十条　人民检察院行使下列职权:

(一)依照法律规定对有关刑事案件行使侦查权;

(二)对刑事案件进行审查,批准或者决定是否逮捕犯罪嫌疑人;

(三)对刑事案件进行审查,决定是否提起公诉,对决定提起公诉的案件支持公诉;

(四)依照法律规定提起公益诉讼;

(五)对诉讼活动实行法律监督;

(六)对判决、裁定等生效法律文书的执行工作实行法律监督;

（七）对监狱、看守所的执法活动实行法律监督；

（八）法律规定的其他职权。

2.《人民检察院公益诉讼办案规则》①

第六十七条　人民检察院经过对行政公益诉讼案件线索进行评估，认为同时存在以下情形的，应当立案：

（一）国家利益或者社会公共利益受到侵害；

（二）生态环境和资源保护、食品药品安全、国有财产保护、国有土地使用权出让、未成年人保护等领域对保护国家利益或者社会公共利益负有监督管理职责的行政机关可能违法行使职权或者不作为。

第八十五条　人民检察院经过对民事公益诉讼线索进行评估，认为同时存在以下情形的，应当立案：

（一）社会公共利益受到损害；

（二）可能存在破坏生态环境和资源保护，食品药品安全领域侵害众多消费者合法权益，侵犯未成年人合法权益，侵害英雄烈士等的姓名、肖像、名誉、荣誉等损害社会公共利益的违法行为。

【参考案例】

最高检第八检察厅：公益诉讼办案质效稳升②

访谈嘉宾最高人民检察院第八检察厅（公益诉讼检察厅）厅长胡卫列表示，检察公益诉讼办案数量稳中有进。2017年下半年，全国共办理案件9000余件，相当于两年试点期间的总量。近三年以来，每年办案数量已经稳定在10万件以上，2020年首次突破15万件。行政公益诉讼案件占比始终在90%以上，大部分案件在诉前阶段解决公益损害问题，体现了检察公益诉讼的鲜明中国特色。

办案质效也稳步提升。从个案办理到类案和区域整治到长效机制建设，实实在在增强了人民群众获得感。2020年最高检、省级检察院带头直接立案办理了一批所涉行政机关层级高或具有跨区域、全流域特点的重大典型案件，

---

① 最高人民检察院于2021年6月29日发布，2021年7月1日起生效，现行有效。

② 最高人民检察院官网，2021年3月10日，https://www.spp.gov.cn/zdgz/202103/t20210310_511934.shtml。

公益保护效果和社会治理效能充分显现。

第四十八条（行政救济）

第四十八条 有关单位和个人对依照本法作出的行政处罚和行政强制措施决定不服的,可以依法申请行政复议或者提起行政诉讼。

【本条主旨】

本条规定了行政相对人不服依照本法作出的行政处罚和行政强制措施的救济手段。

【核心概念】

行政复议

行政复议,是指行政相对人认为行政主体的具体行政行为侵犯其合法权益,依法向行政复议机关提出复查该具体行政行为的申请,行政复议机关依照法定程序对被申请的具体行政行为进行合法性、适当性审查,并作出行政复议决定的一种法律制度。

行政复议作为行政管理相对人行使救济权的一项重要法律制度,目的是纠正行政主体作出的违法或者不当的具体行政行为,以保护行政管理相对人的合法权益。公民、法人或者其他组织对行政复议决定不服的,可以依照行政诉讼法的规定向人民法院提起行政诉讼,但是法律规定行政复议决定为最终裁决的除外。

行政诉讼

行政诉讼是指公民、法人或者其他组织认为行政机关的行政行为侵犯其合法权益,向人民法院提起诉讼,人民法院依法予以受理、审理并作出裁判的活动。行政行为,包括法律、法规、规章授权的组织作出的行政行为。

对属于人民法院受案范围的行政案件,公民、法人或者其他组织可以先向行政机关申请复议,对复议决定不服的,再向人民法院提起诉讼;也可以直接向人民法院提起诉讼。法律、法规规定应当先向行政机关申请复议,对复议决定不服再向人民法院提起诉讼的,依照法律、法规的规定。

【条文详解】

本条规定了根据本法规定被处以行政处罚或者行政强制措施的行政相对人,若不服行政机关的行政行为,可以通过行政复议、行政诉讼的手段申请救济,即反映了行政救济的理念。行政救济是指行政相对人认为行政机关的行政行为造成自己合法权益的损害,请求司法机关或行政主体审查,有权的主体依照法定程序审查后对违法或不当的行政行为给予补救的法律制度。

行政复议与行政诉讼是典型的行政救济手段。《中华人民共和国行政复议法》第二条规定:"公民、法人或者其他组织认为具体行政行为侵犯其合法权益,向行政机关提出行政复议申请,行政机关受理行政复议申请、作出行政复议决定,适用本法。"《中华人民共和国行政诉讼法》第二条规定:"公民、法人或者其他组织认为行政机关和行政机关工作人员的行政行为侵犯其合法权益,有权依照本法向人民法院提起诉讼。"本条规定的行政救济手段重申了行政相对人当不服有关电信网络诈骗的行政处罚与行政强制措施时,可以根据《中华人民共和国行政复议法》、《中华人民共和国行政诉讼法》的规定依法申请行政复议或者提起行政诉讼。行政相对人提出的行政复议以及行政诉讼需要符合法定的受案范围——《行政复议法》第六条及《行政诉讼法》第十二条列举了十一类行政复议及十二类行政诉讼的受案范围。就行政复议而言,前十类均明确了具体行政行为的直接对象才具有行政复议请求权,已排除举报人依据此十类情形提起行政复议的合法性条件。第十一类规定的"认为行政机关的其他具体行政行为侵犯其合法权益的"为一兜底性条款;对于《行政诉讼法》而言,除第十二条第二款为兜底条款外,其列举的十二项受案范围亦有明确的指向,其立法思路与《行政复议法》一致。

行政救济十分重要,有助于防止行政权滥用并且保护行政相对人的合法权益。开展反诈工作时在追究有关主体行政责任的同时需要兼顾有效的救济手段,提高打击的精准度,减少错误的行政行为。在现代国家管理中,行政管理的地位越来越重要,行政管理的手段也越来越多,行政管理几乎涉及社会生活的各个领域和层次,行政纠纷也随之而增多。如果纠纷得不到迅速、妥善、正确的解决,将使受害者丧失对社会公正的期待,甚至演化为社会群体性事件,最终影响社会稳定。因此,制度化的解决机制对法治国家及和谐社会构建有着突出的现实意义。

【参考规定】

1.《中华人民共和国行政复议法》

第二条　公民、法人或者其他组织认为具体行政行为侵犯其合法权益,向行政机关提出行政复议申请,行政机关受理行政复议申请、作出行政复议决定,适用本法。

第六条　有下列情形之一的,公民、法人或者其他组织可以依照本法申请行政复议:

(一)对行政机关作出的警告、罚款、没收违法所得、没收非法财物、责令停产停业、暂扣或者吊销许可证、暂扣或者吊销执照、行政拘留等行政处罚决定不服的;

(二)对行政机关作出的限制人身自由或者查封、扣押、冻结财产等行政强制措施决定不服的;

(三)对行政机关作出的有关许可证、执照、资质证、资格证等证书变更、中止、撤销的决定不服的;

(四)对行政机关作出的关于确认土地、矿藏、水流、森林、山岭、草原、荒地、滩涂、海域等自然资源的所有权或者使用权的决定不服的;

(五)认为行政机关侵犯合法的经营自主权的;

(六)认为行政机关变更或者废止农业承包合同,侵犯其合法权益的;

(七)认为行政机关违法集资、征收财物、摊派费用或者违法要求履行其他义务的;

(八)认为符合法定条件,申请行政机关颁发许可证、执照、资质证、资格证等证书,或者申请行政机关审批、登记有关事项,行政机关没有依法办理的;

(九)申请行政机关履行保护人身权利、财产权利、受教育权利的法定职责,行政机关没有依法履行的;

(十)申请行政机关依法发放抚恤金、社会保险金或者最低生活保障费,行政机关没有依法发放的;

(十一)认为行政机关的其他具体行政行为侵犯其合法权益的。

2.《中华人民共和国行政诉讼法》

第二条　公民、法人或者其他组织认为行政机关和行政机关工作人员的行政行为侵犯其合法权益,有权依照本法向人民法院提起诉讼。

前款所称行政行为,包括法律、法规、规章授权的组织作出的行政行为。

第十二条　人民法院受理公民、法人或者其他组织提起的下列诉讼:

(一)对行政拘留、暂扣或者吊销许可证和执照、责令停产停业、没收违法所得、没收非法财物、罚款、警告等行政处罚不服的;

(二)对限制人身自由或者对财产的查封、扣押、冻结等行政强制措施和行政强制执行不服的;

(三)申请行政许可,行政机关拒绝或者在法定期限内不予答复,或者对行政机关作出的有关行政许可的其他决定不服的;

(四)对行政机关作出的关于确认土地、矿藏、水流、森林、山岭、草原、荒地、滩涂、海域等自然资源的所有权或者使用权的决定不服的;

(五)对征收、征用决定及其补偿决定不服的;

(六)申请行政机关履行保护人身权、财产权等合法权益的法定职责,行政机关拒绝履行或者不予答复的;

(七)认为行政机关侵犯其经营自主权或者农村土地承包经营权、农村土地经营权的;

(八)认为行政机关滥用行政权力排除或者限制竞争的;

(九)认为行政机关违法集资、摊派费用或者违法要求履行其他义务的;

(十)认为行政机关没有依法支付抚恤金、最低生活保障待遇或者社会保险待遇的;

(十一)认为行政机关不依法履行、未按照约定履行或者违法变更、解除政府特许经营协议、土地房屋征收补偿协议等协议的;

(十二)认为行政机关侵犯其他人身权、财产权等合法权益的。

除前款规定外,人民法院受理法律、法规规定可以提起诉讼的其他行政案件。

【参考案例】

我国行政复议体制机制进一步优化①

2022 年 4 月 22 日,中共中央宣传部举行"中国这十年"系列主题新闻发

---

① 《人民法院报》2022 年 4 月 23 日, https://www.chinacourt.org/article/detail/2022/04/id/6649932.shtml。

布会,介绍党的十八大以来政法改革举措与成效。针对行政复议体制改革情况,时任司法部副部长刘炤介绍,司法部指导各地按照《行政复议体制改革方案》的要求,将分散在政府部门的行政复议职责整合到政府统一行使,实现一级政府只设立一个行政复议机关,"一口对外"受理行政复议案件,优化了行政复议资源配置,畅通了行政复议申请渠道。按照"事编匹配、优化节约、按需调剂"的原则,为政府行政复议机构合理调配编制,增强了工作力量。目前,30个省、自治区、直辖市出台了改革实施方案。各地进一步加强行政复议规范化建设,普遍建立行政复议(咨询)委员会,出台了配套制度,统一了办案标准,优化了办案流程。坚持围绕中心服务大局,聚焦重点领域,强化监督功能,加大对违法和不当行为的纠错力度,为促进经济社会高质量发展提供有力保障。

刘炤表示,通过改革,行政复议体制机制进一步优化,办案质量和效率也得到提升,行政复议的权威性、公正性和公信力都明显增强。越来越多的群众选择通过行政复议表达诉求、维护权益,2021年的案件数量比改革以前增长了22.3%。各地按照"应收尽收、应调尽调、应纠尽纠、应赔尽赔"的原则,注重实质性化解行政争议,约70%案件实现"案结事了",行政复议化解行政争议主渠道的效果初步显现。

第七章　附　则

第四十九条（适用范围优先）

第四十九条　反电信网络诈骗工作涉及的有关管理和责任制度,本法没有规定的,适用《中华人民共和国网络安全法》《中华人民共和国个人信息保护法》《中华人民共和国反洗钱法》等相关法律规定。

【本条主旨】

本条是关于适用范围优先的规定。

【条文详解】

当前,电信网络诈骗活动形势严峻,已成为发案最高、损失最大、反响最强烈的犯罪,据统计,电信网络诈骗犯罪警情已占全部刑事警情一半左右。很大一部分电信网络诈骗窝点隐藏于境外,给有关部门追赃追逃工作造成极大困难,被害人财产损失几乎难以得到补偿,而病人、贫困学生、老年人、残疾人等抗风险能力较差群体的看病钱、学费、养老钱、低保、抚恤金一旦被骗,甚至会使其生活难以为继,可能导致延误治疗、自杀、猝死等严重后果。因此,制定一部反电信网络诈骗领域的专门法律领导反诈工作,推进反诈工作的常态化、机制化、协同化,是全社会共识。

《反电信网络诈骗法》并非一部大而全的法律,而是从小切口入手,对电信、金融、互联网、个人信息等领域的关键环节、主要制度先行作出规定,没有对反诈工作涉及的所有管理制度和责任制度都作出规定的,因而需要与现行法律和将要制定的法律相互配合。

　　《反电信网络诈骗法》已由中华人民共和国第十三届全国人民代表大会常务委员会第三十六次会议于2022年9月2日通过,自2022年12月1日起施行,是反电信网络诈骗领域的特别法。根据《立法法》第九十二条,反诈工作应当优先适用《反电信网络诈骗法》,《反电信网络诈骗法》没有规定的,适用《网络安全法》、《个人信息保护法》、《反洗钱法》等法律。

【参考规定】

　　《中华人民共和国立法法》

　　第九十二条　同一机关制定的法律、行政法规、地方性法规、自治条例和单行条例、规章,特别规定与一般规定不一致的,适用特别规定;新的规定与旧的规定不一致的,适用新的规定。

第五十条(施行日期)

　　第五十条　本法自2022年12月1日起施行。

【本条主旨】

　　本条是关于本法施行日期的规定。

【条文详解】

　　《立法法》第五十七条要求法律应当明确规定施行日期。法律的施行日期,即法律的生效时间,法律自其生效时间起开始对一定范围内的事件和行为具有普遍约束力。在我国,法律的生效时间是由法律的具体性质和实际需要决定的,主要存在四种形式:(1)自法律公布之日起生效;(2)法律本身规定具体的生效时间;(3)在公布法律的命令中规定生效时间;(4)没有明确规定生效时间的,一般自法律公布之日起生效。

　　《反电信网络诈骗法》已由中华人民共和国第十三届全国人民代表大会常务委员会第三十六次会议于2022年9月2日通过,自2022年12月1日起施行,属于法律本身规定具体生效时间的情形。《反电信网络诈骗法》生效后,有关部门应当按照其要求履行相应职责,积极推进反诈工作;电信业务经营者、金融机构、互联网服务提供者以及个人信息处理者等主体应当按照其要求承担相应风险防控责任,建立健全反诈制度。

【参考规定】

《中华人民共和国立法法》

第五十七条　法律应当明确规定施行日期。

责任编辑:洪　琼

图书在版编目(CIP)数据

《中华人民共和国反电信网络诈骗法》释义/张新宝,邓矜婷 编著. —北京:
人民出版社,2022.11
ISBN 978－7－01－025090－8

Ⅰ.①中…　Ⅱ.①张…②邓…　Ⅲ.①反电信网络诈骗法-法律解释-中国
Ⅳ.①D924.335

中国版本图书馆 CIP 数据核字(2022)第 176565 号

《中华人民共和国反电信网络诈骗法》释义
ZHONGHUARENMINGONGHEGUO FAN DIANXIN WANGLUO ZHAPIAN FA SHIYI

张新宝　邓矜婷　编　著

人 民 出 版 社 出版发行
(100706　北京市东城区隆福寺街 99 号)

天津文林印务有限公司印刷　新华书店经销

2022 年 11 月第 1 版　2022 年 11 月北京第 1 次印刷
开本:710 毫米×1000 毫米 1/16　印张:18.75
字数:300 千字

ISBN 978－7－01－025090－8　定价:69.80 元

邮购地址 100706　北京市东城区隆福寺街 99 号
人民东方图书销售中心　电话 (010)65250042　65289539